AGENTES *de* BABILONIA

Lo que nos dicen las profecías de Daniel acerca del fin de los tiempos

DR. DAVID JEREMIAH

Tyndale House Publishers, Inc.
Carol Stream, Illinois

Visite Tyndale en Internet: www.tyndaleespanol.com y www.BibliaNTV.com.

TYNDALE y el logotipo de la pluma son marcas registradas de Tyndale House Publishers, Inc.

Agentes de Babilonia: Lo que nos dicen las profecías de Daniel acerca del fin de los tiempos

© 2016 por David Jeremiah. Todos los derechos reservados.

Originalmente publicado en inglés en el 2015 como *Agents of Babylon: What the Prophecies of Daniel Tell Us about the End of Days* por Tyndale House Publishers, Inc., con ISBN 978-1-4143-8052-0.

Las fotografías de la portada son propiedad de los respectivos titulares de los derechos de autor. Todos los derechos reservados: cielo © SJ Allen/Shutterstock; tormenta © Minerva Studio/Dollar Photo Club; puerta y fachada de Ishtar por Marcus Cyron, usada bajo licencia de atribución de Creative Commons; león por Maria Giulia Tolotti, usada bajo licencia de atribución de Creative Commons.

Fotografía del autor © 2011 por Alan Weissman. Todos los derechos reservados.

Diseño: Jennifer Ghionzoli

Edición del inglés: Stephanie Rische

Traducción al español: Adriana Powell Traducciones

Publicado juntamente con Yates & Yates (www.yates2.com).

El texto bíblico sin otra indicación ha sido tomado de la *Santa Biblia*, Nueva Traducción Viviente, © Tyndale House Foundation, 2010. Usado con permiso de Tyndale House Publishers, Inc., 351 Executive Dr., Carol Stream, IL 60188, Estados Unidos de América. Todos los derechos reservados.

El texto bíblico indicado con NVI ha sido tomado de la Santa Biblia, *Nueva Versión Internacional,*® *NVI.*® © 1999 por Biblica, Inc.® Usado con permiso. Todos los derechos reservados mundialmente.

El texto bíblico indicado con RVR60 ha sido tomado de la versión Reina-Valera © 1960 Sociedades Bíblicas en América Latina; © renovado 1988 Sociedades Bíblicas Unidas. Usado con permiso. Reina-Valera 1960® es una marca registrada de la American Bible Society, y puede ser usada solamente bajo licencia.

El texto bíblico indicado con RVC ha sido tomado de la versión Reina Valera Contemporánea® © Sociedades Bíblicas Unidas, 2009, 2011. Usado con permiso.

El texto bíblico indicado con LBLA ha sido tomado de LA BIBLIA DE LAS AMERICAS®, © 1986, 1995, 1997 por The Lockman Foundation. Usado con permiso.

El texto bíblico indicado con DHH ha sido tomado de *Dios habla hoy* ®, Tercera edición © Sociedades Bíblicas Unidas, 1966, 1970, 1979, 1983, 1996. Usado con permiso.

Library of Congress Cataloging-in-Publication Data
Names: Jeremiah, David, date, author.
Title: Agentes de Babilonia : lo que nos dicen las profecías de Daniel
   acerca del fin de los tiempos / Dr. David Jeremiah ; traducción al
   español, Adriana Powell Traducciones.
Other titles: Agents of Babylon. Spanish
Description: Carol Stream, Illinois : Tyndale House Publishers, Inc., 2016. |
   Includes bibliographical references.
Identifiers: LCCN 2016005727 | ISBN 9781414380575 (sc)
Subjects: LCSH: Bible. Daniel—Prophecies. | Bible. Daniel—Criticism,
   interpretation, etc.
Classification: LCC BS1556 .J46518 2016 | DDC 224/.5015—dc23
LC record available at http://lccn.loc.gov/2016005727

Impreso en los Estados Unidos de América

Printed in the United States of America

22	21	20	19	18	17	16
7	6	5	4	3	2	1

CONTENIDO

Introducción

¿POR QUÉ UN LIBRO SOBRE BABILONIA?

En 1859, Charles Dickens escribió su famosa novela *Historia de dos ciudades*, que se desarrolla en París y Londres a fines del siglo XVIII. Esta fue la época de la Revolución francesa, cuando por las calles de París corría la sangre derramada durante el período del Terror.

A la Biblia también se le podría llamar una historia de dos ciudades: Jerusalén y Babilonia. Jerusalén, por supuesto, es la capital histórica de la nación escogida por Dios, Israel, y la capital futura de su reino eterno. Babilonia, por otro lado, es la ciudad que la Biblia utiliza como símbolo recurrente de los males del mundo: la decadencia, la crueldad, el abuso de poder y, especialmente, la rebelión contra Dios.

Babilonia comenzó como Babel, la ciudad que estableció el ambicioso Nimrod en un intento de organizar el primer gobierno mundial en contra de Dios (Génesis 11:1-9). Siglos más tarde, los ejércitos de Babilonia fueron los que conquistaron Jerusalén, y la ciudad de Babilonia fue la que mantuvo prisioneros a los judíos exiliados.

Babilonia cayó más de cinco siglos antes de Cristo, pero su espíritu sobrevivió en los imperios mundiales posteriores, incluso en Roma, la sociedad que ejecutó a Cristo y persiguió a los primeros cristianos. A pesar de su fortaleza, el Imperio romano finalmente cayó. Sin embargo, por las profecías bíblicas, sabemos que revivirá al final de los tiempos. Pero como lo manifiesta claramente el libro de Apocalipsis, su espíritu será el de Babilonia, porque continuará lo que comenzó Nimrod: el intento de la humanidad de usurpar la autoridad de Dios.

La otra ciudad, Jerusalén, ha caído en numerosas ocasiones y ha sido ocupada u oprimida a lo largo de gran parte de la historia. Por lo tanto, podría parecer que Babilonia, la ciudad del hombre, ha sido más fuerte que Jerusalén, la ciudad de Dios. Sin embargo, ese no es el caso. Sí, Jerusalén ha sufrido persecución, pero por una buena razón: su persecución ha sido una forma de disciplina diseñada para prepararla para su función futura. El libro de Apocalipsis deja claro que en el conflicto de toda la historia entre estas dos ciudades, Jerusalén tendrá la victoria final. Apocalipsis habla de la destrucción final de Babilonia y del ascenso de Jerusalén como la capital permanente del reino eterno de Dios.

Entonces, la pregunta natural es: ¿por qué escogí escribir un libro acerca de una ciudad malvada que al final sufrirá una derrota demoledora y eterna? La respuesta es que estamos viviendo en un tiempo marcado por el espíritu de Babilonia, y sabemos, con base en la profecía bíblica, que este poder seguirá creciendo hasta que domine al mundo entero. Escribí este libro para que nos ayude a prepararnos para ese tiempo, el cual estoy convencido que es inminente.

* * *

BABILONIA DESDE ADENTRO

En ningún lugar de la Biblia tenemos una imagen más clara de la naturaleza de Babilonia que en el libro de Daniel. El libro lleva el nombre de su autor, uno de los exiliados prominentes que fue obligado a marchar a Babilonia cuando el rey Nabucodonosor conquistó Jerusalén, casi seis siglos antes de Cristo. Es importante hacer un estudio de Daniel debido a que describe un período de la historia muy similar a la cultura en la que nos encontramos en la actualidad. La primera mitad del libro nos provee una imagen de la clase de personas que debemos ser para mantenernos fuertes en vista del futuro que Dios revela en la segunda mitad del libro.

Escogí enfocar este estudio del libro de Daniel en las descripciones de los personajes que nos presenta. Estos son los «agentes» de Babilonia. En Daniel, encontramos dos clases de agentes humanos. Primero, vemos personas de oración, con una convicción firme, que saben quién es Dios y que se rehúsan a transigir en su fe cediendo a las demandas de una cultura corrupta e impía. Segundo, vemos personas llenas de orgullo, que están entregadas al desenfreno y que no respetan a ningún dios sino su gloria y sus deseos propios. Aún más importante, conocemos al Agente de los agentes: el Dios Altísimo, quien ejerce su control soberano sobre cada giro de la historia.

A medida que nos encontremos con estos agentes, exploraremos las visiones proféticas que se describen en el libro de Daniel. Estas visiones nos muestran dos futuros. El primero es un futuro que aún no había ocurrido cuando Daniel escribió de él, pero que ya se ha cumplido en la historia de manera explícita. Es la historia de cuatro imperios mundiales que surgieron y cayeron exactamente como Daniel lo predijo. El segundo futuro es uno que aún debe llegar: un futuro oscuro y nefasto que describe lo que llamamos el fin de los tiempos, el cual tendrá lugar antes de que la gloria de Cristo llene el mundo para siempre. La clara exactitud de las profecías que ya se cumplieron nos da la confianza absoluta en aquellas que aún deben cumplirse.

Ambas fases de la profecía de Daniel tienen un inmenso valor para nosotros hoy en día. Sacan a la luz la naturaleza cíclica de la historia y la proyectan hacia el futuro para mostrarnos cómo debemos vivir en el presente, a fin de que nos preparemos para el tiempo que está por venir. De hecho, todo el libro de Daniel, tanto las descripciones personales como las profecías, demuestran por qué el valor, la convicción y la devoción a la oración que Daniel describe son tan importantes hoy como lo fueron en su tiempo.

Daniel mismo vivió en un tiempo de paganismo desenfrenado en un imperio que se deleitaba en la opulencia, el libertinaje, la arrogancia, la blasfemia y el placer; un imperio que le produjo devastación al pueblo de Dios. Los que tienen el discernimiento para interpretar las señales de los tiempos hoy (Mateo 16:2-3) reconocen que las similitudes entre la Babilonia de Daniel y la cultura occidental actual son señales de que las sombrías visiones proféticas de Daniel se avecinan en el horizonte. La única manera de soportar es confiando en el poder de Dios, como lo hizo Daniel, y comprometiéndonos a defender los principios de la rectitud.

Hace años, Francis Schaeffer, preocupado por el creciente paganismo de la cultura occidental, escribió un libro titulado *¿Cómo debemos vivir entonces?*. Esta pregunta se puede responder de una manera vívida con los ejemplos de valentía y convicción que se encuentran en el libro de Daniel.

Hombres buenos como Daniel y sus tres compañeros piadosos no evitaron la caída de Babilonia. Ese no era su propósito. Pero ciertamente evitaron transigir, lo cual los habría arrastrado a la perdición junto con Babilonia. Para ellos no fue fácil defender su fe. Hacerlo requirió gran valentía, convicción, fe, resistencia y oración. Eso es lo que requerimos hoy nosotros para permanecer fieles a nuestro Dios en una generación cada vez más pagana, que está inclinada a seguir el camino de Babilonia hacia la destrucción.

* * *

LA ESTRUCTURA DE ESTE LIBRO

En mi libro anterior, *Agentes del Apocalipsis*, comencé cada capítulo con un relato ficticio acerca del tema del capítulo y terminé con una exposición de las Escrituras que apoyaba la historia. Parece que esa estructura ayudó a que las personas se involucraran en el libro de Apocalipsis y lo entendieran de una manera nueva; por lo tanto, decidí repetir el método en este libro.

Si usted no ha leído *Agentes del Apocalipsis*, permítame explicarle mi lógica para este enfoque. La sección ficticia de cada capítulo está diseñada para abrir el apetito del lector por la verdad bíblica, al mostrar el drama y el entusiasmo inherentes en las narrativas bíblicas. La segunda sección está diseñada para distinguir entre los hechos y la ficción, y para hacer las aplicaciones relevantes a nuestra vida. Para expresarlo de otra manera, la ficción lleva la verdad a nuestro corazón, y los pasajes bíblicos que respaldan la ficción la llevan a nuestra mente. Mi oración es que este libro logre ambos objetivos en su vida.

Dr. David Jeremiah
OTOÑO DEL 2015

Capítulo 1

EL REHÉN

Daniel 1:1-21

EL JOVEN, apenas salido de la infancia, ya no se molestaba en espantar las moscas que zumbaban alrededor de su rostro. Su túnica de lino fino ahora estaba cubierta de polvo y empapada de sudor. Las suelas de sus sandalias que alguna vez fueron sólidas, confeccionadas por el mejor zapatero de Jerusalén, se encontraban tan desgastadas que sus pies estaban amoratados de caminar sobre las piedras en el largo y seco camino.

Estaba exhausto; apenas podía levantar un pie para dar otro paso. Sin embargo, él y sus compañeros seguían caminando, como lo habían hecho cada día por las últimas cuatro semanas, comenzando en la madrugada y sin detenerse hasta la puesta del sol. Su único alivio llegaba cuando era la hora de comer la magra ración de pan seco y de beber el agua tibia que sus captores le proveían. Pero no pasaba mucho tiempo antes de que punzaran a los rehenes para que siguieran moviéndose, arreados por el camino de mil cien kilómetros hacia Babilonia.

El nombre del joven era Daniel. Tenía catorce años; era alto y había tenido buena contextura física antes de que la marcha redujera sus extremidades musculosas a hueso y pellejo. A pesar de las condiciones lamentables, él apenas notaba las moscas, los moretones, el calor abrasador e incluso el cansancio abrumador. Esos desafíos palidecían ante los horrores que había presenciado antes de la marcha: imágenes que ahora tenía grabadas con fuego en su cerebro enfebrecido. El golpe de los arietes babilónicos contra los muros de Jerusalén. La oleada de soldados babilonios que fluía a raudales por la ciudad. Los gritos de los ciudadanos atemorizados cuando corrían a toda prisa por las calles. Los babilonios en sus carruajes, atacando hombres, mujeres y niños. Y lo peor de todo, la última vez que vio a sus padres mientras eran brutalmente asesinados ante sus ojos.

Gimió en su interior al recordar a su amada Lea, la hermosa muchacha con quien estaba comprometido, cuando la arrancaron de sus brazos y se la llevaron gritando. Cuando luchó para liberarla, un soldado babilonio lo dejó inconsciente y lo arrojó en una carreta junto con otros judíos heridos.

Daniel se estremeció al recordar el sentimiento angustiante que tuvo cuando se despertó en la carreta. Dondequiera que mirara, las calles de Jerusalén estaban llenas de cuerpos sangrientos. Sus lágrimas fluyeron cuando recordaba pasar por el templo y ver a los soldados enemigos que amontonaban los utensilios sagrados en carruajes para transportarlos a Babilonia. Recordó su conmoción mientras la carreta lo transportaba por la Puerta Oriental, donde se reunió con los otros judíos que habían sido seleccionados para marchar a Babilonia. Miró a su alrededor, y se dio cuenta de que todos eran jóvenes. A los viejos, los de mediana edad o los que estaban enfermos los habían asesinado o dejado en la ciudad.

Estas imágenes acosaban la mente de Daniel durante el día mientras continuaba esa marcha agotadora, y asediaban su sueño cada noche.

Alguien detrás de Daniel habló, sacándolo de sus recuerdos dolorosos y llevándolo de regreso a su lamentable presente.

—Creo que te conozco —dijo la voz.

Daniel se dio la vuelta y miró al primer rostro conocido que había visto en el camino a Babilonia.

—¡Ananías! —Las palabras salieron quebradas a través de su garganta seca—. Sobreviviste.

—Sí, pero no estoy seguro de que eso sea una bendición. Es posible que los muertos estén mejor que nosotros. ¿Has visto a nuestros amigos Misael y Azarías?

—No —respondió Daniel—. ¿Has visto a Lea? A ella y a mí nos atraparon al mismo tiempo, pero no sé si ella...

El dolor lacerante de un latigazo atravesó su espalda.

—¡No hablen! —gritó un soldado—. Saben las reglas. Hablen de nuevo, y los dos recibirán diez latigazos.

La marcha incesante continuó por semanas. Muchos judíos murieron a lo largo del camino, y sus cuerpos quedaban abandonados a la orilla del camino para los buitres. En la sandalia de Daniel apareció el primer agujero, y las piedras del camino comenzaron a cortarle la piel. Cuanto más en carne viva estaba su pie, más se esforzaba por mantener el paso. Tropezó y se cayó en más de una ocasión, pero todas las veces logró ponerse de pie y seguir caminando. Comenzó a delirar; ya no estaba completamente consciente de lo que sucedía a su alrededor. Sin embargo, su cuerpo seguía tambaleándose hacia adelante.

Un día tuvo una noción vaga de que un compañero de viaje decía que podía ver las murallas de Babilonia. Dentro de unas horas, pasaron por la puerta de la ciudad. La marcha se detuvo, y Daniel, más muerto que vivo, se desplomó en la tierra, inconsciente.

* * *

Daniel se despertó en la celda oscura de una prisión que estaba llena de otros jóvenes de su ciudad natal, incluso Ananías. Miró a su alrededor y divisó a sus amigos perdidos, Misael y Azarías. Su cuerpo tenía una fiebre intensa y, cuando trató de moverse, un dolor agudo se apoderó de él. Durante los días siguientes, perdía y volvía a recuperar la consciencia. Cuando el dolor finalmente disminuyó y estuvo lo suficientemente consciente como para darse cuenta de dónde provenía, gimió con una agonía que fue aún más profunda que el dolor físico. A él y a sus tres amigos los habían mutilado trágicamente. Nunca sería un esposo. Nunca sería un padre.

Mientras los prisioneros sanaban, se les permitía descansar y se les daba pan y agua. Unas cuantas semanas después, cuando los cautivos habían recuperado suficiente fortaleza, sus guardianes comenzaron a asignarles tareas. A algunos hombres los enviaban a limpiar establos y a cepillar caballos; otros trabajaban como porteros, carpinteros o conserjes. A Daniel le ordenaron trabajar en el patio de los carros, donde debía reparar los carruajes y las carretas de bueyes.

A las prisioneras también las hacían trabajar lavando ropa, cocinando y remendando prendas. Algunas de las mujeres servían a los hombres durante el almuerzo, les llevaban las mudas semanales de ropa limpia y les llevaban agua durante las horas más calurosas del día.

Un día, varias semanas después de que había comenzado a trabajar para los babilonios, Daniel apenas había terminado de volver a montar una pesada rueda en una carreta cuando vio a una joven que se acercaba con un odre de agua. Su cabeza estaba cubierta con una capucha para proteger su rostro del sol, y Daniel, en su desesperación por beber, no la miró una segunda vez.

Cuando bajó el odre y se secó la boca, percibió un destello de reconocimiento en los ojos de la mujer.

—¿Lea? —exclamó—. ¿Eres tú?

—Ay, Daniel. —Lea lloró con lágrimas de alegría—. Te busqué por todos lados. Temía que te hubieran asesinado.

—¡Me alegra tanto que estés viva! No tenía idea de lo que podrían haberte hecho.

—No podemos seguir hablando. —Ella miró por encima de

su hombro mientras hablaba—. Nos vigilan como águilas. Sigue bebiendo mientras te cuento de lo que me he enterado.

Daniel puso el odre de nuevo en sus labios.

—Están haciendo que las mujeres jóvenes recuperen su salud luego de la marcha. Pronto, las judías más selectas serán obligadas a servir a los nobles y a los funcionarios, y las más hermosas se convertirán en concubinas del rey. Al resto les permitirán casarse, pero seguirán siendo esclavas. Así que todavía hay esperanzas de que nosotros podamos tener una vida juntos.

Daniel clavó sus ojos en el piso polvoriento.

—No, Lea, no tenemos un futuro juntos. Ya no soy el hombre que solía ser. Debes considerarme muerto y buscarte otro esposo. —Le devolvió el odre y se dio vuelta para esconder sus lágrimas.

—Pero, Daniel...

—¡Tú, la muchacha del agua! —dijo la voz del guardia como un trueno—. Deja de conversar y continúa con tus rondas.

Lea sofocó un sollozo mientras se alejaba. Daniel regresó a las carretas con su visión borrosa por las lágrimas amargas.

Esa noche en su celda, Daniel se retorcía sobre la paja. Nunca conocería los gozos del matrimonio. No tendría ningún descendiente. Su nombre desaparecería para siempre en Israel, lo cual era casi peor que la muerte para un judío. *Dios* —oró en silencio—, *¿qué llenará este vacío en mi alma?* Finalmente cayó en un sueño irregular.

Sin embargo, al amanecer, Daniel se levantó tranquilo y sereno. Había recibido la respuesta a su oración. Dios mismo llenaría el vacío en su vida. Dios sería su amigo, su propósito y su consuelo. Esa mañana, en la oscuridad de su celda, Daniel hizo un voto solemne de que sería fiel y leal a Dios, así como lo habría sido a su esposa. No permitiría que nadie interfiriera entre él y su Dios.

Animado por su recién descubierta dedicación a Dios, Daniel se entregaba cada día al Señor y a la tarea que tenía por delante.

Recuperó su salud completamente y su cuerpo se fortaleció con el trabajo físico.

Un día, mientras Daniel reemplazaba los radios dañados de la rueda de una carreta, un guardia se acercó y lo llamó.

—Te necesitan en la cocina —dijo el guardia—. Deja lo que estás haciendo y repórtate de inmediato.

Una docena de otros esclavos se dirigían a la cocina cuando Daniel llegó. Otros entraron a raudales, hasta que el cuarto se llenó de aproximadamente treinta hombres judíos. Entre ellos se encontraban sus amigos, Ananías, Misael y Azarías.

Cuando todos estaban reunidos, dos hombres babilonios entraron al cuarto y se pararon frente a ellos. El primero era un hombre de mediana edad, de piel oscura, vestido con la túnica de los funcionarios de Babilonia. El segundo, que también vestía una túnica fina, se paró ligeramente hacia un lado; obviamente, era un ayudante o asistente.

El funcionario dio un paso adelante y se dirigió a la concurrencia. «Mi nombre es Aspenaz. Soy el jefe de los eunucos en el palacio de nuestro gran rey Nabucodonosor, que viva para siempre. Ustedes fueron seleccionados entre todos los judíos como candidatos para un honor excepcional. Si son escogidos, se les preparará durante los próximos tres años para el servicio del rey. Aprenderán el idioma, la literatura, la religión, la filosofía y la astrología de Babilonia. Recibirán un cuidado especial y se les alimentará con la misma comida que se sirve en la mesa del rey, incluso con las mejores carnes que se han ofrecido al dios Merodac».

Aspenaz miró a los jóvenes, satisfecho al ver la esperanza que se reflejaba en sus rostros. «Todos ustedes fueron escogidos por su salud, fortaleza y apariencia. Pero para que se les elija de forma definitiva, deben cumplir con dos aptitudes adicionales: inteligencia y discernimiento. Para determinar su aptitud en estas áreas, los entrevistaré individualmente en privado».

Uno por uno, los jóvenes cautivos fueron escoltados a la presencia de Aspenaz. Algunos regresaron rápidamente; otros tuvieron entrevistas largas. Algunos salían cabizbajos o enojados, mientras que otros resplandecían con un placer evidente. Cuando le llegó el turno a Daniel, lo llevaron al salón privado, donde Aspenaz estaba sentado, mirándolo.

Durante la hora siguiente, Daniel respondió preguntas sobre casi todos los temas posibles: políticos, religiosos, filosóficos, científicos y astrológicos. Resolvió acertijos y ecuaciones matemáticas. Descifró problemas de lógica, nombró las constelaciones e identificó las clasificaciones más importantes de los animales. Con cada respuesta, Daniel sentía que la aprobación de Aspenaz aumentaba. Después de una hora o más, Aspenaz en efecto sonreía, asentía con la cabeza en señal de aprobación y alababa a Daniel por sus respuestas perspicaces.

—Eres asombrosamente instruido para ser un hombre tan joven —dijo—. ¿Cómo te sientes en cuanto a la posibilidad de servir en la corte del rey?

—Sería un gran honor, señor. Pero mi compromiso con mi Dios me lo impide. No puedo, de acuerdo a las leyes de mi Dios, comer comida sacrificada a un ídolo.

—¡Daniel, debes tener cuidado con lo que dices! —dijo Aspenaz en voz baja—. No digas que Merodac es un ídolo en el palacio real. Podrían condenarte a muerte por semejante sacrilegio, y perderte sería un desperdicio terrible. Aun así, no hay manera de que pueda permitirte comer cualquier otra comida que la que el rey ordena. Desobedecerlo significaría mi propia muerte.

—Pero, señor...

—No digas nada más, joven. Esta entrevista terminó. Se te eligió para la capacitación, lo cual significa que debo asignarte un nombre babilónico. De hoy en adelante, te llamarás Beltsasar. Ahora vete, Beltsasar. Preséntate ante mi mayordomo, y él los escoltará a ti y a los otros al palacio real.

Seleccionaron a otros once jóvenes. El mayordomo los llevó al complejo del palacio, donde los bañaron, los acicalaron, los vistieron con túnicas babilónicas y les asignaron habitaciones lujosas. Entre los hombres seleccionados estaban los amigos de Daniel: Ananías, Misael y Azarías, a quienes les habían dado los nombres babilónicos de Sadrac, Mesac y Abed-nego.

Cuando los llamaron a cenar, Daniel se dirigió con sus amigos al comedor.

—Se dan cuenta de que estamos por enfrentar una crisis, ¿verdad? Nos servirán una comida que no hay manera que podamos comer con una conciencia limpia ante Dios.

—¿Qué sucederá cuando nos rehusemos a comerla? —preguntó Sadrac.

—Nos ejecutarán por desobedecer la orden del rey. No sé lo que harán ustedes, pero yo no comeré esa comida.

Los otros apoyaron la decisión de Daniel. «Haremos lo mismo», juraron.

Los cuatro jóvenes se sentaron a la mesa con los otros ocho cautivos. Mientras esperaban la comida, se presentaron entre ellos. A Eleazar, el hombre que estaba sentado al lado de Daniel, le habían puesto el nombre babilónico Malik.

Malik sonreía ampliamente.

—Hombres, nuestras vidas repentinamente han dado un giro asombroso. Si somos cuidadosos, podremos vivir los años que nos quedan con un lujo que nunca habríamos soñado en Jerusalén.

—Pero ¿qué de la comida que están por servirnos? —preguntó Daniel—. No podemos comer nada sacrificado a los ídolos.

—¿No sabes que si nos rehusamos, nos ejecutarán? —respondió Malik—. Debido a que Dios nos puso en este lugar, seguramente él espera que comamos lo que nos sirvan. ¿Qué opción tenemos? Él entenderá nuestro dilema y no lo tomará en contra nuestra.

Todos los hombres, excepto Daniel y sus amigos, estuvieron de acuerdo con Malik.

Daniel abrió su boca para responder, pero justo en ese momento, los sirvientes trajeron la comida. Era incluso más extravagante y abundante de lo que habían imaginado: pescado, faisán, cerdo y carnes aromáticas cocinadas en salsas con sabores intensos, además de una variedad interminable de frutas, vegetales, quesos, frutos secos y pasteles.

Los ocho hombres no se contuvieron; se lanzaron al banquete con gran entusiasmo. Sin embargo, Daniel y sus tres amigos se quedaron sentados en silencio, sin tocar sus platos y con las cabezas inclinadas en oración.

Cuando estaban a medio banquete, el mayordomo de Aspenaz llegó a ver cómo les iba a los comensales. Cuando vio que Daniel y sus amigos no habían tocado su comida, se abalanzó sobre ellos, con su voz alterada por la furia:

—¿Por qué no comen, necios? ¿Tratan de desafiar al rey?

—No, señor, de ninguna manera —respondió Daniel—. Le dijimos a su amo que nuestro Dios nos prohíbe comer comida sacrificada a los ídolos.

—Sí, sí, él me comentó eso —ladró el mayordomo—. Pero él no creyó que se mantendrían firmes con esa prohibición. Estaba seguro de que una vez que les sirvieran la comida, se rendirían. —Golpeó la mesa con su puño—. Ahora, ¡coman! Si desobedecen, morirán.

—Pero, señor, ¿no se da cuenta de que no podemos traicionar a nuestro Dios?

—Veo que no quieren hacerlo —replicó el mayordomo—. Yo no permitiré que desafíen al rey ni a mi amo. O comen, o mueren.

—Entendemos, señor. Usted tiene órdenes y debe cumplirlas, o su propia vida corre peligro. Pero permítanos proponerle una solución: una prueba. Denos los alimentos que le pidamos, y si en diez días no estamos tan saludables como nuestros compañeros, podrá hacer con nosotros lo que mejor le parezca.

El mayordomo se resistió, pero Daniel y sus amigos se mantuvieron firmes.

Finalmente, el mayordomo se rindió:

—Muy bien. Pueden probar su dieta por diez días. Si su salud, fortaleza o apariencia decae de cualquier manera, no tendré más alternativa que ejecutarlos.

Cuando el mayordomo salió de la habitación, Malik se volvió hacia Daniel.

—¡Necios tontos! —les dijo con desdén—. ¿No se dan cuenta de que acaban de pronunciar su sentencia de muerte? De ninguna manera podrán prosperar con la alimentación que proponen. Sin carne, se consumirán.

—Veremos —respondió Daniel—. De todas formas debemos obedecer los mandamientos del Señor.

—Esas leyes estaban bien para los fanáticos religiosos de Judá —dijo uno de los amigos de Malik en tono de burla—. Pero solamente un necio seguiría aferrándose a esas leyes antiguas cuando los tiempos y las circunstancias cambian.

En los próximos diez días, Daniel y sus tres amigos se ciñeron a su dieta simple de agua y vegetales. Al final del período de prueba, el mayordomo no tuvo más remedio que admitir que Daniel, Sadrac, Mesac y Abed-nego se veían más fuertes, más saludables y más vivaces que sus compañeros. No solamente les permitió que continuaran con su dieta durante el período de su educación, sino que les animó a hacerlo.

* * *

Después de tres años de capacitación, vistieron a los doce jóvenes judíos con las prendas babilónicas más finas y los presentaron ante Aspenaz, el jefe de los eunucos. Él los inspeccionó cuidadosamente uno por uno, los instruyó en el protocolo correcto y los llevó a la presencia del gran Nabucodonosor, conquistador del mundo conocido y rey de todas las provincias de Babilonia.

Luego de observar a los candidatos, el rey los llamó uno por uno para que se pararan delante de su trono. Les hizo preguntas, y les planteó problemas y acertijos similares a los que Aspenaz les había planteado al inicio, pero aún más complejos. Luego de que las entrevistas terminaron, el rey mandó a los hombres que salieran mientras él y sus consejeros deliberaban.

Rápidamente, convocaron nuevamente a los jóvenes judíos para que se presentaran delante del rey, donde se alinearon frente al trono. Dieron un paso adelante, uno por uno, para recibir sus encargos. A un hombre le dieron el puesto de asistente instructor de literatura en la escuela de los hijos de los nobles babilonios. Otro se convirtió en el ayudante del jefe de las finanzas del tesoro del rey. Otros recibieron las tareas de traductores y tutores de los hijos del harén del rey. A uno lo nombraron asistente de Aspenaz.

Malik esperaba su turno con mucha expectativa. Estaba seguro de que le asignarían un puesto codiciable, uno que lo pondría muy por encima de sus compañeros. Cuando llegó su turno, miró al rey con una confianza que rayaba en la arrogancia.

—A ti, Malik —dijo el rey—, te asigno un lugar en la facultad de los astrólogos reales. Que me sirvas bien y por mucho tiempo.

Era la posición más elevada que se había asignado hasta ese momento. Mientras Malik regresaba a su lugar en la fila, le lanzó una mirada triunfante a Daniel; una sonrisa petulante se percibía en la comisura de sus labios.

Entonces, Nabucodonosor llamó a Daniel y a sus tres amigos al trono.

—Ustedes cuatro demostraron ser eruditos del más alto orden. Poseen un conocimiento, una sabiduría y un discernimiento que supera el de los consejeros o sabios de mi imperio. Por lo tanto, los retendré para que me sirvan personalmente como consejeros en todos los asuntos relacionados con el reino. Que me sirvan bien y por mucho tiempo.

La sonrisa petulante de Malik desapareció y cambió a un desprecio total. ¿Cómo era posible que a esos cuatro hombres que se aferraban tan ciegamente a creencias obsoletas, que se creían mejores que todos los demás, los elevaran por encima de él? *¡No toleraré esto! Algún día no muy lejano, por cualquier medio que sea necesario, encontraré la forma de derribar a ese presuntuoso Daniel.*

* * *

LAS ESCRITURAS DETRÁS DE LA HISTORIA

Cuando los gobiernos negocian hoy en día, no es inusual que se use la fórmula: «Si ustedes... entonces nosotros...». En realidad, esa es una fórmula antigua; de hecho, Dios la utilizó en el monte Sinaí cuando llamó a sí mismo al pueblo hebreo recién redimido. El pacto que Dios les dio a través de Moisés fue condicional, un pacto de «si... entonces». *Si* Israel seguía los caminos de Dios, *entonces* Dios bendeciría a la nación. Y *si* Israel abandonaba los caminos de Dios, *entonces* Dios maldeciría a la nación. Las bendiciones por la obediencia se describen en Deuteronomio 28:1-14, y las consecuencias de la desobediencia se establecen en los versículos 15-68.

Aunque la nación de Israel demostró breves períodos de fidelidad y bendición, su historia en general está marcada por su decadencia espiritual y la disciplina de parte de Dios. El libro de los Jueces nos da las evidencias más abrumadoras de esta tendencia a la decadencia, y habla de una rebelión tras otra en contra de Dios. Cuando los reyes comenzaron a gobernar Israel, hubo más malvados que justos; muchos adoraban a los ídolos en lugar de al único Dios verdadero.

La fidelidad de Israel llegó a un punto culminante durante el liderazgo del rey David, pero incluso su historia está marcada por los fracasos. Su hijo Salomón tuvo un buen comienzo como gobernante de la nación, pero en los últimos días de su liderazgo, «su corazón se [apartó] del Señor» (1 Reyes 11:1-13).

Los ídolos que Salomón trajo a Israel para agradar a sus setecientas esposas aceleraron la decadencia. Después de la muerte de Salomón, el Señor llevó a cabo un juicio severo al arrancar las diez tribus del norte de las tribus del sur, Judá y Benjamín. El reino del norte, que tomó el nombre de Israel, fue dirigido por el malvado Jeroboam I, y cayó aún más bajo cuando levantaron altares paganos en los extremos opuestos del reino para hacer que la adoración a los ídolos fuera accesible al pueblo (1 Reyes 12:29). El reino del sur llegó a ser conocido como Judá. Conservó a Jerusalén como capital y centro religioso, y al linaje de David para sus reyes.

El reino del norte de Israel descendió rápidamente a la depravación hasta el año 722 a. C., cuando fue invadido y asimilado por los asirios, y nunca más se supo de este reino. Según el profeta Isaías, Asiria fue la «vara de [la] ira» de Dios contra su pueblo rebelde (Isaías 10:5).

La destrucción de Israel debería haber sido suficiente para sacudir al reino del sur de Judá y hacerlo volver a dedicarse a Dios con devoción. Pero el impacto del desastre se desvaneció, y el pueblo de Judá cayó en la misma espiral de decadencia que había condenado a la ruina a sus hermanos y hermanas del norte.

Los profetas de Dios continuaron con las advertencias firmes. Profetizaron el juicio venidero para Judá si el pueblo insistía en seguir el ejemplo del rebelde Israel. Uno de estos profetas fue Isaías, quien le dio al pueblo este mensaje de parte del Señor: «Se acerca el tiempo cuando todo lo que hay en tu palacio —todos los tesoros que tus antepasados han acumulado hasta ahora— será llevado a Babilonia. No quedará nada. [...] Algunos de tus hijos serán llevados al destierro. Los harán eunucos que servirán en el palacio del rey de Babilonia» (Isaías 39:6-7).

La gran deserción

> Durante el tercer año del reinado de Joacim, rey de Judá,
> llegó a Jerusalén el rey Nabucodonosor de Babilonia y
> la sitió. El Señor le dio la victoria sobre el rey Joacim de
> Judá y le permitió llevarse algunos de los objetos sagrados
> del templo de Dios. Así que Nabucodonosor se los llevó
> a Babilonia y los puso en la casa del tesoro del templo de
> su dios.
>
> DANIEL 1:1-2

Las advertencias proféticas de Dios a Judá no fueron escuchadas
hasta que, finalmente, un poco más de un siglo después de la caída
de Israel, la espada del juicio de Dios cayó severamente. El libro de
Daniel nos cuenta cómo sucedió.

Jerusalén cayó en manos de Nabucodonosor en el año 605 a. C.
(2 Reyes 24:1; 2 Crónicas 36:6), y el rey deportó a los rehenes judíos
a Babilonia en tres etapas. El primer grupo, que fue llevado inmediatamente, incluía solamente a la selecta nobleza. Hubo dos deporta-
ciones posteriores en los años 597 y 587 a. C., dejando a Jerusalén
en ruinas y solamente a algunos pobres, ancianos y enfermos en la
tierra.

Daniel 1:2 nos presenta el tema de todo el libro: la soberanía
de Dios. El Señor *puso* a Joacim en las manos de Nabucodonosor.
«No fue el poderío militar de Nabucodonosor o su astucia lo que
dio lugar a la caída de Jerusalén, sino la voluntad soberana de
Dios»[1].

Así como los asirios habían sido la vara de la ira de Dios contra
Israel, Babilonia llevó a cabo la misma acción disciplinaria contra
Judá. Dios dijo que había enviado a Babilonia «para juicio» y que «lo
[fundó] para castigar» (Habacuc 1:12, RVR60).

Durante los setenta años siguientes, el pueblo de Judá viviría en

Babilonia en un estado de constante agitación, bajo el control sucesivo de los Imperios babilónico, medo-persa y persa.

La duración de setenta años del cautiverio en Babilonia no fue un número al azar; tenía un significado importante. El libro de 2 Crónicas aclara que el Destierro cumplió «la palabra [del] Señor. [...] La tierra disfrutó de su descanso sabático todo el tiempo que estuvo desolada, hasta que se cumplieron setenta años» (2 Crónicas 36:21, nvi; vea también Jeremías 25:1-14).

Para entender qué significa que «la tierra disfrutó de su descanso sabático», tenemos que remontarnos varios siglos, a la época en la que Israel entró por primera vez a la Tierra Prometida. En esa época, Dios le ordenó al pueblo que observara el año sabático de la tierra. *Sabbat* significa «descanso», y en relación con la buena conservación de la tierra para la agricultura, debían permitir que sus tierras permanecieran inactivas cada séptimo año (Levítico 25:1-4). Ese año, no debían arar; no debían plantar.

Israel había fallado al no observar este año sabático entre cada siete años durante 490 años. En ese lapso de tiempo, Israel debería haber observado setenta años sabáticos. Por lo tanto, el Destierro de setenta años, durante los cuales la Tierra Prometida se mantuvo inactiva, compensaría el déficit. Si Israel no le daba a Dios el descanso que él requería, entonces él se lo quitaría por medio del cautiverio.

Ignorar esta ley sobre el descanso no fue, de ninguna manera, el único pecado de Judá. Al igual que su contraparte del norte, Judá también había sucumbido a la idolatría bajo el gobierno de sus reyes (1 Reyes 11:5; 12:28; 16:31; 2 Reyes 21:3-5). Veinte reyes gobernaron Judá durante los 345 años que siguieron a su separación de las tribus del norte. Ocho reyes fueron buenos, y doce fueron perversos. Joacim, quien gobernaba cuando Jerusalén cayó, fue el rey número diecisiete, y la historia lo describe como uno de los gobernantes más perversos del país; despreció la Palabra de Dios hasta el punto que la arrojó al fuego (Jeremías 36:23).

La rebelión e idolatría de Judá y del rey Joacim finalmente agotaron la paciencia de Dios, y él escogió a los babilonios, la nación más perversa e idólatra de la tierra en esa época, para que llevaran a cabo su juicio. Es difícil pasar por alto la ironía de esta elección: Dios puso al mal en contra del mal para cumplir sus propósitos buenos.

La gran deportación

> El Señor [...] le permitió llevarse algunos de los objetos
> sagrados del templo de Dios. Así que Nabucodonosor se los
> llevó a Babilonia y los puso en la casa del tesoro del templo
> de su dios.
>
> DANIEL 1:2

Poco tiempo después de que Nabucodonosor conquistara Jerusalén, recibió la noticia de que su padre había muerto; por lo tanto, regresó a Babilonia para hacerse cargo de los asuntos del estado. Dejó a Joacim en el trono, pero se llevó a varios rehenes con él, incluyendo a Daniel y sus tres amigos, para asegurarse la lealtad del pueblo conquistado.

Junto con los rehenes, se llevó a Babilonia algunos de los «objetos sagrados del templo de Dios», los cuales fueron colocados en el templo de Merodac, el dios de Nabucodonosor (Daniel 1:2). Estos incluían el mobiliario sagrado que Salomón había creado para el templo, el cual tenía el propósito de usarse para la adoración exclusiva de Dios (1 Reyes 7:48-51).

Un siglo antes, el rey Ezequías de Judá imprudentemente le había mostrado estos tesoros a un contingente de visitantes de Babilonia y, aparentemente, su informe no quedó en el olvido (2 Reyes 20:13). El profeta Isaías le advirtió a Ezequías que, un día, esta nación regresaría y se llevaría toda la riqueza que él había acumulado (2 Reyes 20:16-18; Isaías 39:5-7). El rey Ciro de Persia finalmente devolvió muchos de esos artículos a Jerusalén, cuando terminó el cautiverio de los judíos en Babilonia (Esdras 1:7-8).

El decomiso de estos objetos sagrados por parte de Nabucodonosor fue una manifestación de dominio religioso, con el objeto de demostrarle al pueblo conquistado de Judá que su Dios era demasiado débil para salvarlos de la derrota. En esa época, conquistar una nación también implicaba conquistar sus dioses.

LAS CONDICIONES PARA LA SELECCIÓN

> Luego el rey ordenó a Aspenaz, jefe del Estado Mayor, que trajera al palacio a algunos de los jóvenes de la familia real de Judá y de otras familias nobles, que habían sido llevados a Babilonia como cautivos. «Selecciona solo a jóvenes sanos, fuertes y bien parecidos —le dijo—. Asegúrate de que sean instruidos en todas las ramas del saber, que estén dotados de conocimiento y de buen juicio y que sean aptos para servir en el palacio real. Enseña a estos jóvenes el idioma y la literatura de Babilonia».
>
> DANIEL 1:3-4

¿Sabía usted que es diez veces más difícil ser aceptado como empleado en Google (donde contratan a uno de cada ciento treinta solicitantes) que ser aceptado en la Universidad de Harvard (donde aceptan a uno de cada catorce solicitantes)? Con más de dos millones de personas que solicitan empleo cada año, Google tiene un proceso de entrevista que se ha vuelto legendario en el mundo corporativo de los Estados Unidos. Se requiere un promedio de treinta y siete días y pasar por muchas, muchas entrevistas para completar el proceso de solicitud de empleo en Google[2].

Pero ¿qué podemos decir de un proceso de solicitud de tres años? Ese es el tiempo que Daniel y sus amigos soportaron cuando los estaban preparando para desempeñar funciones importantes en el gobierno de Babilonia (Daniel 1:5). A los jóvenes selectos de Judá los examinaron en tres áreas específicas para ver si eran aptos para trabajar.

El examen físico

Los seleccionados para el servicio en la corte del rey tenían que ser «jóvenes sanos, fuertes y bien parecidos» (Daniel 1:4). La palabra que se usa para «joven» en el idioma original usualmente se refiere a alguien que tiene entre catorce y diecisiete años de edad. El comentarista bíblico Leon Wood caracteriza a estos cautivos como «con la edad suficiente para adaptarse psicológicamente y lo suficientemente jóvenes para aprender todavía con facilidad y llegar a sentirse como en casa en el nuevo entorno cultural»[3].

El examen intelectual

Además de su destreza física, los jóvenes debían ser «instruidos en todas las ramas del saber, [y estar] dotados de conocimiento y de buen juicio» (Daniel 1:4). Era obligatorio que tuvieran un coeficiente intelectual elevado. Los que iban a servir al rey tenían que ser muy inteligentes, instruidos y rápidos para aprender.

El examen social

El rey esperaba que estos hombres sirvieran «en el palacio real», es decir, en su presencia (Daniel 1:5). Debían ser jóvenes con buen porte, buenos modales y personalidad atractiva porque tenían que moverse en un ambiente aristocrático sin ocasionar vergüenza.

Además, solamente los jóvenes que habían nacido en la realeza podían reunir las cualidades para esta tarea especial. Se les elegía entre las familias reales y nobles de la nación vencida. Según Josefo, Daniel y los tres jóvenes que habían sido escogidos con él —Ananías, Misael y Azarías— pertenecían a la familia real del rey Sedequías, el último rey de Judá[4].

El hecho que Daniel fuera uno de los jóvenes que reunían estos requisitos rigurosos nos dice mucho acerca de él al principio. Era un joven de sangre real, de buena apariencia, inteligente y con buenos modales.

EL CURRÍCULO PARA SU EDUCACIÓN

Enseña a estos jóvenes el idioma y la literatura de Babilonia.

DANIEL 1:4

El curso de capacitación de tres años que Nabucodonosor propuso para estos jóvenes dotados incluía la sumamente difícil inmersión en la lengua caldea, y la introducción a la literatura y el conocimiento de Babilonia, que incluía astronomía, astrología, arquitectura y religión.

En esta época particular de la historia, Babilonia era un centro reconocido de aprendizaje y conocimiento. La historia nos habla de las famosas bibliotecas babilónicas que existían en esa época, que contenían grandes volúmenes de literatura sobre casi todos los temas.

Otro nombre para Babilonia es Caldea, una palabra que con frecuencia se asocia con la magia y la adivinación, artes que se valoraban sobremanera en esa cultura. Daniel y sus tres amigos recibirían su educación en un entorno altamente sofisticado, pero profundamente pagano.

LA CAMPAÑA PARA SEDUCIRLOS

El rey les asignó una ración diaria de la comida y del vino que provenían de su propia cocina. [...] El jefe del Estado Mayor les dio nuevos nombres babilónicos: A Daniel lo llamó Beltsasar. A Ananías lo llamó Sadrac. A Misael lo llamó Mesac. A Azarías lo llamó Abed-nego.

DANIEL 1:5-7

El adoctrinamiento de estos jóvenes en la cultura babilónica fue intencional. Nabucodonosor no quería simplemente educarlos; quería desarraigarlos de sus condiciones culturales previas y transformarlos completamente en babilonios. Para lograrlo, hizo tres cosas.

Los emasculó

Aunque el libro de Daniel no manifiesta de forma específica que a Daniel y a sus amigos los convirtieron en eunucos, es muy probable que lo hayan hecho. Después de todo, a Aspenaz, el hombre que estaba a cargo de Daniel y los otros jóvenes, se le conoce como el «jefe de [los] eunucos [de Nabucodonosor]» (Daniel 1:3, RVR60). Y el profeta Isaías predijo que los babilonios llegarían y se llevarían las riquezas de Judá, así como a sus hijos: «Los harán eunucos que servirán en el palacio del rey de Babilonia» (2 Reyes 20:16-18; Isaías 39:7).

A los jóvenes que servirían al rey Nabucodonosor en su corte se les permitía tener solo una pasión: los deseos del rey. Por lo tanto, es probable que Daniel y sus amigos fueran emasculados como parte de su preparación para servir en el reino babilónico.

Los coaccionó

«Les señaló el rey ración para cada día, de la provisión de la comida del rey, y del vino que él bebía» (Daniel 1:5, RVR60). Nabucodonosor quería que se acostumbraran a las cosas buenas del palacio para que nunca encontraran satisfacción fuera del servicio al rey. Al hacerlos dependientes de la abundancia de la comida y la bebida del rey, los ponía en una posición de obligación hacia él, y los ataba a un estilo de vida que solamente él podría proveerles.

Los asimiló

Cuando los jóvenes llegaron a Babilonia, cada uno de ellos tenía nombres hebreos que habían recibido de sus padres, quienes honraban a Dios. Nabucodonosor, en un esfuerzo por integrarlos a la cultura caldea, ordenó que sus nombres hebreos fueran reemplazados por nombres que estuvieran relacionados con diversos dioses de Babilonia (Daniel 1:6-7).

¿QUÉ HAY EN UN NOMBRE?

NOMBRE HEBREO	NOMBRE BABILÓNICO
Daniel "Dios es mi juez"	**Beltsasar** "Bel guarda su vida"
Ananías "Yahveh da gracia"	**Sadrac** "Mandamiento de Aku"
Misael "¿Quién es como Dios?"	**Mesac** "¿Quién como Aku?"
Azarías "Yahveh es mi ayudador"	**Abed-nego** "Siervo de Nebo"

- Cambió Daniel («Dios es mi juez») por Beltsasar («Bel guarda su vida»).
- Cambió Ananías («Yahveh da gracia») por Sadrac («mandamiento de Aku»), en honor al dios babilónico de la luna.
- Cambió Misael («¿Quién como Dios?») por Mesac («¿Quién como Aku?»).
- Y cambió Azarías («Yahveh es mi ayudador») por Abed-nego («siervo de Nebo»), en honor al segundo dios más importante de Babilonia, Nebo.

Nabucodonosor quería que Daniel y sus tres amigos se olvidaran de Jerusalén, de su Dios, del templo y de todo lo relacionado con su herencia y cultura judía. Pero Daniel y sus amigos no olvidaron.

Casi setenta años más tarde, vemos a Daniel en Babilonia, todavía orando diariamente, inclinándose en dirección a Jerusalén (Daniel 6:10). Nabucodonosor pudo cambiar sus nombres, pero no pudo cambiar su naturaleza. Aunque mucho de la vida cotidiana de Daniel se había incorporado a la cultura babilónica, su corazón permanecía centrado en Jerusalén.

La gran decisión

Vemos un compromiso firme con el Señor, que se manifiesta desde muy temprano en la vida de estos cuatro jóvenes. Casi inmediatamente después de llegar a Babilonia, se enfrentaron con la enorme presión de darle la espalda a Dios y de sucumbir al adoctrinamiento de Nabucodonosor. Es tanto instructivo como inspirador ver cómo enfrentaron la crisis.

LA RESOLUCIÓN

> Sin embargo, Daniel estaba decidido a no contaminarse con la comida y el vino dados por el rey.
> DANIEL 1:8

Al principio de su capacitación, Daniel enfrentó la tentación de transigir sus convicciones. La primera prueba llegó cuando le sirvieron la comida y el vino de la mesa del rey. Consumir esa comida y bebida habría sido incorrecto por dos razones: primero, muchos de los alimentos no habrían cumplido con las normas sanitarias y rituales requeridas por la ley judía (Levítico 11). Segundo, mucha de la comida y bebida, sin duda, se había dedicado previamente como ofrenda a los ídolos.

Daniel se negó a contaminarse consumiendo la comida del rey. Fue una decisión crucial. Si él hubiera transigido, nunca se habría escrito el libro de Daniel.

LA PETICIÓN

> [Daniel] le pidió al jefe de los eunucos que no se le obligara a contaminarse. [...] Éste le dijo a Daniel: «Tengo miedo de mi señor el rey, que claramente dijo lo que ustedes debían comer y beber. Si más tarde él ve que los rostros de ustedes son más pálidos que los de los otros jóvenes semejantes a ustedes, me habrán condenado a que el rey me corte la cabeza».
>
> DANIEL 1:8, 10 (RVC)

La negativa de Daniel a seguir las instrucciones del rey Nabucodonosor lo puso a él y a sus tres amigos en peligro. Su decisión también puso en peligro a Aspenaz, el jefe de los eunucos, quien estaba a cargo de mantener la salud de ellos.

Al parecer, la solicitud de Daniel a Aspenaz había sido rechazada. Pero Daniel se negó a rendirse. Aspenaz puso a un mayordomo como supervisor de los eunucos en la corte de Nabucodonosor, y Daniel, aún decidido a no contaminarse con la comida del rey, le hizo una propuesta lógica al mayordomo: «Por favor, pruébanos durante diez días con una dieta de vegetales y agua. Al cumplirse los diez días, compara nuestro aspecto con el de los otros jóvenes que comen de la comida del rey. Luego decide de acuerdo con lo que veas» (Daniel 1:12-13).

Observe que aunque Daniel luchó por lo que sabía que era correcto, lo hizo de una manera respetuosa y amable. No confrontó al mayordomo con una petición ofensiva; hizo una petición que beneficiaría a ambos de una manera digna, lo cual hizo que el mayordomo fuera receptivo.

El mayordomo estuvo de acuerdo en permitirles a Daniel, Sadrac, Mesac y Abed-nego que siguieran su propia forma de alimentación por diez días: agua para beber y vegetales (literalmente, «lo que produce la tierra») para comer. El mayordomo los revisaría en diez días para comprobar si estaban tan fuertes y saludables como los que comían de los banquetes del rey.

La gran demostración

El resultado del experimento alimentario de Daniel fue definitivo. Él y sus tres amigos superaron a los otros cautivos en cada categoría de comparación.

MEJORARON DE UNA MANERA EXCEPCIONAL

Al cumplirse los diez días, Daniel y sus tres amigos se veían más saludables y mejor nutridos que los jóvenes alimentados con la comida asignada por el rey.

DANIEL 1:15

Cuando Daniel y sus amigos llegaron al final de su prueba alimentaria de diez días, se veían más saludables que cualquiera de los cautivos. Probablemente tenían mejor color de piel, mayor agudeza mental y contextura física más fuerte. Su apariencia era superior, en todos los aspectos, a la de los que habían disfrutado del menú del rey.

¿Cómo es posible que la apariencia de estos hombres haya demostrado una superioridad tan excepcional en tan poco tiempo? La respuesta, claramente, es que intervino la mano de Dios. Él recompensó su firme convicción acelerando los efectos positivos de su dieta.

TUVIERON UNA INTELIGENCIA SUPERIOR

A estos cuatro jóvenes Dios les dio aptitud excepcional para comprender todos los aspectos de la literatura y la sabiduría; y a Daniel Dios le dio la capacidad especial de interpretar el significado de visiones y sueños. [...] Cada vez que el rey los consultaba sobre cualquier asunto que exigiera sabiduría y juicio equilibrado, los encontraba diez veces más capaces que todos los magos y brujos de su reino.

DANIEL 1:17, 20

Desde el principio, estos cuatro jóvenes tenían una inclinación especial por aprender, y por poner en práctica ese conocimiento. Podemos estar seguros de que estudiaron diligentemente, y que Dios recompensó esa buena actitud enriqueciendo en gran manera su sabiduría y entendimiento.

Al final del programa de estudio de tres años, llevaron a los graduados a la presencia de Nabucodonosor para que los evaluara. Después de entrevistar a Daniel y a sus tres amigos, el rey quedó asombrado por el alcance de su conocimiento, y declaró que eran «diez veces más capaces que todos los magos y brujos de su reino» (Daniel 1:20).

Pero Daniel fue el más sobresaliente de la clase. Notaron que incluso tenía más capacidades que los otros tres, especialmente en lo relacionado con las visiones y los sueños y sus interpretaciones (Daniel 1:17). Esta revelación presagia el contenido del resto del libro de Daniel, el cual está lleno de visiones y sueños que llegaron hasta el futuro lejano de Babilonia y, efectivamente, del mundo.

TUVIERON MAYOR INFLUENCIA

Cuando se cumplió el período de instrucción [...] [el] rey habló con ellos y ninguno le causó mejor impresión que Daniel, Ananías, Misael y Azarías. De modo que entraron al servicio real.

DANIEL 1:18-19

La autobiografía de Daniel se asemeja a las historias de mendigo a millonario de la actualidad. Desde su posición humilde como cautivo fue promovido una y otra vez, y finalmente ascendió a los escalones más prominentes del gobierno de sus captores. Nabucodonosor lo «nombró [...] gobernador de toda la provincia de Babilonia y jefe de todos los sabios del rey» (Daniel 2:48).

Después de la muerte de Nabucodonosor, Daniel siguió sirviendo a los sucesores del rey hasta que, finalmente, después de que Ciro de Persia conquistó Babilonia e instituyó a Darío como rey, nombraron a Daniel ejecutivo a cargo de todo el Imperio babilónico (Daniel 6:3, 28). En términos actuales, fue el primer ministro del Imperio persa.

Es probable que Daniel ejerciera influencia en tantos como trece reyes y cuatro reinos en toda su vida. Como veremos en los capítulos siguientes, la influencia que Daniel tuvo sobre estos reyes fue impresionante. A pesar de la perversidad de la mayoría de ellos, el consejo, el valor y la integridad absoluta de Daniel frecuentemente alejaban a estos reyes de la idolatría y los llevaban a reconocer el poder del Dios verdadero.

Su influencia en la vida de Nabucodonosor y de Darío, en particular, se hace evidente en el hecho de que estos grandes reyes parecían admirar a Daniel y considerarlo su amigo. Aunque con frecuencia tuvo que decirles lo que no querían oír, lo escuchaban y respetaban su consejo porque su honestidad y lealtad eran incuestionables.

La historia de la vida de Daniel seguramente es uno de los relatos de gran éxito de la historia, una ilustración viva de Proverbios 22:29: «¿Has visto a alguien realmente hábil en su trabajo? Servirá a los reyes en lugar de trabajar para la gente común».

La gran devoción

Daniel permaneció en el servicio real hasta el primer año del rey Ciro.

DANIEL 1:21

El primer capítulo de Daniel sería hermoso aunque no tuviéramos este último versículo. Pero el último versículo es un mensaje en sí mismo.

Daniel vivió para ver a Ciro, el líder medo-persa, conquistar Babilonia en octubre del 539 a. C., aproximadamente sesenta y seis años después de que Daniel había sido capturado. En esta época, Daniel probablemente tenía más de ochenta años de edad y había vivido una vida piadosa en la esfera pública durante casi setenta de esos años. Sobrevivió a algunos de los reyes y reinos más poderosos que el mundo haya visto.

A pesar de todas las obras milagrosas que Dios realizó a través de Daniel y para Daniel, es importante observar que nunca lo liberó de Babilonia. Daniel vivió prácticamente toda su vida como un exiliado en una tierra extranjera, como un cautivo en una cultura que era hostil a su fe. Entonces, el mensaje de Daniel no es que Dios quitará toda clase de opresión de nuestra vida. Más bien, este relato sirve como una promesa de Dios de que su pueblo puede tener victorias y mantenerse fiel a él incluso en las circunstancias más difíciles.

Daniel vivió en una cultura que era completamente pagana; aun así, no se dice ni una palabra negativa acerca de él en toda la Biblia. Cuando los líderes de Babilonia trataron de descubrir algunas faltas en su vida, no encontraron nada que fuera digno de mencionar, a excepción de su fe en Dios (Daniel 6:4-5).

A través de todas las maquinaciones e intrigas que por lo general acechan en las cortes reales, a través de todos los celos que son de esperarse hacia un extranjero en una posición de honor, a través de toda la volatilidad y los caprichos de los reyes a quienes servía, a través de la envidia, las conspiraciones y las persecuciones, Daniel continuó sirviendo a Dios sin vacilar.

En su comentario clásico sobre Daniel, el Dr. John F. Walvoord se refiere a este primer capítulo del libro como «un testimonio elocuente del poder y la gracia de Dios en una hora oscura de la historia de

Israel, cuando la fidelidad de Daniel y sus amigos resplandece con mayor intensidad porque se encuentra en el contexto de la apostasía y el cautiverio de Israel. En cada época, Dios busca a quienes él pueda usar. Allí estaban cuatro jóvenes cuyo testimonio ha sido una fuente de fortaleza para todos los santos que son tentados»[5].

* * *

DANIEL PARA HOY

¡Bienvenido al mundo de Daniel! Al estudiar el dramático primer capítulo de este libro, no podemos pasar por alto la importancia que tiene para nuestra propia época: una cultura que colapsa, caos mundial, gobernantes egoístas y olas amenazantes que nos impulsan hacia el futuro. Sin embargo, Dios le dio a Daniel un ministerio prolongado, y la sombra de su vida se cruzó con trece reyes, cuatro reinos y toda la historia profética posterior. Independientemente de si usted es un niño, un adolescente o un adulto, su legado puede influenciar al mundo hasta que Cristo vuelva. Pero mientras tanto, he aquí algunas cosas que debemos recordar:

1. **Se requiere convicción.** Daniel decidió que él no se contaminaría. Aunque fue exiliado de Judá, su corazón aún estaba bajo el control del León de la tribu de Judá. No diluya su influencia transigiendo con una sociedad caída. Solamente los que ponen banderas en el territorio de la cruz ejercerán influencia para Cristo.

2. **Se requiere compañeros adecuados.** Necesitamos amigos con quienes orar. Daniel tenía tres amigos de esos, y ellos lo apoyaban. Dios tiene esa clase de amigos para usted en la universidad, la iglesia, su familia o su vecindario. Tome la iniciativa y busque un amigo o dos por quienes orar. Pídale a Dios que los fortalezca

con todo el poder en su ser interior por medio del Espíritu Santo (Efesios 3:16).

3. Se requiere calma y valor. Tenga en cuenta que Daniel nunca entró en pánico ni reaccionó exageradamente frente a la oposición. En medio de las situaciones que amenazaban su vida, se mantuvo sereno y tranquilo. Puso en práctica el Salmo 46:10: «¡Quédense quietos y sepan que yo soy Dios! Toda nación me honrará». Podemos mantener la calma cuando tenemos la seguridad profunda y sobrenatural de saber que Dios es nuestro refugio y fortaleza, y siempre está dispuesto a ayudarnos en tiempos de dificultad (Salmo 46:1).

El diablo no sabe qué hacer con las personas que tienen valor y convicción, personas que cultivan amistades piadosas y calma espiritual. Pero el Señor sabe qué hacer con esas personas. Él las usa para cambiar el mundo. Seguramente lo usará a usted también, si toma la decisión de ser un Daniel.

Capítulo 2

EL INSOMNE

Daniel 2:1-30

EL REY NABUCODONOSOR se despertó de repente y se sentó de golpe en su cama con temblores que sacudían su cuerpo. Escuchó un grito que penetró el aire de la noche, apenas consciente de que el ruido había salido de su propia garganta. Cuando miró hacia abajo, vio que la ropa de cama estaba empapada de sudor y enrollada alrededor de su cuerpo como una serpiente. Miró alrededor de la habitación oscura, tratando de estabilizar su respiración acelerada.

Su chambelán irrumpió en la habitación, con una túnica que se había puesto apresuradamente sobre su ropa de dormir. Sostenía una lámpara de aceite frente a él.

—¡Su majestad! ¿Qué sucede?

El rey solo miraba fijamente hacia la distancia, obsesionado con algo que su chambelán no podía ver. Finalmente, los ojos del rey volvieron a enfocarse en la realidad.

—Enciende todas las lámparas —dijo con voz áspera—. Manda mensajeros a llamar a mis consejeros.

—Desde luego, su majestad. Haré que se presenten mañana a primera hora.

El rey lo miró encolerizado.

—Los llamarás en este mismo momento.

—Pero, señor, es una hora después de la medianoche.

—¿Te pregunté la hora? ¡Llámalos ahora! Los quiero aquí antes de que la luna se mueva un centímetro en el cielo.

—Su majestad —suplicó el chambelán del rey—, sus casas están esparcidas por toda la ciudad. No es posible traerlos aquí tan rápido.

—Entonces trae a quienes puedas, a los que vivan más cerca del palacio. Para el poco bien que hacen, un puñado es lo mismo que treinta. ¡Llámalos ahora!

El chambelán del rey salió corriendo de la habitación y despertó a los sirvientes para que llevaran el mensaje a los consejeros del rey. Unos minutos después, las sirvientas se apresuraban a encender las lámparas, y los sirvientes comenzaron a vestir al rey. Un ayuda de cámara nervioso dejó caer al piso la túnica exterior del rey, y cuando se inclinó para recogerla, el rey le dio una patada en las costillas.

—¡No tenemos tiempo que perder! —gritó.

Entonces, una sirvienta se acercó con una bandeja de plata con dulces y una copa de vino. Uno de los sirvientes chocó contra ella y derramó vino sobre el calzado de seda del rey.

—¿En qué estabas pensando? —gritó.

Con un golpe, hizo que la bandeja se cayera de las manos de la sirvienta, y la copa de plata cayó al piso. La joven observó sin poder hacer nada mientras el líquido púrpura se derramaba sobre el piso pulido.

Tan pronto como los sirvientes completaron sus tareas, se escabulleron de la habitación. El chambelán escoltó al rey Nabucodonosor hasta su trono y, unos minutos más tarde, un guardia anunció la llegada de los astrólogos.

Ocho hombres ingresaron a la sala del trono. Todos vestían largas túnicas que ostentaban los signos del zodíaco. Entre ellos estaba Malik, el ambicioso judío que hacía poco se había convertido en un protegido de Nimatar, el astrólogo principal. Era la primera vez que Malik se presentaba ante el rey desde su entrevista inicial, y mantenía su cabeza en alto, orgulloso de ser incluido.

Cuando los astrólogos llegaron al estrado, se inclinaron muy bajo ante el rey. Nabucodonosor tamborileaba sus dedos sobre el brazo del trono, sin siquiera reconocer la presencia de ellos.

Después de un momento, Nimatar dio un paso adelante.

—Oh poderoso conquistador de las naciones, gobernante de todos los pueblos y grandemente favorecido por los dioses, qué placer es para sus humildes consejeros que se nos llame para servirlo. Estamos ansiosos y listos para hacer su voluntad. Pida y nosotros...

—¡Deja de balbucear! Escuchen lo que voy a decir, y escuchen bien. Esta misma noche, los dioses me enviaron una visión que es crucial para el futuro de Babilonia y de todo el imperio. Como todas las visiones, se me presentó con símbolos e imágenes. Los he convocado para que me den la interpretación del sueño.

—Oh gran rey, viva para siempre —respondió Nimatar—. Con mucho gusto haremos lo que nos ordena. Cuéntenos el sueño, y se lo interpretaremos.

—No. No les contaré el sueño. Ustedes me contarán el sueño a mí, y luego me darán su significado.

Nimatar y sus colegas quedaron en silencio.

—Oh gran rey, sin duda usted bromea —dijo Nimatar al fin. Esbozó una sonrisa nerviosa—. El rey sabe que es imposible que alguien pueda ver los pensamientos no expresados, escondidos en la mente de otra persona.

—Te aseguro que no estoy bromeando. Después de todo, ¿no son ustedes los astrólogos los grandes y sabios poseedores del conocimiento místico? —Las palabras del rey estaban llenas de sarcasmo—. Estoy comenzando a darme cuenta, como siempre lo sospeché, de que ustedes simplemente son unos charlatanes que se ganan un lugar en mi mesa con mentiras y engaños. Se ganan mi favor con palabras que suenan muy bien pero que resultan ser tan vacías y secas como el viento del desierto. Si ustedes de verdad son mensajeros de los dioses, ellos les revelarán tanto el sueño como la interpretación. Mi decisión se mantiene: cuéntenme el sueño, y luego denme su interpretación.

Los astrólogos se quedaron mudos. Luego de un largo momento, Nimatar abrió sus manos, suplicando con desesperación.

—Oh grandísimo —dijo con voz temblorosa—, somos sus siervos más dispuestos, ansiosos de hacer su voluntad en todas las cosas. Entendemos los símbolos y los signos con los que los dioses manifiestan su voluntad a los que se ganan su favor. Sin embargo, esta petición que usted nos hace es muy difícil. Humildemente, le rogamos que nos conceda tiempo para consultar con los dioses antes de revelarle el sueño.

—¡Simplemente están tratando de ganar tiempo! —gritó Nabucodonosor—. Si les permito que se tomen un tiempo, se perderá cualquier posibilidad de influir en la rueda del destino. Sin embargo, seré misericordioso y les concederé un cuarto de hora. Pero sepan esto: si fracasan, cada uno de ustedes será descuartizado y decapitado públicamente, y sus casas se reducirán a cenizas. Ahora, vayan a balbucear sus tonterías entre ustedes, y vuelvan a mí con el sueño y su interpretación.

Los astrólogos se inclinaron al retirarse de la habitación. Cuando llegaron al vestíbulo, se miraron fijamente unos a otros y sacudían la cabeza consternados.

—¿Alguien tiene alguna sugerencia? —preguntó Nimatar.

Después de un silencio prolongado, uno de los astrólogos dijo:

—El rey dice que nos está probando, pero yo sospecho que eso es simplemente una excusa. Creo que ha olvidado el sueño.

—Eso podría ser cierto —añadió otro—. Que un monarca olvide un mensaje de los dioses es un augurio terrible, y ningún rey se atrevería a admitirlo.

—¿Acaso estás sugiriendo que inventemos un sueño, y que él no notará la diferencia? —preguntó Nimatar—. Desde luego, eso sería arriesgado. Aun si ha olvidado el sueño, seguramente sabe lo que no soñó. Nuestro engaño solo haría que se enojara más.

—Me gustaría que Daniel estuviera aquí —dijo Shukura—. En más de una ocasión fui testigo del cumplimiento de sus anuncios en cuanto al futuro.

—¡Daniel! —escupió Malik—. ¿Qué podríamos necesitar de ese retrógrado testarudo?

—No, no queremos que Daniel se involucre —dijo Nimatar—. Él cuestiona todas las decisiones que tomamos y propone alternativas que serían inconcebibles en un reino como este.

—Tal vez eso sea cierto —respondió Shukura—, pero en este preciso momento estoy dispuesto a escuchar a cualquier persona que proponga una idea que pudiera salvar nuestras vidas.

—¡Seguramente no piensas que Daniel podría decirle a otro hombre lo que soñó! —dijo Nimatar, burlándose.

Después de un cuarto de hora de discusión inútil, llamaron a los hombres otra vez para que se presentaran ante el rey. Entraron a la sala del trono, pálidos y temblorosos. Llegaron al estrado y se inclinaron hasta el piso delante del rey.

Nimatar se levantó primero.

—Oh grande y glorioso rey Nabucodonosor, sabio y justo gobernante favorecido por los dioses de la tierra y del cielo, protector y...

—¡Basta de halagos! Dime lo que soñé, o cállate.

—Su majestad —le rogó Nimatar—. Lo que nos pide no es solamente difícil; es imposible. Ningún otro rey sobre la faz de la tierra le ha pedido a un consejero que entre en la mente de otra persona y revele sus pensamientos escondidos. Solo los dioses pueden hacer semejante cosa, y ellos no habitan en cuerpos mortales para convocarlos cuando uno lo desee.

Nabucodonosor no se dignó responderle. Mirando por encima

de los desafortunados astrólogos, le hizo una seña al soldado armado que estaba parado al final del pasillo.

—¡Arioc, saca a estos impostores de mi vista! Quiero que los encierren en el calabozo del palacio. Luego, arresten a todos los astrólogos, magos y sabios a mi servicio. Para mañana al mediodía, quiero que cada uno de ellos, incluyendo a estos inútiles que están en mi presencia, sea ejecutado en la plaza pública.

* * *

Daniel había terminado su oración matutina y estaba sentado leyendo cuidadosamente uno de los rollos que había sacado de la biblioteca del rey. Solo habían pasado unos cuantos meses desde que se había presentado ante el rey y se le había asignado a la facultad real de consejeros. En esencia, era un aprendiz, y estaba aprendiendo sobre las complejidades y las políticas del imperio del rey.

Daniel pasaba mucho tiempo en la biblioteca del palacio y en sesiones con los consejeros superiores. De esta manera había llegado a conocer a muchos de los funcionarios prominentes del reino. Había estado en la presencia de Nabucodonosor solamente pocas veces, y simplemente como un observador. El rey mismo nunca había notado su presencia ni le había dirigido la palabra.

La concentración de Daniel se interrumpió con un fuerte golpe en la puerta. Antes de que pudiera levantarse, golpearon de nuevo, más fuerte y con mayor insistencia. Abrió la puerta y vio al capitán de la guardia del rey.

—¡Arioc! No sé la razón por la que vienes a mi casa, pero tenerte aquí es un gran honor. Por favor, entra. —Se hizo a un lado mientras Arioc entraba.

—Gracias, amigo mío. Tu bienvenida no será tan calurosa cuando te hable de la misión que me trae.

—¿De qué se trata? —preguntó Daniel.

—El palacio es un caos. El rey tuvo una terrible pesadilla, y convocó a Nimatar y a su círculo íntimo para que interpretaran el sueño. No pudieron hacerlo; por lo tanto, ha sentenciado a muerte a todos los astrólogos y consejeros de Babilonia. —Arioc hizo una pausa, y miró al piso—. Daniel, a pesar de lo mucho que siento tener que decirlo, la sentencia te incluye a ti.

—No es propio del rey reaccionar con tanta severidad.

—Aparentemente, olvidó lo que soñó, pero el temor que le causó el sueño aún lo acosa. Les ordenó a los astrólogos no solamente que interpretaran el sueño, sino que también se lo describieran. Por supuesto, no pudieron hacerlo. Nadie podría hacer tal cosa.

Daniel guardó silencio por un instante. Arioc esperó. En los pocos meses que Daniel había estado en el palacio, Arioc había llegado a respetar al joven judío por su sabiduría y su comportamiento humilde.

Finalmente, Daniel habló:

—Tengo que pedirte un favor. En lugar de llevarme directamente al calabozo, llévame primero a la presencia del mismo Nabucodonosor.

Arioc sacudió su cabeza.

—Un acto inesperado como ese sería fatal para ambos. Tú sabes que presentarse ante el rey sin haber sido invitado significa la muerte.

—Sí, pero el rey puede anular la sentencia si decide hacerlo. Tú no tienes que arriesgarte. Llévame hasta la puerta de la sala del trono y yo entraré solo.

—Pero ¿por qué te pondrías en una situación tan peligrosa?

Daniel le dio una pequeña sonrisa.

—¿Es realmente un riesgo? Si no voy, mi muerte es segura. Pero si voy, él podría oírme y yo me salvaré.

* * *

Dentro de una hora, Daniel estaba parado frente a la puerta de la sala del trono de Nabucodonosor. Arioc ordenó a los guardias que lo dejaran entrar, y el joven caminó por el pasillo de pilares hacia el trono del rey.

Nabucodonosor frunció el ceño cuando vio a Daniel.

—¿Quién eres y qué intentas lograr con semejante atrevimiento?

—Soy Daniel: Beltsasar, en la lengua de Babilonia. Soy uno de los nuevos estudiantes de la facultad de consejeros.

—¿Eres uno de los cautivos hebreos? —preguntó el rey. Sin esperar una respuesta, continuó—: Antes de que pronuncie tu sentencia de muerte, te concederé treinta segundos para que me expliques tu osadía de presentarte ante mí.

—Vine por causa de la visión que usted tuvo anoche. Si me concede un día para prepararme, tengo la seguridad de que mañana a esta misma hora podré decirle tanto el sueño como su significado.

—Tienes más agallas que cerebro. ¿Qué te hace pensar que un aprendiz como tú, un don nadie, puede tener éxito en algo que mis mejores astrólogos han fallado?

—Mi Dios me dará la respuesta que usted desea.

—¿Tu Dios? —dijo Nabucodonosor con un resoplido—. Los dioses son tan inútiles como todos ustedes, los supuestos sabios.

—Sí, usted tiene razón, su majestad: los supuestos dioses son inútiles. Pero el único Dios verdadero, no. Permítame orarle a mi Dios por una noche, y le aseguro que mañana tendrá la respuesta que busca. Si no es así, podrá matarme.

Nabucodonosor examinó al joven por un instante. Luego, levantó su cetro de oro y lo extendió hacia él.

—Muy bien. Te concederé la vida hasta mañana a esta hora. Pero si fracasas, serás el primero entre todos tus colegas en morir. ¡Ahora, vete!

Daniel regresó a su casa de inmediato y llamó a sus tres amigos, Sadrac, Mesac y Abed-nego.

—Nuestras vidas están en un grave peligro —dijo—. Y también las vidas de los otros consejeros y astrólogos del rey.

—¿Qué sucedió? —preguntó Mesac.

Daniel les contó toda la historia: el sueño no relatado, el fracaso de los astrólogos que no pudieron descifrarlo y su propia visita al rey.

—Arioc me contó que cuando Nimatar no pudo describir el sueño del rey, él se enfureció. Ordenó que todos sus consejeros fueran asesinados esta misma mañana.

—Ahora tenemos un día más —dijo Abed-nego—. ¿Qué podemos hacer?

—Tenemos que orar. Esa es la razón por la cual los llamé. Debemos comenzar ahora mismo, ayunar el resto del día y orar sin cesar hasta que sea la hora de acostarnos. Después de eso, podemos dormir y confiar en que Dios nos dará la respuesta.

Los cuatro hombres comenzaron su vigilia y no se detuvieron hasta que se puso el sol. Entonces se pusieron de pie y se fueron a acostar.

Durante las horas de silencio antes del amanecer, el sueño de Daniel se hizo más profundo y una visión comenzó a llenar su mente. Fue el sueño más horrendo y a su vez más victorioso que hubiera tenido en su vida. Se despertó al alba, lleno de asombro. Dios le había dado exactamente lo que necesitaba para salvar a sus amigos, a los consejeros desacreditados y a sí mismo. Había recibido la misma visión que el rey Nabucodonosor había recibido la noche anterior.

Daniel se bañó y se vistió con sus atuendos más finos. Abrió las persianas de su ventana oriental y vislumbró el borde anaranjado del sol naciente. Se inclinó hasta el piso, dándole gracias de todo corazón al Dios que amaba.

Después de ponerse de pie, se despidió de sus amigos con alegría. Entonces comenzó a caminar con confianza hacia el magnífico palacio de Nabucodonosor, emperador del mundo conocido.

* * *

Los ocho astrólogos estaban sentados en el piso de piedra del apestoso calabozo en las entrañas del palacio de Nabucodonosor. Ninguno hablaba. Ninguno había podido conciliar el sueño tampoco, debido en parte a las condiciones miserables en las que estaban y en parte debido al destino que les esperaba. Les habían servido el desayuno, pero no habían comido nada. No había lugar para pan duro y avena en estómagos que ya estaban llenos de temor.

Shukura rompió el pesado silencio:

—Me pregunto por qué no han venido a buscarnos todavía. Arioc dijo que seríamos ejecutados una hora después de la salida del sol.

En ese momento, hubo un golpe en la puerta de la celda. Todos se pusieron tensos. Finalmente, Nimatar se levantó rígidamente y, arrastrando los pies, se dirigió a la puerta. Un rostro sombrío se asomó entre los barrotes de la ventana. Después de unos minutos de conversación apagada, Nimatar regresó a donde estaban los demás.

—Hay una extraña noticia proveniente del palacio del rey —dijo.

—¿Nos ha dado el rey un indulto? —preguntó uno de los astrólogos.

—No, la noticia no cambiará nuestra suerte —dijo Nimatar—. Parece que Daniel ha convencido al rey que le permita tratar de describir e interpretar su sueño. El rey le concedió un día al necio ese para que se prepare.

—¡Ese imbécil! —escupió Malik—. Solo está tratando de ganar tiempo.

—Al menos consiguió un día —dijo Shukura—. Es más de lo que nosotros pudimos hacer.

—Esto solo prolongará nuestra agonía —respondió Nimatar—. Nuestro informante me dijo que cuando Daniel fracase, será el primero que ejecutarán.

—Sin embargo, tal vez no fracase —dijo Shukura—. Parece que él sí tiene un don indefinible que el resto de nosotros no tiene.

—Ese don es la ignorancia —replicó Malik—. ¿Sabías que ora tres veces al día? El fanático ese todavía sigue los antiguos rituales vacíos de nuestro pueblo.

—A veces me pregunto si tiene razón. Tal vez nosotros también deberíamos orar a su Dios. Después de todo, nuestra vida está en la cuerda floja.

—¡Shukura! Escucha lo que estás diciendo —replicó Malik—. Te estás desviando a su mundo de fantasía. Si su Dios tuviera algún poder real, nosotros los judíos aún estaríamos en Jerusalén. Lo mejor que podemos esperar ahora es el placer de ver cómo ejecutan a ese santo loco ante nuestros ojos.

* * *

LAS ESCRITURAS DETRÁS DE LA HISTORIA

Al día de hoy, hay aproximadamente doscientos «estados soberanos» en el mundo (actualmente, hay 193 estados miembros en las Naciones Unidas). Dependiendo de cómo definamos *nación* (según la mayoría de las definiciones: un pueblo en un lugar gobernado por un jefe de estado según un paradigma de leyes), podríamos decir con facilidad que ha habido miles de naciones en la historia del mundo.

Hoy día, las fronteras nacionales están establecidas; en la antigüedad, eran más variables. Las naciones de la antigüedad eran más como imperios que se expandían y se reducían de acuerdo al poder militar. Las victorias implicaban expansión; las derrotas implicaban reducción.

La historia del profeta Daniel se desarrolla en el corazón de uno de los imperios más poderosos de la tierra en los tiempos antiguos: el Imperio babilónico. Babilonia recién había expandido sus fronteras hacia el occidente, desde la Mesopotamia hasta el mar Mediterráneo, mediante la conquista de Israel y otras naciones pequeñas. Cuando Daniel llegó como cautivo, el gobernante de Babilonia era Nabucodonosor II, que, aunque no lo sabía, estaba a punto de participar en el delineamiento del futuro de las naciones del mundo.

Esta es la razón: aunque el levantamiento y la caída de las naciones puedan parecernos coincidencias históricas, aprendemos de Daniel que es Dios quien «quita reyes y pone otros reyes» (Daniel 2:21; vea también Hechos 17:26). Esta habría sido una realidad muy difícil de enfrentar para un dictador como Nabucodonosor. Es probable que se hubiera reído de la idea de perder el control sobre el dominio del mundo. Sin embargo, era verdad en esa época, y es verdad en la actualidad: los reinos humanos son débiles, temporales e imitaciones imperfectas del reino venidero de Dios, «que jamás será destruido» (Daniel 2:44).

El rey Nabucodonosor II reinó en Babilonia desde el 605 al 562 a. C., y es definitivamente el rey gentil más significativo de la Biblia. Los escritores bíblicos lo mencionan aproximadamente noventa veces. En tres ocasiones diferentes, Dios se refiere a Nabucodonosor como «mi siervo» (Jeremías 25:9, RVR60; 27:6; 43:10); sin embargo, también se le llama el «más bajo de los hombres» (Daniel 4:17, RVR60). Paradójicamente, incluso las obras del más bajo de los hombres se pueden usar en el servicio a Dios.

Fue Nabucodonosor quien construyó los famosos Jardines Colgantes de Babilonia, una de las Siete Maravillas del Mundo. La historia cuenta que construyó estos jardines para animar a su esposa, la reina Amitis, porque ella extrañaba las colinas y los valles verdes de su tierra natal en Media.

La historia secular retrata a Nabucodonosor como un cruel déspota. Todos sus súbditos temblaban ante él; él no temblaba ante nada ni nadie. Nada, es decir, excepto sus sueños.

El capítulo 2 de Daniel relata la historia en la que Dios le habla al rey Nabucodonosor en un sueño. Aunque el rey no era consciente del papel que Dios tenía en el sueño, Dios le estaba revelando a Nabucodonosor su plan para las naciones gentiles. El maestro bíblico H. A. Ironside escribe que este sueño «contiene la imagen profética más completa y, sin embargo, más simple, que tenemos en toda la Palabra de Dios»[1].

Cuando Dios le hizo su revelación a Nabucodonosor, se comunicó por medio de *sueños*. Nunca usó *visiones*, como lo hizo en sus revelaciones a Daniel. «De hecho —escribe el comentarista Leon

Wood—, las Escrituras generalmente muestran a Dios empleando sueños cuando le hacía una revelación a los paganos. La razón parece ser que, con el sueño, se neutraliza la personalidad humana y se convierte en un instrumento pasivo para la ocasión. Con la visión, sin embargo, la persona misma con frecuencia es participante y debe interactuar respondiendo y reaccionando de la manera apropiada, algo que solamente puede ocurrir con un hijo de Dios»[2].

Muchos creen que el sueño de Nabucodonosor que se registra en Daniel 2 es el sueño más impresionante de la Biblia. Predice el futuro de cuatro imperios sucesivos: el babilónico, el medo-persa, el griego y el romano. Delinea la reinstauración del Imperio romano al final de los tiempos, y describe el levantamiento del reino de Cristo y su reinado sobre toda la tierra.

Sin embargo, el sueño llegó de una manera extraña, usando simbolismos gráficos que el rey no podía entender. Le causó intranquilidad; y cuando el rey estaba intranquilo, todo el reino entraba rápidamente en un estado de inestabilidad.

El capítulo 2 de Daniel se divide claramente en dos secciones. Los primeros treinta versículos relatan la historia del sueño del rey, y los versículos 31-49 registran la interpretación del sueño. Todo el drama de Daniel 2:1-30 se nos presenta como si fuera una obra de tres actos.

Acto I: Nabucodonosor en escena

Los eventos de Daniel 2 tuvieron lugar poco después de que Daniel fuera incorporado a la corte del rey. En Daniel 1:18, leemos que el período de tres años de aprendizaje había concluido, y que él y los otros jóvenes de la realeza que habían sido escogidos para la capacitación se habían graduado.

Teniendo en cuenta esos sucesos, Daniel 2 comienza de una manera confusa: «Una noche, durante el segundo año de su reinado, Nabucodonosor tuvo unos sueños tan desconcertantes que no pudo dormir» (versículo 1). ¿Cómo podría ser solamente el segundo año del reinado de Nabucodonosor? Sabemos que él estaba en el trono cuando Daniel y los otros cautivos fueron llevados a Babilonia, y que ellos habían estado allí tres años.

Los eruditos han propuesto una variedad de soluciones a esta pregunta, pero la respuesta más simple es que los babilonios contaban el primer año del reinado de un rey como su «año de ascensión al trono». Tal vez podremos llegar a entenderlo mejor si lo comparamos con la manera en que contamos los años escolares. En los Estados Unidos, un estudiante se gradúa de la escuela pública luego de terminar el duodécimo grado, pero en realidad estuvo en la escuela trece años. El primer año, preescolar, no se cuenta como un grado de la escuela. Así mismo, en Daniel 1 encontramos a Nabucodonosor en su año de ascensión luego de la muerte de su padre; en realidad, su primer año en el trono. Por lo tanto, en el capítulo 2, aunque según el cálculo de los babilonios él está en su segundo año, realmente ha estado en el trono durante tres años.

EL SUEÑO DEL REY

> Una noche, durante el segundo año de su reinado,
> Nabucodonosor tuvo unos sueños tan desconcertantes que
> no pudo dormir.
> DANIEL 2:1

Para cuando Nabucodonosor tuvo su sueño aterrador, estaba firme en su trono. Todos sus enemigos habían sido sometidos; sin embargo, no podía dormir. ¡Sufría de insomnio real! La palabra *desconcertante* en este versículo es una expresión fuerte que describe una turbación profunda: una que causa temor. Nabucodonosor podía conquistar dinastías, pero no podía conquistar sus propios sueños.

El maestro bíblico británico Geoffrey R. King escribe: «Como con frecuencia es el caso, las preocupaciones del día también se transforman en las preocupaciones de la noche. [...] Nabucodonosor hizo algo que ningún creyente en Dios debería siquiera soñar hacer: Nabucodonosor llevó sus problemas con él a la cama»[3].

El sueño se diferencia de la visión en que los sueños siempre ocurren cuando la persona duerme. Dios con frecuencia habló en los tiempos del Antiguo Testamento por medio de sueños. Tal vez la descripción más gráfica de un sueño perturbador en las Escrituras (como el de Nabucodonosor) sea el que relató Elifaz, el amigo de Job (Job 4:12-21). El sueño, que Elifaz describe como «inquietante», tuvo lugar cuando Elifaz estaba «[dormido] profundamente». Dice: «El miedo se apoderó de mí, y mis huesos temblaron. [...] Se me pusieron los pelos de punta». Elifaz vio un «espíritu» que pasaba, pero no pudo «ver su forma». Entonces habló una voz para entregar un mensaje que se convirtió en el fundamento del mensaje de Elifaz a Job acerca de la causa de su sufrimiento (versículos 17-21). Tal vez esto sea una ilustración de lo que experimentó Nabucodonosor: un sueño espantoso que transmitía un mensaje. Aunque Elifaz entendió el mensaje que recibió, Nabucodonosor quedó confundido acerca del significado de su propio sueño.

Fue por medio de un sueño que Dios le advirtió a Abimelec, el rey de Gerar, que Sara estaba casada con Abraham (Génesis 20). El faraón tuvo un sueño, y Dios lo usó para mostrarle al malvado monarca lo que él estaba a punto de hacer (Génesis 41:1-36). Dios también le habló a un soldado madianita por medio de un sueño (Jueces 7:13-14). Todos estos ejemplos son ocasiones en las que Dios habla por medio de sueños a personas que aparentemente no adoraban al único Dios verdadero.

¿Por qué le hablaría Dios a un rey pagano como Nabucodonosor? La respuesta es que Nabucodonosor fue el primer gobernante del «tiempo de los gentiles» (Lucas 21:24): el período de la historia de la humanidad cuando la vida de Israel como nación es dominada por las naciones gentiles, dominio que terminará cuando Cristo regrese. El gobierno de Nabucodonosor comenzó un tiempo, que aún continúa, a partir del cual Israel dejó de estar en el centro de la influencia mundial.

LA DECISIÓN DEL REY

Mandó llamar el rey a los magos, los encantadores, los hechiceros y a los caldeos, para que le explicaran al rey sus sueños. Vinieron, pues, y se presentaron ante el rey.

DANIEL 2:2 (LBLA)

Luego de su sueño espantoso, Nabucodonosor llamó a su grupo de expertos. Su gabinete estaba compuesto por cuatro grupos diferentes: magos, astrólogos, hechiceros y caldeos. Se hace referencia a estos cuatro grupos en diversas ocasiones en el libro de Daniel (2:10; 4:7; 5:11).

El rey reunió a todos estos consejeros con la esperanza de que pudieran interpretar su sueño perturbador. Cuando estuvieron juntos, anunció su problema: «He tenido un sueño que me desconcierta mucho y necesito saber lo que significa» (Daniel 2:3).

Los hombres le respondieron en arameo: «¡Que viva el rey! Cuéntenos el sueño y nosotros le diremos lo que significa» (Daniel 2:4). El arameo era la lengua que Daniel había estudiado durante tres años, debido a que era la lengua que más se usaba en Babilonia. De hecho, a partir de este punto y hasta el final de Daniel 7, la narrativa está escrita en arameo en lugar de en hebreo.

LA DEMANDA DEL REY

Entonces los astrólogos respondieron al rey en arameo:

—¡Que viva el rey! Cuéntenos el sueño y nosotros le diremos lo que significa.

Pero el rey respondió a los astrólogos:

—Les digo esto en serio. Si no me dicen lo que soñé y lo que significa, ¡los haré despedazar y convertiré sus casas en un montón de escombros! Pero si me dicen lo que soñé y lo que significa, les daré muchos honores y regalos maravillosos. ¡Solo díganme lo que soñé y lo que significa!

DANIEL 2:4-6

Luego de que los consejeros se reunieron y escucharon el relato de la noche de desvelo de Nabucodonosor, le pidieron que les contara el sueño para poder interpretarlo para él. Pero él se rehusó, exigiéndoles a sus consejeros que le dijeran tanto el sueño como la interpretación.

El rey no estaba dispuesto a revelar su sueño; tal vez estaba probando a sus consejeros. Después de todo, la única manera en que podría estar seguro de su inspiración «divina» era si ellos tenían la capacidad de saber no solamente el significado del sueño, sino también el sueño mismo.

Nabucodonosor les dijo a sus consejeros que si ellos no cumplían con su exigencia, enfrentarían las penas de muerte, descuartizamiento y deshonra: «Los sabios serían descuartizados: los cortarían en pedazos o los desgajarían. [...] Además, sus casas serían [...] destruidas por completo y utilizadas como basureros. Esta no era una amenaza banal de Nabucodonosor, cuyo trato severo del rey Sedequías (2 Reyes 25:7), de dos judíos rebeldes llamados Acab y Sedequías (no el rey Sedequías; Jeremías 29:22), y de los tres amigos de Daniel (capítulo 3) son pruebas de que él no tenía escrúpulos de tener que poner en efecto esta amenaza despiadada sobre sus consejeros»[4].

Por otro lado, si ellos podían decirle el contenido y el significado de su sueño, el rey les prometió tres premios generosos: regalos, recompensas y grandes honores; tal vez incluso el matrimonio con una de sus propias hijas[5].

La ultrajante demanda debe haber dejado estupefactos a los sabios. ¿Cómo podría alguien interpretar el sueño de otra persona sin haber escuchado primero cuál había sido?

LA DECEPCIÓN DEL REY

Los siguientes versículos registran una conversación rápida entre Nabucodonosor y los sabios.

Los sabios

> Ellos volvieron a decirle:
> —Por favor, su majestad, cuéntenos el sueño y nosotros le diremos lo que significa.
>
> DANIEL 2:7

Los sabios respondieron con desesperación, pidiéndole al rey una vez más los detalles de su sueño. Debido a que el rey no tendría un método apropiado para validar sus interpretaciones, podrían decir lo que se les viniera a la cabeza y atribuirles la interpretación a los dioses. Por causa de la naturaleza perturbadora del sueño de Nabucodonosor, aparentemente el rey le atribuyó una gran trascendencia. La única manera de estar seguro de la interpretación de los consejeros era demandarles que le dijeran lo que había soñado.

El rey

> El rey respondió:
> —¡Ya sé lo que se proponen! Están tratando de ganar tiempo porque saben que hablo en serio cuando digo: "¡Si no me cuentan el sueño, están condenados!". Así que han conspirado para mentirme, con la esperanza de que yo cambie de idea, pero cuéntenme el sueño y entonces sabré que pueden explicarme el significado.
>
> DANIEL 2:8-9

Una vez más, no podemos ignorar el hecho de que Nabucodonosor no creía en su propio sistema. Tenía la percepción de que estos hombres eran impostores, pero esto no le importó hasta que afectó su futuro y su paz mental. En esta ocasión era de vital importancia verificar la integridad de sus poderes de interpretación.

John F. Walvoord escribe: «Parece claro, teniendo en cuenta todo el contexto, que Nabucodonosor no estaba dispuesto a aceptar ninguna interpretación rebuscada de su sueño, sino que quería pruebas de que sus sabios tenían acceso a fuentes divinas de información que superaran lo ordinario. También percibía que ellos estaban tratando de ganar tiempo, con la esperanza de que su mal humor cambiara. Él quería que ellos supieran que había tomado una decisión»[6].

Los sabios

Los astrólogos respondieron al rey:

—¡No hay nadie en la tierra que pueda decirle al rey lo que soñó! [...] Nadie, excepto los dioses, puede contar al rey su sueño, pero los dioses no habitan entre los hombres.

DANIEL 2:10-11

Sobre este pasaje, Joseph Seiss escribe:

Me muestra, en una sola oración, que toda la astrología, necromancia, oráculos, sueños y revelaciones mánticas de todo el mundo pagano por seis mil años no han sido nada más que mentiras e imbecilidades. Me prueba que todas las religiones, artes, ciencias, filosofías, logros y poderes del hombre, aparte de los profetas inspirados por Dios y el completamente glorioso Cristo, son nada más que vanidad y futilidad en lo relativo a la verdad y al conocimiento adecuado de los propósitos y la voluntad de Jehová o de los destinos del hombre. Me demuestra, en unas pocas palabras de triste desesperación, que todo el aprendizaje teórico de los supuestos sabios de este mundo, comenzando con los magos de Babilonia y siguiendo con [...] los escépticos materialistas y los panteístas de nuestros días, no es más que podredumbre, basura y falsedad mortal, en tanto que se resiste a las revelaciones que el Todopoderoso dio por medio de sus propios profetas ungidos[7].

La valoración de los sabios fue casi verdadera pero no lo suficiente; no había ningún *hombre* sobre la tierra que pudiera revelar el sueño del rey. Pero Daniel, que estaba en la tierra, tenía conexiones con Alguien en el cielo que podía revelarlo. Daniel era un hombre en la tierra que estaba en contacto con el cielo y, por lo tanto, podía hacer que el cielo se ocupara de las cosas de la tierra. En realidad, esa es una definición muy buena de un cristiano en la actualidad.

EL DECRETO DEL REY

Cuando el rey oyó esto, se enfureció y mandó a ejecutar a todos los sabios de Babilonia. Entonces, debido al decreto del rey, enviaron hombres para que encontraran y mataran a Daniel y a sus amigos.

DANIEL 2:12-13

Nabucodonosor estaba furioso. Sabía que sus hombres solamente estaban tratando de ganar tiempo, por lo que les dio un ultimátum: o le decían lo que había soñado y cuál era la interpretación de su sueño, o los haría ejecutar. Cuando no pudieron complacerlo, dio la orden de que no solamente los ejecutaran a ellos, sino también a todos los sabios de Babilonia.

Aunque varias versiones dicen que fueron a buscar a los sabios para matarlos, es probable que las ejecuciones no comenzaron de inmediato. El erudito Stephen Miller confirma esta interpretación, diciendo: «Estaban reuniendo a los sabios para una ejecución formal

[pero] la ejecución de estos funcionarios aún no había comenzado»[8]. Con base en esto, es probable que el pedido de Daniel por más tiempo y su interpretación correcta del sueño sea lo que en realidad salvó sus vidas.

En un nivel más profundo, el decreto del rey fue un intento de Satanás de quitar a Daniel del mundo. Un hombre que decide no transigir su vida por lo general gana la atención de Satanás. Pero la vida de Daniel estaba en las manos de Dios, y Satanás no tenía poder para quitársela antes del tiempo soberano de Dios.

Nabucodonosor no dudó en dar la orden para que ejecutaran a esos hombres. Parecían ser fraudulentos a pesar de sus afirmaciones de que tenían una sabiduría que provenía de los espíritus invisibles y de los dioses paganos.

Lamentablemente, este engaño sobre los poderes místicos trascendió en el tiempo desde la Babilonia de Nabucodonosor. En la actualidad, vemos que cada vez más y más personas, hambrientas de una relevancia que vaya más allá del materialismo vacío de esta época, se vuelven al misticismo, el panteísmo y el espiritualismo para satisfacer su hambre espiritual.

Acto II: Daniel en escena

EL PROBLEMA DE DANIEL

> Entonces, debido al decreto del rey, enviaron hombres para que encontraran y mataran a Daniel y a sus amigos.
> DANIEL 2:13

Aunque Daniel y sus amigos no formaban parte del intento fallido de relatar el sueño de Nabucodonosor, pertenecían al grupo de los sabios del rey y, por lo tanto, estaban incluidos en el castigo generalizado. Arioc, el verdugo del rey, fue a buscarlos para ejecutarlos.

LA SERENIDAD DE DANIEL

Entonces Daniel habló sabia y prudentemente a Arioc, capitán de la guardia del rey, que había salido para matar a los sabios de Babilonia. Habló y dijo a Arioc capitán del rey: ¿Cuál es la causa de que este edicto se publique de parte del rey tan apresuradamente? Entonces Arioc hizo saber a Daniel lo que había.

DANIEL 2:14-15 (RVR60)

Cuando Arioc acudió a la casa de Daniel para poner en efecto el decreto del rey, Daniel le preguntó por qué las órdenes de Nabucodonosor eran tan apresuradas. Aquí, Daniel ilustra cómo un gran líder maneja una crisis. *No entres en pánico. Reduce la intensidad de la situación con un razonamiento sano.* Recuerde, Daniel con anterioridad se había ganado el favor tanto de Aspenaz como de su mayordomo, y ahora estaba a punto de influir en Arioc para que también se uniera a su equipo. Daniel tenía una personalidad tan carismática que cuando él, un adolescente, le pidió a este oficial de alto rango una explicación, el hombre estuvo dispuesto a dársela.

Lograr la buena voluntad de Arioc fue un paso sabio de parte de Daniel porque el capitán rápidamente jugó un papel importante en el desarrollo del drama. Es probable que nadie más en Babilonia hubiera podido presentar a Daniel ante el rey con tanta rapidez.

LA PERSUASIÓN DE DANIEL

Daniel fue a ver al rey inmediatamente y le pidió más tiempo para comunicarle el significado del sueño.

DANIEL 2:16

Daniel obtuvo una audiencia con el rey y le pidió más tiempo para cumplir con la exigencia del rey. Nabucodonosor tuvo la percepción de que, a diferencia de sus otros sabios, Daniel le estaba pidiendo tiempo no para postergar lo inevitable, sino para inquirir a su Dios cuál era la solución a la disyuntiva del rey. Sorprendentemente, Nabucodonosor le concedió a Daniel lo que le pedía. Esta fue una decisión extraordinaria de parte de un rey imperial que acababa de condenar a sus sabios más prominentes por haberle hecho el mismo pedido.

LA ORACIÓN DE DANIEL

Entonces Daniel regresó a casa y contó a sus amigos Ananías, Misael y Azarías lo que había ocurrido. Les rogó que pidieran al Dios del cielo que tuviera misericordia y les revelara el secreto, para que no fueran ejecutados junto con los demás sabios de Babilonia.

DANIEL 2:17-18

Daniel y sus amigos le rogaron a Dios que los librara del decreto mortal del rey. Los sabios de Babilonia buscaron la respuesta en las estrellas; Daniel y sus amigos buscaron la misericordia del «Dios del cielo». Un autor escribió que «esta forma de referirse a Dios [...] tenía un significado particular cuando se usaba en un país extranjero, fuera de Israel, porque transmitía el sentido de que Dios estaba por encima del sol, la luna y las estrellas, astros que adoraban los paganos»[9].

Lo mejor que podían hacer los astrólogos era consultar a las estrellas, pero Daniel conocía al Dios que creó las estrellas: el Dios en quien están escondidos todos los tesoros de la sabiduría y el conocimiento.

Mientras los sabios de Babilonia estaban temblando de miedo, los cuatro jóvenes judíos estaban de rodillas ante Dios. Daniel y sus amigos estaban seguros de que si no levantaban sus voces en oración, pronto no tendrían voces para levantar.

Esa noche, Dios le reveló a Daniel no solamente el sueño, sino también su interpretación (Daniel 2:19). ¡Más de un erudito ha propuesto que Dios le permitió a Daniel soñar el mismo sueño que había soñado Nabucodonosor!

LA ALABANZA DE DANIEL

Esa noche el misterio le fue revelado a Daniel en una visión. Entonces alabó al Dios del cielo.

DANIEL 2:19

Cuando Dios respondió la oración de Daniel, él no corrió directo a la presencia del rey, como se podría esperar. Lo primero que hizo fue reunir a sus tres amigos y alabar a Dios en un servicio de adoración privado.

Sus palabras de agradecimiento componen una de las oraciones más hermosas registradas en el libro de Daniel.

Primero, alabó a Dios por quien es él: sabio, poderoso, soberano y conocedor de todas las cosas (Daniel 2:20). Alabó a Dios por su poder y su fuerza, y luego expresó su seguridad de que, sin importar cuán poderoso pueda ser un gobernante, Dios sigue siendo soberano sobre todos los asuntos de la vida: «Él controla el curso de los sucesos del mundo; él quita reyes y pone otros reyes» (Daniel 2:21).

Esta idea está en consonancia con otros pasajes de la Biblia:

- «Pues nadie en la tierra —del oriente ni del occidente, ni siquiera del desierto— debería alzar un puño desafiante. Dios es el único que juzga; él decide quién se levantará y quién caerá» (Salmo 75:6-7).
- «El corazón del rey es como un arroyo dirigido por el SEÑOR, quien lo guía por donde él quiere» (Proverbios 21:1).

Daniel también alabó a Dios por su conocimiento. Daniel sabía que las cosas secretas le pertenecen a Dios (Deuteronomio 29:29, RVR60). Reconocía que Dios «conoce lo que se oculta en la oscuridad, aunque él está rodeado de luz» (Daniel 2:22).

Finalmente, Daniel alabó a Dios por la forma en que su propia vida había sido tocada por el carácter de Dios. Alabó a Dios por la sabiduría que le había dado, y lo alabó porque, por medio de esa sabiduría, él podría revelarle al rey su sueño: «Te agradezco y te alabo, Dios. [...] Me revelaste lo que te pedimos y nos diste a conocer lo que el rey exigía» (Daniel 2:23).

Con confianza en los atributos de Dios, Daniel valerosamente se acercó a Arioc, el mismo hombre que Nabucodonosor había designado para destruir a los sabios de Babilonia, y le pidió que lo llevara a la presencia del rey. Arioc estuvo de acuerdo, y en la escena siguiente, vemos la interacción final entre Daniel y el rey Nabucodonosor.

Acto III: Daniel y Nabucodonosor en escena

Daniel contestó:

—No hay sabios, brujos, magos ni adivinos que puedan dar a conocer el secreto del rey; pero hay un Dios en el cielo, quien revela secretos y le ha dado a conocer al rey Nabucodonosor lo que ocurrirá en el futuro. Ahora le diré lo que soñó y las visiones que vio mientras estaba acostado en su cama.

»Mientras su majestad dormía, soñó sobre sucesos futuros. Aquel que da a conocer los secretos le ha mostrado a usted lo que ocurrirá. Y no es porque yo sea más sabio que los demás que conozco el secreto de su sueño, sino porque Dios quiere que su majestad entienda lo que estaba en su corazón cuando soñó.

DANIEL 2:27-30

Finalmente, Daniel se presentó ante Nabucodonosor, seguro de la interpretación del sueño. Sin embargo, tuvo la precaución de hacerle saber al rey que su habilidad no provenía de sí mismo, sino de Dios. Basándose en su propia capacidad, Daniel nunca habría podido satisfacer la exigencia del rey. Pero Daniel, como siervo del Dios Altísimo, sí pudo.

Lo que Daniel estaba por revelarle al gobernante más poderoso de la tierra era que sus días estaban contados. Si Daniel estuviera vivo hoy en día, sin lugar a dudas podría pararse delante de los embajadores de los 193 estados miembros de las Naciones Unidas y decir: «Díganle a los líderes de sus naciones que sus días están contados. Dios me ha mostrado un sueño acerca del futuro de los reinos de este mundo. Su reino será establecido en la tierra y permanecerá para siempre».

Dios tiene un plan para las naciones de este mundo; él le reveló ese plan al rey más poderoso de la tierra por medio de su siervo-profeta Daniel; y el plan no ha sido rescindido.

Ese es el poder de la Palabra profética de Dios; nos provee información sobre la cual construir una vida de esperanza y seguridad. En lugar de vivir en temor mientras las naciones de este mundo compiten entre ellas por poder y supremacía, podemos confiar en el plan que Dios nos reveló por medio de Daniel.

* * *

DANIEL HOY

A medida que repasemos el relato del insomne en este capítulo, tendremos tres cosas para considerar:

1. **Debido a que Dios estará despierto toda la noche, ¡usted puede dormir!** Como Nabucodonosor, con frecuencia llevamos nuestros problemas a la cama con nosotros. Nos acostamos y pensamos en las

amenazas globales que están consumiendo a la sociedad. Pero Dios quiere darles sueño a sus hijos amados, lo cual significa que podemos cultivar mentes tranquilas y confiadas, y corazones que pueden descansar en su control soberano. «Es inútil que te esfuerces tanto, desde la mañana temprano hasta tarde en la noche, y te preocupes por conseguir alimento; porque Dios da descanso a sus amados» (Salmo 127:2).

2. Es posible que usted no sepa lo que le espera en el futuro, pero sí conoce al que tiene el futuro en sus manos. El Dios Todopoderoso sabe lo que nosotros no podemos saber. Conoce lo que está oculto. Sabe lo que nos espera en el futuro. Y nos conoce y se preocupa por nosotros y nos cuida durante el día y la noche. Solamente él puede solucionar nuestros problemas, guiar nuestros pasos, moldear nuestro futuro y lograr sus propósitos por medio de su poder invencible. «Él revela cosas profundas y misteriosas y conoce lo que se oculta en la oscuridad, aunque él está rodeado de luz» (Daniel 2:22).

3. Debido a que el mundo entero está en las manos de Dios, su mundo está en las manos de Dios. «¿Quién ha sostenido los océanos en la mano? ¿Quién ha medido los cielos con los dedos? ¿Quién sabe cuánto pesa la tierra, o ha pesado los montes y las colinas en una balanza?» (Isaías 40:12). Si el Dios Todopoderoso puede sostener al mundo entero en sus manos, él también puede controlar todo lo que está ocurriendo en los gobiernos del mundo, como nos muestra el libro de Daniel. ¿No es razonable, entonces, confiarle a él nuestro mundo? Cuando se sienta abrumado por sus problemas y las presiones diarias, recuerde que Dios puede encargarse de ellos también. Usted puede dejarlos en sus manos poderosas y llenas de gracia.

Capítulo 3

EL COLOSO

Daniel 2:31-49

DANIEL NO DUDÓ mientras subía los escalones del palacio de Nabucodonosor. Arioc, esperando con ansias, lo saludó en la puerta.

—Daniel, veo que viniste como lo prometiste. ¿Adónde te gustaría ir? ¿Al trono o al calabozo?

—Te lo diré de esta manera —Daniel respondió con una sonrisa—, no será necesario que destruyas a los astrólogos del rey.

El alivio invadió el rostro del capitán. Escoltó a Daniel hasta las puertas de la sala del trono.

—Deseo que te vaya bien —dijo, introduciendo a Daniel a la opulenta habitación.

Nabucodonosor estaba sentado en su trono. Un grupo de hombres elegantemente vestidos, a quienes Daniel reconoció como los gobernadores provinciales y otros funcionarios de alto rango, estaban de pie alrededor del estrado.

Cuando el rey vio a Daniel, de inmediato les hizo una seña con la mano a los otros, diciendo:

—Salgan por ahora. Todos ustedes. Los llamaré nuevamente a la brevedad.

Los gobernadores retrocedieron hacia las puertas magníficas. Cuando la sala del trono quedó vacía, Daniel se acercó al rey.

—Beltsasar, has regresado —dijo Nabucodonosor—. Estoy tratando asuntos importantes; por lo tanto, si viniste con excusas como el resto de mis supuestos sabios, haré que te echen fuera antes de que termines una oración. Pero si puedes describir e interpretar mi visión, tendrás toda mi atención.

—Su majestad —dijo Daniel—, sus consejeros estaban en lo correcto: ningún hombre puede decirle lo que usted soñó.

El rey apretó la mandíbula. Antes de que pudiera responder, Daniel continuó:

—Pero el Señor del cielo y de la tierra puede lograr lo que un simple mortal no puede. En su gracia, me reveló la visión que le dio a usted, una visión que abre las puertas al futuro, que revela secretos trascendentales acerca de los siglos venideros: secretos que nunca han sido revelados a ningún ser humano.

El rey, todavía con escepticismo, se reclinó de nuevo sobre su trono.

—Muy bien —dijo con un suspiro de paciencia exagerada—. Te escucharé. Pero sabes lo que sucederá si tratas de engañarme. Puedes comenzar.

Daniel se paró firme delante del rey.

—Este es el sueño que vino a usted en las horas más profundas de la noche mientras estaba acostado en su cama real. Usted pensó que se había despertado de un sueño profundo. Estaba en una oscuridad absoluta; ni siquiera podía vislumbrar su propia mano delante de su rostro. Podía percibir que algo estaba por suceder, pero no tenía idea de lo que era. Mientras miraba detenidamente en la negrura de la noche, comenzó a detectar movimientos borrosos, y rápidamente reconoció que era un conjunto de nubes espesas y agitadas.

Mientras Daniel hablaba, el aire de la habitación parecía espesarse. Al rey le corrió un escalofrío por la espalda mientras era transportado de nuevo al mundo de su sueño.

—Mientras usted continuaba mirando, oh rey —Daniel prosiguió—, las nubes y la niebla comenzaron a disiparse, dejando al descubierto la amplia expansión de la llanura de Dura. Usted podía ver a la distancia las colinas de una cadena montañosa imponente. A medida que la niebla se elevaba, apenas podía distinguir lo que parecían ser dos pies enormes descansando en una extensa meseta en las colinas. Estaban esculpidos en un material moteado, grisáceo y veteado con rayas de metal resplandeciente. Podía ver los tobillos y las partes más bajas de las piernas subiendo en la niebla.

Nabucodonosor apretó con fuerza los brazos de su trono. Miró fijamente hacia la distancia por encima de Daniel, como si estuviera presenciando la visión de nuevo.

—Luego la cortina de niebla y nubes se disipó. Usted levantó su cabeza hacia los cielos, mirando boquiabierto a la figura colosal que se asomaba por encima de usted. Era la estatua de un hombre que se alzaba muy por encima de las colinas y los picos elevados en la distancia. Era tan alta que parecía rozar el cielo con su cabeza. La imagen estaba perfectamente proporcionada y fuertemente construida; su rostro era noble y divino. Usted tembló violentamente mientras la contemplaba, temiendo que estuviera viva.

Daniel miró al rey y notó que ahora también estaba temblando.

—Luego, oh rey, usted comenzó a notar la extraña construcción de la imagen. Su cabeza, perfectamente formada y con un rostro barbado al estilo babilónico, era del oro más puro, resplandeciendo con deslumbrantes rayos de luz.

»Los hombros, el pecho y los brazos tenían una perfección divina y estaban hechos con plata extremadamente pulida, brillante y resplandeciente como un relámpago. El abdomen y los muslos musculosos estaban hechos de bronce espléndidamente colorido. Las rodillas y pantorrillas eran de hierro forjado, y la sustancia moteada que formaba los pies era una mezcla de hierro y barro.

El rey no había movido ni un músculo. Estaba sentado rígidamente mientras miraba fijamente como en un trance al místico ámbito de los sueños.

—Mientras usted fijaba su mirada en la estatua, un estruendo de mal agüero resonó desde las lejanas montañas e hizo eco a lo largo de la planicie. Miró hacia arriba y vio una grieta que se formaba en la superficie escarpada del pico más alto, como si una mano gigante e invisible estuviera cortando la cumbre. La grieta se amplió, soltando rocas y piedras como cascadas rodando por las laderas. Se quedó allí horrorizado mientras una enorme roca se soltaba y se despeñaba. A medida que la roca se acercaba al coloso, usted se afirmó y levantó sus brazos para protegerse de los restos que se desprenderían del impacto inevitable.

El rey apoyó su espalda con firmeza contra el respaldar de su trono.

—En el instante siguiente —continuó Daniel—, la piedra gigantesca se estrelló contra los pies de la imagen, desparramando hierro y barro por toda la planicie. La imagen comenzó a colapsar, derrumbándose y hundiéndose en nubes de polvo metálico que se elevaban a cientos de metros en el aire. En ese preciso momento se desató un viento fuerte desde el oriente. Creció en intensidad hasta que las nubes fueron arrastradas como la paja del suelo en el trillar del verano. Cuando cesó el viento, no quedaba ningún rastro de la imagen. La planicie estaba tan vacía como si la estatua nunca hubiera existido.

»Usted continuó observando, mi rey, y en el intervalo de veinte latidos de su corazón, no sucedió nada. Entonces usted detectó un movimiento cerca de la roca, que aún se encontraba donde la imagen había caído. Al principio, pensó que la roca se estaba desintegrando porque parecía estar extendiéndose sobre toda la planicie como cera de vela. Pero pronto se dio cuenta de que estaba sucediendo lo contrario. La roca no estaba achicándose; se estaba expandiendo. En una cuestión de segundos, había crecido no solamente en peso, sino también en amplitud y en altura hasta que se extendía sobre toda la meseta. Continuó creciendo, sobrepasando la altura de la imagen que había destruido y cubriendo toda la llanura de Dura.

»Usted temblaba aterrorizado ante la visión sobrenatural, incapaz de apartar su mirada mientras la montaña crecía, traspasando las nubes y esparciéndose a lo largo de las naciones y los mares. Rápidamente, cubrió toda la tierra, tragándolo incluso a usted en el proceso. En ese momento fue que usted se despertó gritando.

Nabucodonosor salió de su trance; sus ojos confundidos recorrían la sala del trono.

—Sí, esa fue mi visión —dijo con una voz apagada y llena de asombro—. Describiste cada detalle exactamente como lo soñé. Esa fue una hazaña sobrenatural, una que pensé que ningún hombre podría llevar a cabo.

—Yo no logré nada —replicó Daniel—. El Dios del cielo y de la tierra me dio la revelación de su sueño.

—Si te dio el sueño, seguramente tu Dios también te dio la interpretación del sueño.

—Sí lo hizo, mi rey. Ahora se lo revelaré. Lo que usted vio fue una sucesión de reinos que se extenderán hasta el futuro lejano. La cabeza de oro representa al primero de estos reinos, el cual es el suyo, oh rey. Usted reina con poder y gloria inmensurables; el mundo nunca ha visto nada parecido a su reino. Usted es la cabeza de oro.

»Sin embargo, por muy poderoso que sea su reino, ningún reino terrenal permanece para siempre. Luego de su tiempo, Babilonia caerá, y otro reino —los hombros, el pecho y los brazos de plata—, se levantará para reemplazarlo. Ese reino será rico y poderoso pero inferior al suyo, así como la plata es inferior al oro. En el tiempo indicado, un tercer reino se levantará para reemplazar al segundo: un reino de bronce, como la parte inferior del torso y los muslos de la imagen. Este también será un reino poderoso; gobernará el mundo de los reinos que le precedieron, pero será inferior a ellos.

»El cuarto reino, las piernas de hierro, será poderoso pero despiadado. Como el hierro destroza todo lo que golpea, así este reino destrozará todo a su paso, incluyendo los reinos anteriores. Finalmente, ese reino se dividirá, porque sus súbditos serán una mezcla inestable de pueblos. Así como los pies de la imagen eran una mezcla inestable de hierro y barro, este reino será en parte fuerte como el hierro y en parte frágil como el barro.

Daniel hizo una pausa mientras un sirviente le alcanzaba una copa de agua.

—Estoy seguro de que aún no terminaste —el rey dijo—. ¿Qué me puedes decir sobre la roca que se transformó en una montaña? Ese símbolo sin duda debe tener un significado impresionante.

—¡Lo tiene! —respondió Daniel—. De hecho, la piedra no solamente es el punto culminante del sueño, sino también es el punto culminante de la historia de este mundo.

Daniel le devolvió la copa al sirviente y continuó:

—Esa roca representa al último reino de la tierra, uno que destruirá y reemplazará a todos los reinos gobernados por la humanidad. Será el reino supremo, el cual llenará toda la tierra y nunca será destruido. Permanecerá para siempre porque el Dios eterno del cielo y de la tierra será su rey. Y él reinará sobre la tierra por siempre y para siempre.

»Eso, oh rey, es lo que el Dios del cielo escogió revelarle.

—Pero, Beltsasar, ¿por qué me reveló esas cosas a mí? ¿Es acaso una advertencia para que yo tome las medidas necesarias para evitar este ciclo venidero de destrucción?

—No, lo que el sueño revela no es simplemente un posible futuro; es el futuro real e inalterable. Todo lo que se predijo en su sueño sucederá exactamente como se profetizó. El Señor del cielo lo ha honrado con esta revelación para que el mundo sepa que los gobiernos humanos caerán, pero el reino del Señor perdurará en un glorioso triunfo de perfección, gozo y paz eternos.

Cuando Daniel terminó de hablar, Nabucodonosor II, el conquistador y gobernante de las naciones, y rey de la ciudad más espléndida que se haya construido jamás, hizo algo inaudito, algo que conturbó a Daniel. Se levantó de su trono, descendió del estrado y se postró ante este joven sabio.

—¡No! No debe postrarse ante mí —clamó Daniel—. Yo no soy Dios.

Nabucodonosor se levantó, colocó sus manos sobre los hombros de Daniel y lo miró a los ojos con la calidez de un amigo.

—Mi querido Beltsasar, debo honrarte de alguna manera. Haré que mis sirvientes te presenten una ofrenda de incienso. Luego te...

—No, mi rey, no debe hacer tal cosa. Soy un simple mortal, un siervo del Dios Altísimo, quien es el verdadero dador e intérprete de su visión. Todo el honor y la adoración son para él, no para mí ni para ninguna otra persona sobre la tierra.

—Sin duda, tienes razón —Nabucodonosor regresó a su trono—. Tu Dios es verdaderamente el Dios de todos los dioses, el Rey de todos los reyes, el que guarda y revela los secretos más profundos del universo. Pero Beltsasar, tú no eres como los hombres que he conocido. Tienes confianza en ti mismo, pero no eres arrogante o irrespetuoso. Ayer, cuando viniste ante mi presencia, estabas bajo sentencia de muerte. Sin embargo, no te rebajaste ni rogaste. Me hablaste directamente, con un profundo respeto, y no me diste ningún indicio de que tuvieras temor. ¿Cómo pudiste mostrarle a tu conquistador esa clase de honor y respeto?

—Usted es un hijo de Adán, creado a la imagen de Dios, quien lo ha ordenado como rey de las naciones —respondió Daniel—. Ambas razones lo hacen merecedor de respeto y honor.

—Ninguno de mis otros ministros entiende eso. Piensan que si se rebajan, eso me hará sentir más grande, pero lo opuesto es cierto. ¿Piensan que hay grandeza en gobernar una nación de cobardes? Yo anhelo una nación con ciudadanos fuertes, seguros de sí mismos y confiables. Gobernar un reino con tales ciudadanos sería una marca de verdadera grandeza.

Daniel abrió la boca para hablar, pero Nabucodonosor levantó su mano.

—Permíteme continuar, Beltsasar. Tú eres esa clase de hombre. Eres joven, y eres un cautivo judío. Sin embargo, posees todas las cualidades de un gran gobernante: conocimiento amplio, sabiduría profunda, integridad, dedicación y lealtad.

»La conferencia que interrumpiste esta mañana tenía la finalidad de resolver los problemas que tengo con el gobernador de la provincia de Babilonia. Debo reemplazarlo, y estaba reunido con esos funcionarios para determinar un sucesor. Pero no necesito volver a convocarlos; he encontrado la solución. Beltsasar, es un honor para mí nombrarte el nuevo gobernador de la principal provincia de mi imperio: Babilonia misma. Tu autoridad en Babilonia será solamente inferior a la mía.

Daniel no pudo emitir ni una palabra por un momento. Finalmente, logró exclamar:

—¡Mi rey!

—No hables —el rey lo interrumpió—. Todavía no termino. No solamente te elevo a esta encumbrada posición, sino que también te doy una residencia palaciega y atuendos de acuerdo con tu posición. Tendrás sirvientes, sirvientas y oro para satisfacer todos tus deseos. ¿Quieres alguna otra cosa?

—Sí, si es del agrado de mi rey, hay una cosa más.

—Pide, y será tuyo. —El rey extendió la mano con magnanimidad—. Cualquier cosa, hasta la mitad de mi reino.

—Tengo tres amigos íntimos que le causaron muy buena impresión cuando nos presentaron al final de nuestra capacitación. Sus nombres babilónicos son Sadrac, Mesac y Abed-nego. Como usted recordará, tienen sabiduría, discernimiento e inteligencia admirables para su edad. Pero sus capacidades no han sido aprovechadas. Le pido que promueva a esos hombres a cargos acordes a sus talentos. Le aseguro que al hacerlo, será bendecido.

—Daré la orden —dijo Nabucodonosor—. Esos hombres serán tus asistentes y gobernarán bajo tu mando; se reportarán solamente a ti. Ellos también recibirán regalos y residencias acordes a sus cargos.

El rey despachó a Daniel con una sonrisa. El joven cautivo abandonó la sala del trono alabando a Dios por la obra de su mano poderosa.

* * *

Malik estaba agachado en la celda de la prisión junto con los otros astrólogos. Su estómago se revolvía ante el pensamiento de su muerte inminente. Aunque provenía de un pueblo que pensaba que el Seol no era el fin, tenía dudas. No podía imaginarse nada más allá de la oscuridad impenetrable de la tumba que abría sus fauces delante de él.

De repente, hubo un ruido en la cerradura de la puerta, y la puerta se abrió con un crujido. Malik miró hacia arriba y vio la silueta de la figura imponente de Arioc, una silueta iluminada por la antorcha de la pared que estaba detrás de él.

—¡Está aquí! ¡El demonio de la muerte! —Malik chilló—. ¡Vino a buscarnos! —Malik se desmayó al piso como muerto.

Unos minutos después se despertó, resoplando el agua que Arioc había derramado sobre su rostro.

—Mantenga la compostura, joven —le dijo severamente el capitán—. Ya no tienen razón para temer; pueden irse, son libres.

—¿Libres? —dijo Malik—. ¿El rey nos ha perdonado la vida?

—No es al rey a quien tienen que agradecer, sino a Daniel. Él ha interpretado el sueño del rey y, a cambio de eso, Nabucodonosor les concedió la libertad a ustedes los astrólogos, y promovió a Daniel a gobernador de Babilonia.

El júbilo que Malik sentía por el indulto fue consumido instantáneamente por los celos. ¡Nunca, por ninguna razón, le estaría agradecido a Daniel! Daniel no solo había tenido éxito en lo que Malik y los otros astrólogos habían fracasado, sino que también había sido elevado a honores que para Malik eran solamente sueños. Malik se levantó y salió de la prisión con sus amigos; sus entrañas se le revolvían.

Esto no puede continuar, pensó Malik. *Ya llegará el día en que Daniel rinda cuentas. Lo juro por las estrellas del cielo.*

* * *

LAS ESCRITURAS DETRÁS DE LA HISTORIA

El segundo capítulo de Daniel ha sido llamado «el alfabeto de la profecía». Todos los que deseen entender lo que la Biblia enseña sobre el futuro deben estudiar este capítulo. Se centra en el sueño del rey Nabucodonosor sobre una estatua enorme elaborada con diversos materiales que disminuyen en valor de la cabeza, al pecho, a las piernas y finalmente a los pies. Dios le comunicó esta profecía gráfica a un rey gentil porque la profecía trata sobre el comienzo y el fin del gobierno gentil.

Algunos eruditos se resisten a la idea de que un mensaje divino haya sido comunicado a un hombre perverso. Pero hay un toque de ironía en el honor que tuvo Nabucodonosor: el sueño que recibió profetizaba la destrucción de su propio reino. Conservado en la Palabra profética de Dios, este sueño también es un mensaje para cada uno de los reyes de la tierra: ningún reino humano perdura para siempre; todos los reinos caerán antes de la venida del reino de Dios.

Este mensaje también tuvo el propósito de animar al pueblo escogido de Dios durante su cautiverio en Babilonia. Dios quería mostrarles que lo que ellos percibían sobre su futuro no era todo, que había muchísimo más. Era Dios, no Nabucodonosor, quien tenía la llave de su futuro y del futuro de toda la humanidad.

La revelación

> Daniel contestó: [...] «En su visión, su majestad vio frente a
> sí una enorme estatua resplandeciente de un hombre; daba
> terror verla. La cabeza de la estatua era de oro fino. El pecho
> y los brazos eran de plata, el vientre y los muslos de bronce,
> las piernas eran de hierro y los pies eran una mezcla de hierro
> y barro cocido».
>
> DANIEL 2:27, 31-33

En su sueño, Nabucodonosor vio la imagen colosal de un hombre. Su tamaño gigantesco y apariencia espantosa redujeron al rey a un estado de terror absoluto.

La imagen era la de un hombre porque representaba la historia de la civilización humana. Dios quiso mostrarle a Nabucodonosor el destino inevitable de todas las naciones del mundo. La imagen no representaba la historia completa de los reinos humanos: otros poderes que habían afectado radicalmente a Israel, tales como Egipto y Asiria, fueron omitidos. Más bien, la imagen retrataba los reinos que jugarían un papel decisivo en la existencia de Israel antes del comienzo del reino de Dios en Jesucristo.

El tamaño gigantesco de esta imagen representaba la soberbia desmedida de la humanidad por sus propios logros. Las personas consideran sus logros como algo grandioso y espléndido: una construcción colosal y magnífica. El propósito de esta imagen era representar la grandeza externa de este poder mundial, al menos desde una perspectiva humana.

Además, el coloso retrata el traspaso de la autoridad del mundo de las manos del pueblo de Dios, los judíos, a las manos de los gobernantes gentiles. Babilonia, representada por la cabeza de oro de la imagen, es la nación que concluyó la era del poder judío. Hasta que Cristo venga en gloria, la ciudad de Jerusalén será continuamente pisoteada o controlada por las naciones gentiles (Lucas 21:24).

La estatua descomunal estaba compuesta por cinco partes: la cabeza de oro, el pecho y los brazos de plata, el vientre y los muslos de cobre o bronce, las piernas de hierro y los pies que eran en parte de hierro y en parte de barro. Según los versículos 38-40, estas cinco partes simbolizan cinco imperios del mundo, cuatro de los cuales hasta el momento del sueño aún no habían asumido el control. Estos reinos tenían la autoridad para gobernar todo el mundo, y si tenemos en cuenta lo que registra la historia, notaremos que eso es exactamente lo que hicieron.

Nabucodonosor gobernó sobre el extenso reino de Babilonia, el cual comprendía mucho del mundo civilizado conocido. Los medos y los persas conquistaron Babilonia y, como lo describe el libro de Ester, gobernaron el mundo desde Persia. Grecia, a su vez, conquistó Persia bajo el liderazgo de Alejandro Magno, quien se convirtió en el siguiente gobernante de los reinos del mundo.

Sesenta años antes del nacimiento de Cristo, Roma sucedió a Grecia como el poder dominante del mundo. Las Escrituras dicen que el emperador romano César Augusto decretó que todo el mundo debía ser censado para cobrarles impuestos, lo cual indica la extensión que abarcaba su gobierno (Lucas 2:1). Al fin de los tiempos, el renacido Imperio romano intentará gobernar nuevamente al mundo por medio de la institución de una nueva confederación de diez reyes.

Estos son los cinco dominios del mundo que el rey vio representados en su sueño. A medida que Nabucodonosor escuchaba a Daniel desplegar el contenido del sueño, fue como si estuviera viviendo su sueño de nuevo. No había ninguna duda: Daniel estaba diciendo la verdad.

La interpretación

Luego de que Daniel le contó al rey lo que el rey había soñado, Daniel comenzó a explicarle el significado del sueño. El sueño era una profecía entregada en una forma visual, y delineaba el orden y la naturaleza de los reinos venideros del mundo. La palabra *reino* se usa nueve veces entre los versículos 37 y 44. El mensaje fundamental para Nabucodonosor era que Dios estaba supervisando atentamente el levantamiento y la caída de los reinos gentiles, y que continuará haciéndolo hasta la venida del reino eterno del Señor Jesucristo.

BABILONIA: LA CABEZA DE ORO

> Su majestad, usted es supremo entre los reyes. El Dios del cielo le ha dado soberanía, poder, fuerza y honra. Dios lo ha puesto como gobernante sobre todo el mundo habitado y le ha dado dominio aun sobre las aves y los animales salvajes. Usted es la cabeza de oro.
>
> DANIEL 2:37-38

Daniel comenzó a revelar el significado del coloso por la cabeza. Explicó que la cabeza de oro representaba al reino de Babilonia, un poder muy prominente del mundo antiguo que permaneció hasta el 539 a. C.

Es adecuado que Babilonia fuera representada con oro en el sueño de Nabucodonosor porque Babilonia estaba saturada de oro. Cuando el historiador griego Heródoto describió a Babilonia aproximadamente cien años luego del reinado de Nabucodonosor, notó la cantidad asombrosa de oro en el templo[1]. Tal vez esa sea la razón por la cual Isaías escribió: «Pronunciarás este proverbio contra el rey de Babilonia, y dirás: ¡Cómo paró el opresor, cómo acabó la ciudad codiciosa de oro!» (Isaías 14:4, RVR60). Esto también explica por qué Jeremías dijo: «Babilonia ha sido como copa de oro en las manos del SEÑOR» (Jeremías 51:7).

MEDO-PERSA: EL PECHO Y LOS BRAZOS DE PLATA

> Ahora bien, después de que termine su reino, surgirá otro reino, inferior al suyo, y ocupará su lugar.
>
> DANIEL 2:39

El segundo reino era inferior al de Nabucodonosor. La parte que representaba a Babilonia estaba hecha de oro; esta, de plata. El pecho y los brazos de plata representaban al Imperio medo-persa, el cual perduró por más de doscientos años, desde aproximadamente el 539 al 331 a. C. Los dos brazos descritos de la imagen representaban la naturaleza dividida del segundo imperio, el cual estaba formado por dos ramas: los medos y los persas.

GRECIA: EL VIENTRE Y LOS MUSLOS DE BRONCE

> Un tercer reino, representado por el bronce, surgirá para gobernar el mundo.
>
> DANIEL 2:39

El vientre y los muslos de bronce representaban al reino de Grecia bajo el gobierno de Felipe II de Macedonia y su famoso hijo Alejandro Magno. Alejandro fue el gobernante de quien se dice que, cuando había terminado su misión de dominar el mundo, se sentó en su tienda y lloró porque no había más mundos que él pudiera conquistar[2].

Se usó el bronce para simbolizar a este reino en parte porque Alejandro había comenzado a equipar a sus soldados con cascos, corazas, escudos y espadas hechas de bronce.

ROMA: LAS PIERNAS DE HIERRO

> Después vendrá un cuarto reino, tan fuerte como el hierro. Ese reino destrozará y aplastará a todos los imperios anteriores, así como el hierro destroza y aplasta todo lo que golpea.
>
> DANIEL 2:40

Aunque las Escrituras no identifican de forma específica a Roma como el cuarto imperio, la historia muestra que debe serlo. Los romanos conquistaron el imperio de Alejandro con lo que llegó a ser conocido como las «legiones de hierro» de Roma. La palabra *hierro* se usa trece veces en Daniel 2.

Según H. C. Leupold: «Las legiones romanas eran conocidas por su capacidad para aplastar toda resistencia con un talón de hierro. Aparentemente hay muy poco aporte constructivo en el programa de este imperio, a pesar de la ley romana, y los caminos y la civilización romanos, porque el trabajo destructivo sobrepasó a todo lo demás; por eso tenemos dos verbos "destrozar y aplastar"»[3].

En un sueño propio, Daniel vio las cuatro partes de la imagen de Nabucodonosor como cuatro bestias. La cuarta bestia, que representaba a Roma, era horrible a la vista: «Luego, en mi visión de esa noche, vi a una cuarta bestia, aterradora, espantosa y muy fuerte. Devoraba y aplastaba a sus víctimas con enormes dientes de hierro y pisoteaba los restos bajo sus pies. [...] Esta cuarta bestia es la cuarta potencia mundial que gobernará la tierra. Será diferente a todas las demás. Devorará al mundo entero, pisoteando y aplastando todo lo que encuentre a su paso» (Daniel 7:7, 23).

Fue el Imperio romano el que puso a nuestro Señor en la cruz, y fueron los romanos imperiales quienes gobernaron tan despiadadamente en los tiempos del Nuevo Testamento. Pero ellos, también, serían derrotados por otro reino.

LA CONFEDERACIÓN ROMANA DE LOS DIEZ REINOS: LOS PIES DE HIERRO Y BARRO

No obstante, si bien algunas de sus partes serán tan fuertes como el hierro, otras serán tan débiles como el barro. Esta mezcla de hierro con barro también demuestra que esos reinos procurarán fortalecerse al hacer alianzas matrimoniales; pero no se mantendrán unidos, así como el hierro y el barro no se mezclan.

DANIEL 2:42-43

Muchos de los eruditos proféticos consideran que las dos piernas de hierro de la imagen representan la división del Imperio romano en el 395 d. C., que dio como resultado el Imperio romano oriental (bizantino), que tenía su capital en Constantinopla, y el Imperio romano occidental, que tenía la capital en Roma. Los pies de la imagen representan aún otra división del imperio; no en dos, como lo indican las dos piernas, sino en diez, como lo simbolizan los diez dedos.

Daniel predice un tiempo en que el Imperio romano estará formado por diez reinos o líderes. Esto es mucho más claro en el séptimo capítulo, donde Daniel desarrolla más ampliamente el tema de la coalición de los diez reyes. Debido a que la cronología de los eventos está señalada por un movimiento que desciende de una sección de la estatua a la siguiente, la etapa de los «pies» y los «dedos» debe seguir a la etapa de las «piernas». Pero cuando miramos los eventos históricos que siguieron a la predicción de Daniel, no encontramos nada que ni remotamente se relacione con una coalición romana de diez etapas. Eso nos muestra que esta etapa final de la profecía de Daniel todavía está por venir, y todavía está por cumplir con el rol que le fue asignado en la historia de la humanidad.

Daniel nos da un dato más que nos ayuda a entender el tiempo indicado para los eventos transmitidos en el sueño de Nabucodonosor. Daniel dice que la forma final del Imperio romano estará en la tierra cuando Dios establezca su reino terrenal: «Durante los gobiernos de esos reyes [los gobernantes de los diez segmentos del reino romano], el Dios del cielo establecerá un reino que jamás será destruido o conquistado. Aplastará por completo a esos reinos y permanecerá para siempre» (Daniel 2:44).

El antiguo Imperio romano se deterioró por etapas, pero ningún otro imperio mundial ha tomado su lugar como único gobernante de los territorios que le pertenecían. Sin embargo, la profecía de Daniel deja en claro que, en los últimos días, resurgirá el Imperio romano o alguna versión de este.

Cuando analizamos el sueño de Nabucodonosor y consideramos a los reinos gentiles como él los vio, no podemos evitar observar la *estabilidad decreciente* de los gobiernos del mundo. Como vemos que sucedió con el coloso de Nabucodonosor, este mundo está establecido sobre un fundamento muy frágil. La inmensa estatua con tanto peso en la parte superior reposa sobre una base quebradiza de hierro y barro. Esto describe la naturaleza inestable de los gobiernos tambaleantes de la tierra.

Mientras analizamos la imagen, también vemos el *deterioro moral* de los gobiernos humanos. El rumbo del dominio y de la civilización gentil es de degeneración y decadencia continuas.

EL DETERIORO DE LOS GOBIERNOS HUMANOS

REINO	METAL	GRAVEDAD ESPECÍFICA (densidad del metal)	GOBIERNO
Babilonia (605–539 a. C.)	Oro	19	Monarquía
Medo–persa (539–331 a. C.)	Plata	11	Oligarquía
Grecia (331–146 a. C.)	Bronce	8.5	Aristocracia
Roma (146–395 d. C.)	Hierro	7.8	Imperialismo
Roma restaurada (desconocido)	Barro	1.6	Democracia

En su libro sobre Daniel, John F. Walvoord hace esta observación: «La escala descendente de valor de los cuatro metales sugiere la degeneración de la raza humana a través de los siglos. [...] Este concepto contradice la interpretación evolucionista de la historia humana. En lugar de comenzar en el polvo y consumarse en oro fino, Dios revela que el hombre en el tiempo de los gentiles comienza con oro fino y termina en polvo»[4].

Aunque el valor de estos metales va disminuyendo desde la cabeza hasta los pies de la estatua, su poder se incrementa (de oro a hierro). En otras palabras, a medida que los reinos se corrompen moralmente, crecen en poder. El resultado es una combinación devastadora de poderes cada vez más fuertes, ligados a un carácter cada vez más débil.

Finalmente, observamos en la imagen cómo se *desintegra la unidad* de los gobiernos humanos: «Y por ser los dedos de los pies en parte de hierro y en parte de barro cocido, el reino será en parte fuerte, y en parte frágil» (Daniel 2:42, RVR60). En la corriente de los asuntos humanos, vemos dos elementos que entran en conflicto: la férrea voluntad de la autoridad y la voz del pueblo frágil como el barro.

A medida que nos acerquemos al final de esta época, la tensión entre estos poderes crecerá hasta que las naciones sean destrozadas por los conflictos, tanto internos como externos. Todos los intentos de unificación con otros gobiernos fracasarán. Esto preparará el camino para el gobierno mundial del Anticristo.

Como John F. Walvoord lo describe: «La estructura final del reino [romano] incluirá diversos elementos, sea que esto se refiera a la raza, el idealismo político o los intereses sectoriales; los cuales evitarán que la estructura final del reino tenga unidad verdadera. Esto, por supuesto, se confirma mediante el hecho de que el imperio mundial del fin de la era se divide por causa de una guerra civil masiva en la cual los poderes del sur, del oriente y del norte contienden con el gobernante mediterráneo por la supremacía, de acuerdo con lo que Daniel describe en Daniel 11:36-45»[5].

EL REINO FINAL DE CRISTO: LA ROCA CORTADA DE LA MONTAÑA QUE CUBRE TODA LA TIERRA

Durante los gobiernos de esos reyes, el Dios del cielo
establecerá un reino que jamás será destruido o conquistado.
Aplastará por completo a esos reinos y permanecerá para
siempre.

DANIEL 2:44

En este versículo, Daniel describe el reino eterno de Cristo.
Aunque aún no ha cobrado forma en el ámbito físico, este reino ya
está en vigencia en el corazón del pueblo de Dios. Algún día, Cristo
reinará sobre toda la tierra tal como lo hicieron Nabucodonosor,
Ciro, Alejandro y los emperadores romanos.

El sueño de Nabucodonosor describe la venida de Cristo y su
reino con dos imágenes gráficas: la piedra y la montaña.

La piedra: el futuro Rey

Mientras usted observaba, una roca de una montaña fue
cortada, pero no por manos humanas. La roca golpeó los
pies de hierro y barro, y los hizo pedazos. La estatua quedó
reducida a pequeños trozos de hierro, barro, bronce, plata y
oro. Luego el viento se los llevó sin dejar rastro alguno, como
la paja cuando se trilla el grano.

DANIEL 2:34-35

Sin duda, este es el momento culminante de la visión. Después
de que la roca golpea la imagen, la imagen es destrozada y la piedra
se expande a ser una montaña, la cual cubre rápidamente toda la
tierra.

La pregunta es: ¿quién o qué es la roca? No necesitamos hacernos

LA GRAN IMAGEN

EL IMPERIO BABILÓNICO
605–539 a. C.
La cabeza de oro fino

EL IMPERIO MEDO-PERSA
539–331 a. C.
El pecho y los brazos de plata

EL IMPERIO GRIEGO
331–146 a. C.
El vientre y los muslos de bronce

EL IMPERIO ROMANO
146 a. C.–395 d. C.
Las piernas de hierro

EL IMPERIO ROMANO RESTAURADO
Desconocido
Los pies en parte de hierro y en parte de barro

EL REINO DEL DIOS DEL CIELO
La roca que golpeó la imagen y se convirtió
en una gran montaña y llenó el mundo entero

esa pregunta porque la Palabra de Dios la identifica claramente como el Mesías, el Señor Jesucristo. El autor y pastor William G. Heslop aclara:

> Siete veces en las Sagradas Escrituras se hace referencia a nuestro Señor como una roca. Es el símbolo de fortaleza, permanencia y firmeza. [...] Cristo es la Piedra (Hechos 4:10-11). Cristo vino en la forma de un siervo y, por lo tanto, se convirtió en una piedra de tropiezo para la nación de Israel. Israel cayó sobre esta piedra y fue hecha pedazos (Mateo 21:44). Cristo es la Roca sobre la cual se edifica la iglesia y ningún hombre debe poner otro fundamento. Cristo es la Roca que caerá sobre el imponente coloso de la humanidad y lo reducirá a polvo (Mateo 21:44; Daniel 2:34-35). Cristo es la Roca que descenderá y cubrirá la tierra[6].

La montaña: el reino venidero

> La roca que derrumbó la estatua se convirtió en una gran montaña que cubrió toda la tierra.
>
> DANIEL 2:35

La profecía de Daniel enfatiza cinco aspectos principales que caracterizan al reino de Cristo.

1. ES UN REINO SOBRENATURAL

> Una roca de una montaña fue cortada, pero no por manos humanas. [...] La roca cortada de la montaña, aunque no por manos humanas.
>
> DANIEL 2:34, 45

Dos veces en Daniel 2 leemos que la roca que se convirtió en una montaña es cortada «no por manos humanas». Eso significa que el reino de Cristo no está hecho por el hombre; tiene un origen divino. William Heslop dijo que el hombre puede hacer ladrillos, pero solamente Dios puede hacer una piedra[7]. La imagen del sueño de Nabucodonosor es creación del hombre; el reino de Cristo que la desplaza es creación de Dios. Esta piedra sobrenatural es un «símbolo de fortaleza, permanencia y firmeza»[8].

2. ES UN REINO REPENTINO

La roca golpeó los pies de hierro y barro, y los hizo pedazos.

DANIEL 2:34

El reino de Cristo vendrá de forma repentina, no gradualmente. Sucederá de la noche a la mañana, en un instante. Todos los reinos terrenales emergen de las ruinas de otro reino: el medo-persa del babilónico, el griego del medo-persa, el romano del griego. Pero el reino de Cristo no surgirá de ningún otro. Llegará del cielo con un golpe repentino y definitivo. Todos los pasajes que se refieren a la segunda venida de Cristo dicen que llegará sin previo aviso (Zacarías 14:4-5; Mateo 24:29-30; Apocalipsis 1:7).

En mi investigación sobre esta parte de la interpretación profética de Daniel me encontré con esta nota de estudio que resume lo que sucederá cuando llegue el reino de Cristo:

La Roca que golpea [...] destruye el sistema mundial de los gentiles (en su última forma) con un golpe repentino e irremediable, no por medio del proceso gradual de conversión y asimilación; y luego, no antes, la roca se convierte en una montaña que cubre «toda la tierra». [...] Dicha destrucción del sistema monárquico de los gentiles no ocurrió en la primera venida de Cristo. Por el contrario, Cristo fue sentenciado a muerte por un funcionario del cuarto imperio, el cual estaba en esa época en el apogeo de su poder. [...]

Las heridas mortales que sufrió el cuarto imperio no serán sanadas por la restauración del imperio hasta que la era de la iglesia se haya completado. [...]

Por lo tanto, el gobierno mundial gentil todavía continúa, y el golpe mortal aún está suspendido.

El detalle sobre el final de los tiempos se encuentra en Daniel 7:1-28 y en Apocalipsis 13–19. Es importante notar: 1) que el gobierno mundial gentil terminará con un juicio repentino y catastrófico (Apocalipsis 16:14; 19:21); 2) que inmediatamente después de eso vendrá el reino de los cielos, y que el Dios de los cielos no establecerá su reino hasta después de la destrucción del sistema mundial gentil. Vale la pena mencionar que el dominio mundial de los gentiles comienza y termina con una gran estatua o imagen (Daniel 2:31; Apocalipsis 13:14-15)[9].

3. ES UN REINO SEVERO

La estatua quedó reducida a pequeños trozos de hierro, barro, bronce, plata y oro. Luego el viento se los llevó sin dejar rastro alguno, como la paja cuando se trilla el grano.
DANIEL 2:35

Cuando el texto dice que las naciones serán como paja, evoca el proceso de trillar el grano como se hacía en esa época. Después de agitar el grano en la era, lo tiraban al aire para que la paja desechable, que era más liviana que el grano, fuera llevada por el viento. Al representar a los diversos metales del coloso de esta manera, se pone de manifiesto que no tienen valor, y son desparramados sin que quede rastro de ellos.

El mensaje es de juicio severo. Todos los reinos anteriores que componían la imagen son destruidos por el reino final. Los elementos nocivos de cada reino parecen haber sido duplicados por cada sucesor. Por lo tanto, cuando el último reino es destruido, también lo son las fallas mortales de sus predecesores.

4. ES UN REINO SOBERANO

Sin embargo, la roca que derrumbó la estatua se convirtió en una gran montaña que cubrió toda la tierra.

DANIEL 2:35

Cuando la roca que salió de la montaña haya cumplido su trabajo, se expandirá para llegar a ser una montaña de nuevo y creará un reino soberano que llenará todo el universo. La roca viene del cielo y, finalmente, trae el cielo a la tierra.

El Señor será rey sobre toda la tierra. En aquel día habrá un solo Señor y únicamente su nombre será adorado.

ZACARÍAS 14:9

Cristo tomará las riendas de los reinos de la tierra, tomando la autoridad en sus propias manos soberanas, como le corresponde. Llenará la tierra con su presencia, poder y gloria. La conocida oración «Que tu reino venga pronto. Que se cumpla tu voluntad en la tierra como se cumple en el cielo» (Mateo 6:10) al fin será respondida.

5. ES UN REINO EXITOSO

Durante los gobiernos de esos reyes, el Dios del cielo establecerá un reino que jamás será destruido o conquistado [...] y permanecerá para siempre.

DANIEL 2:44

En el sueño, los imperios del mundo cambian de manos; cada uno tiene su tiempo, pero ninguno tiene durabilidad. Pero el reino de Cristo nunca será destruido. Nunca decaerá. Nunca estará en peligro de revolución. Cristo será un rey invencible y nunca conquistado, un monarca sin sucesor. Su reino permanecerá para siempre. Nunca renunciará a su soberanía.

Las preguntas que aún quedan por responder son estas: ¿Ya han sucedido cosas como las que Daniel describe en la escena final del sueño? ¿Podemos encontrar, en alguna parte de la historia, un reino sobrenatural, repentino, severo, soberano y exitoso?

Sin lugar a dudas, ninguno de los reinos representados por la imagen logró esto. Ni la cabeza babilónica, ni el torso medo-persa, ni el vientre y los muslos griegos y, definitivamente, no las piernas romanas. La historia manifiesta con mucha claridad que dicho reino nunca ha existido. Stalin, Mussolini y Hitler trataron de conseguir el poder absoluto, pero nunca pudieron establecer el dominio universal.

El agradecimiento

Daniel terminó de explicar el significado del sueño de Nabucodonosor con estas palabras finales de tributo al Dios del cielo: «El gran Dios estaba mostrando al rey lo que ocurrirá en el futuro. El sueño es verdadero y el significado, seguro» (Daniel 2:45).

Lo que Nabucodonosor hizo a continuación es absolutamente extraordinario.

NABUCODONOSOR LE RINDE CULTO A DANIEL

Entonces el rey Nabucodonosor se postró ante Daniel y le rindió culto, y mandó al pueblo que ofreciera sacrificios y quemara incienso dulce frente a Daniel.

DANIEL 2:46

Nabucodonosor, el rey más grande de la tierra, estaba tan asombrado por la capacidad de Daniel para revelar los secretos de su sueño, que cayó sobre sus rodillas e intentó rendirle culto a este adolescente judío. Incluso ordenó que le presentaran ofrendas como se las ofrecerían a un dios.

Josefo registra un caso similar en el que Alejandro Magno se postró ante el sumo sacerdote de los judíos. Uno de sus generales le preguntó por qué se rebajaría a postrarse delante de un simple sacerdote judío cuando incluso los reyes se postraban delante de Alejandro Magno. El conquistador del mundo le respondió: «No me postré delante de él, sino del Dios de quien tiene el honor de ser sumo sacerdote»[10].

El siguiente versículo del relato de Daniel manifiesta que es probable que Nabucodonosor se haya postrado ante Daniel por la misma razón.

NABUCODONOSOR BENDICE AL DIOS DE DANIEL

El rey le dijo: «En verdad tu Dios es el más grande de todos los dioses, es el Señor de los reyes, y es quien revela los misterios, porque tú pudiste revelar este secreto».

DANIEL 2:47

Cuando Nabucodonosor se refiere al Dios de Daniel como el Dios de los dioses, lo que en esencia está diciendo es que incluso los dioses babilónicos a quienes había adorado toda su vida no podían ponerse a la altura del Dios de Daniel. Tenga en cuenta que el objetivo de esta adoración no es Daniel, sino el Dios de Daniel. Esto se debe a que, en cada situación, Daniel le había dado la alabanza y la gloria a su Dios, y había rehusado recibir el crédito por su capacidad para interpretar.

NABUCODONOSOR PROMUEVE A DANIEL

> Entonces el rey puso a Daniel en un puesto importante y le dio muchos regalos valiosos. Nombró a Daniel gobernador de toda la provincia de Babilonia y jefe de todos los sabios del rey.
>
> DANIEL 2:48

El rey Nabucodonosor promovió a Daniel a la posición de segunda autoridad en toda Babilonia, con poder especial sobre sus sabios. También enriqueció a Daniel con «muchos regalos valiosos». Lo que hace que la promoción de Daniel sea aún más increíble es que todavía no había cumplido veinte años.

NABUCODONOSOR PROMUEVE A LOS AMIGOS DE DANIEL

> A petición de Daniel, el rey puso a Sadrac, Mesac y Abed-nego a cargo de todos los asuntos de la provincia de Babilonia, mientras Daniel permaneció en la corte del rey.
>
> DANIEL 2:49

Tan pronto como el rey honró a Daniel, Daniel se acordó de los tres hombres que habían estado a su lado a través de todo este viaje babilónico, y procuró honrarlos. Sin dudar, el rey Nabucodonosor le concedió el deseo a Daniel, y promovió a sus amigos a posiciones de responsabilidad y honor bajo la supervisión de Daniel.

Años después del sueño de Nabucodonosor, Daniel tuvo una visión similar que está registrada en Daniel 7. En uno de mis otros libros, menciono la relación entre ambos:

> Daniel tuvo su propia visión que confirma y expande nuestra comprensión del sueño de Nabucodonosor. En la visión de

Daniel, un viento poderoso agitaba el océano, y «del agua surgieron cuatro bestias enormes, cada una diferente de la otra» (Daniel 7:3). Estas bestias representaban a los mismos reinos gentiles descritos en el sueño de Nabucodonosor de la imagen del hombre, pero esta vez se revelaron los atributos de esos reinos. La primera visión (Daniel 2) caracterizaba a los reinos del mundo *según la valoración del hombre*: majestuosos, voluminosos, extraordinarios, gigantescos e invencibles. El hombre está impresionado por sus logros. En la segunda visión (Daniel 7), los reinos se presentan como bestias salvajes de la jungla, lastimándose y atacándose unos a otros y peleando hasta la muerte.

Esta segunda visión nos da la *valoración de Dios* sobre estos reinos gentiles: destructivos, divisivos, furiosos y despiadados[11].

Conforme llegamos al final de este capítulo y repasamos la historia del levantamiento y la caída de los reinos humanos, debemos estar de acuerdo con la observación del erudito bíblico H. C. Leupold, quien escribe: «Cada nueva combinación de los poderes o de las naciones que han intentado lograr el resultado de un reino duradero se encuentra invariablemente con el mismo derrocamiento. Por lo tanto, la historia es una sucesión de derrotas. Pero para el que conoce al Dios Todopoderoso hay esperanza. [...] Él tiene un reino que nunca será derrocado y que, finalmente, se destacará como un reino eterno y absolutamente triunfante»[12].

En la actualidad, vivimos en el umbral de esa era venidera. Los días del gobierno humano sobre la tierra están llegando a su fin. Es casi el tiempo para la llegada de la roca que fue «cortada, pero no por manos humanas». No deberíamos desanimarnos o deprimirnos porque el fin de los reinos de la tierra está cerca; por el contrario, deberíamos estar gozosos porque el glorioso reino de Cristo comenzará pronto.

* * *

DANIEL HOY

¡Confiados! ¡Qué maravillosa manera de vivir: sin temores, seguros! ¿Se siente así usted? Cuando observamos la cultura que nos rodea, es fácil caer en la desesperación. Pero cuando mantenemos los ojos firmes en lo alto, no tenemos que pasar nuestro tiempo quejándonos ni luchando contra la desesperanza.

Daniel no perdió la esperanza. Evaluaba todo con el final en mente, y se mantenía en calma y confiado bajo la presión. La confianza es una actitud bíblica singular que afecta todo lo que hacemos en el escenario público.

Por lo tanto, cuando enfrente el mañana, ¡tenga confianza!

1. Cuando examine el panorama político, tenga confianza. Recuerde que usted puede influir en las cosas a través de la oración. En un momento de crisis, Daniel y sus amigos buscaron la misericordia del Dios del cielo, y el resto del capítulo trata sobre la respuesta a su oración (Daniel 3:18).

2. Cuando emita su voto, tenga confianza. Si las elecciones no resultan como usted quiere o las decisiones judiciales lo decepcionan, recuerde que Dios es inmutable. Él quita reyes y pone reyes según su plan (Daniel 2:21).

3. Cuando escuche las noticias sobre catástrofes e inestabilidad en la tierra, tenga confianza. Recuerde: «Hay un Dios en el cielo» (Daniel 2:28). Cuando se sienta desanimado por el curso que toman los asuntos del mundo, no pierda la esperanza. Un día, «el Dios del cielo establecerá un reino que jamás será destruido o conquistado» (Daniel 2:44).

4. Cuando piense que todo está perdido, ¡piense de nuevo! «El sueño es verdadero y el significado, seguro» (Daniel 2:45). Conocemos el guión por adelantado, y estamos al tanto del fin.

Luego de estudiar este capítulo de Daniel, conocemos un secreto divino: la estructura de toda la historia, incluyendo su conclusión. Por lo tanto, ¡adiós, inseguridad! ¡Adiós, temor! Este es un momento que requiere valentía. Es el momento para tener confianza en el que comenzó su buena obra en nosotros (Filipenses 1:6). Es el momento de orar: «¡Venga tu Reino!».

Capítulo 4

LOS HOMBRES DE FUEGO

Daniel 3:1-30

EL CHAMBELÁN DEL REY escoltó a Sadrac, Mesac y Abed-nego a la sala de audiencias privadas del rey Nabucodonosor.

—Vinimos como usted lo ordenó, oh rey —dijo Sadrac.

El rey los invitó a sentarse delante de él, un privilegio que tenían solamente pocas personas selectas. Daniel, su primer ministro y consejero de mayor confianza, había sido enviado a las provincias periféricas del imperio en una misión diplomática. En su ausencia, el rey convocó a estos tres miembros de alto rango del gabinete de Daniel para hacerles consultas.

Luego de tratar todos los temas del orden del día, el rey dijo:

—Permítanme recurrir a su sabiduría para un asunto más. Se están fraguando problemas en muchas de mis provincias, particularmente en Carquemis, Fenicia y Arabia. La raíz del conflicto es algo religioso. Estas naciones conquistadas retienen a sus propios dioses: los fenicios tienen a Baal y a Astarot, el pueblo de Carquemis adora a sus deidades hititas y los árabes tienen más dioses que todos los otros juntos.

Mientras Nabucodonosor hablaba, sus ojos comenzaron a recorrer la habitación.

—Estas diferencias religiosas generan disensiones. Algunas naciones incluso han destruido los templos de sus vecinos más débiles. Ustedes son profundamente religiosos, al igual que Daniel. Por lo tanto, díganme, ¿cómo resolverían estos conflictos?

Sin dudar ni siquiera un segundo, Mesac habló:

—La disensión terminaría si en todos los lugares los pueblos rindieran culto al único Dios verdadero del cielo y de la tierra, el Dios Todopoderoso.

—Cuando dices «el único Dios verdadero», te refieres a tu Yahveh, por supuesto. ¿Cómo puedes llamarlo todopoderoso cuando ni siquiera pudo salvar a su propia nación?

—Él permitió que usted destruyera a Israel porque habíamos sido desobedientes a él. Nuestro pueblo se había volcado a la adoración a los ídolos, como las naciones que nos rodean, y él lo escogió a usted, mi rey, para que actuara como su agente vengador. Pero él ha preservado a su pueblo y, a su tiempo, nos hará regresar a nuestra tierra.

—Tienes razón en cuanto a que mi pueblo necesita un dios al cual todos puedan rendir culto. —El rey negó con la cabeza—. Sin embargo, tu Dios no funcionará. Él es invisible. No se le puede ver ni escuchar. Merodac tampoco funcionará porque las provincias lo ven como el dios de Babilonia, no de ellos. El único dios que funcionaría sería uno que no esté relacionado con ninguna nación o cultura en particular. Y tiene que ser un dios que ellos puedan ver: uno que deslumbre sus sentidos y quede grabado en su memoria. Si yo le ofreciera a mi imperio un dios así, ¿cómo respondería su pueblo?

—Su majestad —dijo Abed-nego—, su ejército le enseñó a Israel que no es una buena idea ignorar ni desobedecer al Dios vivo del universo. Nunca más nos postraríamos ante ningún otro dios.

—¡Ajá! Les aseguro que bajo pena de muerte, todas las convicciones se derrumban y todas las rodillas se doblan. Todos tienen un precio.

Nabucodonosor despidió a los tres hombres. Mientras abandonaban la sala de audiencias privada del rey, pasaron al lado de los astrólogos del rey, guiados por Nimatar y seguidos de cerca por su protegido, Malik. Malik levantó su mentón y les lanzó a los tres judíos una mirada de desprecio.

Sadrac miró a sus dos amigos.

—Temo que algo pasa, y no es nada bueno.

—Estoy de acuerdo —dijo Abed-nego—. Cuando el rey habló de conflictos religiosos, no nos miraba a los ojos. Está ocultando algo.

—Eso se hizo evidente hace unos meses cuando le preguntamos sobre el propósito del gigantesco zigurat que estaban construyendo afuera de la ciudad. No quiso que siguiéramos ahondando en el tema —Mesac asintió.

—Nabucodonosor cambió completamente de actitud —dijo Abed-nego—. En los años desde que Daniel se convirtió en su primer ministro, incluso en su amigo, el orgullo del rey ha disminuido, y por lo menos ha mostrado respeto por nuestro Dios. Pero ahora que Daniel no está, esa antigua arrogancia ha vuelto a apoderarse de él, y el respeto del rey por Yahveh se ha reducido a simple tolerancia.

—No se trata solamente de la ausencia de Daniel —dijo Mesac—. El rey ha estado apoyándose mayormente en los astrólogos últimamente. Los ha llamado a su presencia casi todos los días desde que Daniel se fue.

—Presiento que se avecina una crisis —dijo Sadrac—. ¿Nos apoyaremos mutuamente durante la crisis? ¿Estamos listos para enfrentar lo que venga y para permanecer firmes a pesar de las amenazas y el peligro?

—Sí —respondió Mesac—. Debemos ser diligentes en nuestras oraciones para que Dios apoye nuestra fe y decisión.

* * *

Una semana más tarde, los tres hombres recibieron invitaciones selladas con el anillo del rey. Se requería su presencia en una celebración de tres días que incluiría a todos los gobernadores y a los funcionarios de más alto rango de todo el Imperio babilónico. El evento tendría lugar en treinta días.

En los días previos a la celebración, carros dorados y carruajes ostentosos interrumpieron el comercio y obstruyeron las calles de Babilonia cuando los gobernadores, administradores y sus comitivas llegaban de cada provincia del imperio de Nabucodonosor. Hombres y mujeres vestidos con lino y seda de la más alta calidad desfilaban hacia el palacio para rendirle homenaje a su soberano.

Estos funcionarios conocían muy bien a Sadrac, Mesac y Abed-nego. Eran hombres poderosos que tenían la atención del rey y a quienes él recurría con frecuencia para solicitarles consejos sobre asuntos gubernamentales y diplomáticos.

Esa noche, Nabucodonosor fue el anfitrión de un banquete suntuoso. El inmenso comedor se llenó y se vació tres veces para que los miles de invitados pudieran ser servidos. En cada sesión, el rey les daba la bienvenida a los comensales y los animaba a comer y beber hasta hartarse. Los invitó a reunirse a la hora décima el día siguiente en el lugar donde estaba el zigurat recién construido en la llanura de Dura, en las afueras cerca de la ciudad.

Aunque nadie lo dijo tan explícitamente, se entendía que la invitación era obligatoria. Ninguno se atrevería a faltar.

A la hora décima del día siguiente, miles de hombres y mujeres prominentes estaban de pie en la planicie frente al templo. En la cima de una torre de doce gradas, se asentaba un pedestal de granito, y elevándose sobre el pedestal, a una altura de veintisiete metros, había un objeto inmenso envuelto en lino.

Sadrac, Mesac y Abed-nego estaban de pie detrás de la multitud, a unos sesenta metros del pedestal. Aunque estaban llenos de aprensión, tenían tan poco conocimiento del propósito de la reunión como los otros invitados.

Cuando la campana repicó anunciando la décima hora, apareció el rey Nabucodonosor, sentado erecto en una silla de marfil recubierta de oro. Su silla estaba montada sobre dos postes paralelos y la sostenían ocho esclavos robustos. Los esclavos lo subieron por la escalera del zigurat y pusieron la silla en la base del pedestal.

Nimatar entonces subió las escaleras y miró al pueblo, empequeñecido por la inmensa estructura que estaba detrás de él. Un silencio abrumador cayó sobre la multitud.

—¡Nobles invitados! —su voz resonó en la llanura—. Escuchen mientras les explico el propósito de esta reunión. No es un secreto que hay conflictos entre las provincias del imperio por causa de las diferencias religiosas. Cada provincia tiene sus deidades locales a las que las personas han rendido culto por siglos: Moloc, Baal, Astoret, Dagón, Isis, Ra, Istar y muchos más. Tales divisiones generan conflictos y amenazan la unidad del imperio.

»Lo que el imperio necesita es un dios único ante quien todos los pueblos puedan postrarse en armonía y unidad. Por lo tanto, el rey Nabucodonosor desea añadir un nuevo dios: uno a quien todo el imperio pueda rendir culto juntos. Esto nos unirá bajo su benevolente dirección.

Sadrac se inclinó hacia sus amigos y habló en voz baja:

—Creo que ahora podemos imaginar lo que viene. Cuando Nabucodonosor nos preguntó sobre la unidad religiosa, en realidad no estaba buscando nuestro consejo; nos estaba probando. Es evidente que han estado planeando este evento desde hace algún tiempo. Lo que sea que haya en la cima de esa torre no se construyó de la noche a la mañana.

Nimatar continuó:

—Dentro de unos minutos, tendrán el gran honor de ser testigos del nacimiento de este nuevo dios. Luego de que se le quite el velo, tendrán algo de tiempo para contemplar su rostro glorioso. Luego, la orquesta tocará un himno dedicado exclusivamente a él. Cuando escuchen los primeros acordes, tendrán el privilegio de postrarse sobre sus rostros y de ser los primeros en darle gloria y honor.

El jefe de los astrólogos hizo una breve pausa, y luego habló con un tono más severo:

—Como gobernantes de segundo nivel de este imperio, cada uno de ustedes debe postrarse, tanto hoy como cada vez que se repita este ritual. Cualquiera que no lo haga sufrirá el castigo que se inflige a todos los que se atreven a desafiar los edictos reales. Será echado al horno de fuego.

Nimatar dio un paso atrás, y el velo que estaba por encima de él se deslizó, dejando al descubierto la imagen gigantesca de un hombre hecha de oro puro.

Los invitados miraron boquiabiertos la magnífica estatua; su superficie dorada resplandecía por el sol de la mañana.

—Miren el rostro —dijo alguien—. Es Nabucodonosor mismo. Él es nuestro nuevo dios.

En ese instante comenzaron a sonar las primeras notas del himno, y la multitud cayó sobre sus rodillas al unísono. Sus túnicas cubrieron la llanura como una alfombra de retales.

Los astrólogos se habían designado a sí mismos vigilantes para este evento, y estaban ubicados alrededor del perímetro para ver a los adoradores. Malik se quedó estupefacto cuando vio a tres hombres de pie en su sector, dándole la espalda a la imagen de oro. Se puso furioso. ¿Quién se atrevía a desafiar el edicto del rey tan descaradamente? Pero cuando se acercó y se dio cuenta de quiénes eran los transgresores, su ira dio lugar al júbilo. Estaba a punto de hundir a tres de los cuatro hombres del reino a quienes más aborrecía.

Cuando terminó la ceremonia, Malik se abrió camino a la fuerza entre la multitud para llegar adonde estaba Nimatar y contarle lo que había visto.

—El rey debe escuchar esto de inmediato —respondió el jefe de los astrólogos. Se apresuraron por el camino de la procesión y alcanzaron a Nabucodonosor justo en el momento en que estaba llegando a la puerta de Istar.

—Oh rey Nabucodonosor —clamó Nimatar, jadeando por el esfuerzo.

El rey ordenó a quienes lo cargaban que se detuvieran.

—¿Qué sucede? Habla rápido.

—Tres de sus funcionarios de mayor rango se negaron a postrarse ante su imagen.

El rostro del rey se ensombreció.

—¡Es imposible! Ningún hombre se atrevería.

—Creíamos lo mismo que usted, mi rey —dijo Malik—. Pero los vi claramente, erguidos con orgullo, dándole la espalda a su imagen. Estaban desafiándolo descaradamente para que todos los vieran.

—¡Eso es inaceptable! —gritó el rey—. Llamen a Arioc. Que traiga a esos traidores ante mi trono de inmediato. Esta noche, el viento regará estas llanuras con sus cenizas. Me encargaré de eso.

Antes de que hubiera transcurrido una hora, se abrió la puerta de la sala del trono, y el rey estaba sentado mirando con furia mientras Arioc escoltaba a los tres prisioneros hacia él. Nimatar y Malik los seguían. Cuando se detuvieron ante el trono, la ira de Nabucodonosor se transformó en consternación.

—Sadrac... Mesac... Abed-nego... Díganme que no es verdad.

—Es verdad, oh rey —dijo Malik—. Yo los vi con claridad cuando...

—¡Basta! —El rey miró de frente a los acusados—. Ustedes me han servido por mucho tiempo y han sido buenos siervos. Se han sentado conmigo como amigos y han comido en mi mesa. Les he dado riquezas y posiciones de honor. Estoy seguro de que ha habido algún error. No es posible que me hayan desafiado como afirman sus acusadores.

—No deseábamos desafiarlo —respondió Sadrac—. Pero debemos ser leales a nuestro Dios. No podemos postrarnos ante ningún otro dios.

—¿Por qué desperdician tanta lealtad en un Dios a quien no pueden ver ni escuchar ni tocar: uno que no tiene forma y quien ni siquiera muestra su rostro?

—Mi rey —dijo Mesac—, ¿en qué sentido es superior a nuestro Dios el ídolo que usted levantó? Aunque por fuera es impresionante, no es nada más que materiales terrenales moldeados por las manos del hombre. Tiene una boca que no puede hablar, ojos que no pueden ver y oídos que no pueden oír. ¿Por qué deberían las personas rendirle culto a una masa de metal moldeado que evidentemente es inferior incluso a los artesanos que lo hicieron?

—Ustedes saben por qué. Son políticos igual como yo. Saben que no les estoy exigiendo que crean en el dios de la imagen; lo único que necesito es una manifestación externa de fe para lograr mi meta de unidad. No puedo permitir que líderes prominentes manifiesten desobediencia al rey. Si su Dios es todo lo que dicen que es, sin duda él entiende eso.

—Se trata de nuestra integridad —dijo Sadrac—. Debemos vivir de acuerdo con la verdad que conocemos en nuestra mente y que guardamos en nuestro corazón.

—¡Oh, ustedes los adoradores de Yahveh son demasiado estrictos para su propio bien! Debería echarlos al horno inmediatamente. Pero debido a que han sido buenos siervos, y por amor a Daniel, haré algo que no haría por ningún otro en el imperio. Les daré otra oportunidad.

—Mi grandioso rey —dijo Nimatar—, ¿debería usted torcer tanto su voluntad? Ellos ya...

—¡Silencio! —explotó el rey—. Escúchenme, Sadrac, Mesac y Abed-nego. Pasaré por alto la afrenta de hoy y les perdonaré la vida si juran que se postrarán ante mi imagen mañana. Si yo estoy dispuesto a llegar tan lejos, ciertamente ustedes pueden hacer una cosa tan pequeña como esa. ¿Cuál es su respuesta?

Abed-nego dio un paso adelante.

—Oh Nabucodonosor, podemos responderle de una manera solamente. Si nos sentencia a morir en el horno, nuestro Dios a quien
servimos puede librarnos de las llamas. Pero incluso si él no lo hace,
sepa usted que no cambiaremos de idea y nunca serviremos a sus
dioses. Tampoco rendiremos culto a su imagen de oro, mañana ni
ningún otro día.

El rostro del rey enrojeció.

—¡Necios! —rugió—. ¿Cómo se atreven a seguir desafiándome?
Pisotean mi misericordia como si fuera tierra bajo sus pies. No lo
toleraré más.

Nabucodonosor les dio la espalda a los tres amigos.

—¡Arioc! —llamó—. Quita de mi vista a estos traidores desa-
gradecidos. Ordena que calienten el horno para la ejecución siete
veces más que su temperatura normal. Nimatar, envía mensajeros a
todos los invitados, pidiéndoles que vengan a la plaza en tres horas.
Quiero que todos sean testigos de lo que les pasa a los que se atreven
a desafiarme. ¡Vamos! ¡Hazlo inmediatamente!

* * *

La plaza era un patio con piso de adoquines ubicado frente al horno,
abierto por delante, que se usaba para las ejecuciones. A pesar de
lo amplia que era la plaza, solamente podía contener a una frac-
ción de los invitados de Nabucodonosor. Una hora antes del tiempo
señalado, ya estaba repleta de funcionarios llenos de curiosidad que
observaban mientras los obreros atizaban los carbones ardientes a ser
llamas ondulantes.

El horno en sí era una estructura de piedra de aproximadamente
nueve metros cuadrados, con paredes de más de un metro de espesor
para contener el intenso calor. La ventilación se daba por medio de
una abertura de casi dos metros de diámetro ubicada en el centro del
techo bajo con forma de domo. La abertura también servía como un
portal por donde las víctimas eran lanzadas a un conducto y caían

en el horno abrasador. Los guardias tenían acceso a la abertura por medio de los escalones de piedra que ascendían por el lado izquierdo del domo.

Pronto el fuego bramaba y el humo negro salía a borbotones del agujero en el techo. El rey Nabucodonosor llegó y se sentó en su trono en la plataforma elevada que se encontraba frente al horno; a su lado estaban sus consejeros y astrólogos principales. Cuando el rey estuvo satisfecho con el calor de las llamas, le hizo una seña de aprobación a Nimatar, quien se paró y se dirigió a la multitud.

—Estimados gobernadores y funcionarios del imperio, con profundo pesar anunciamos la acción desleal de tres de sus pares, Sadrac, Mesac y Abed-nego de la provincia de Babilonia. Ellos han rehusado rendirle culto a la imagen del rey.

Un murmullo de sorpresa se extendió como un oleaje entre los espectadores.

—Estos hombres serán arrojados hoy al horno de fuego. Lo mismo le sucederá a todos los que no obedezcan el edicto del rey. —Se volvió hacia la celda ubicada a la izquierda de la plaza—. ¡Traigan a los prisioneros! —gritó—. Que comience la ejecución.

La puerta de la celda se abrió y los tres prisioneros salieron, escoltados por seis guardias. Los condenados mantenían sus cabezas en alto. Tenían una expresión serena en el rostro, y no mostraban ningún indicio de temor.

Luego de atar las manos y los pies de los prisioneros, los soldados de a dos los subieron por los escalones del domo; uno sujetando los hombros y el otro los pies. Las llamas extremadamente calientes se escapaban hacia arriba a través de la ventilación. Incluso antes de llegar a la cima, los guardias se sobresaltaron por causa del calor abrasador. Su única oportunidad de sobrevivir era lanzar rápidamente a las víctimas a la abertura y luego alejarse corriendo antes de que el calor los abrasara.

Sus intentos fueron inútiles. Mientras arrojaban sus cargas a las llamas, gritos de agonía penetraron el aire: no de los prisioneros, sino de los guardias. Los espectadores miraban horrorizados mientras las vestimentas de los soldados se encendían en llamas y la piel de sus rostros era consumida por el fuego. Se revolcaban, retorciéndose y dando alaridos, sobre el lado del domo, y cayeron sobre el piso adoquinado, muertos.

Nabucodonosor ignoró a los guardias y miró detenidamente entre las llamas, buscando a los tres condenados. Vio que estaban haciendo un esfuerzo por levantarse entre las brasas encendidas. Pero algo no estaba bien; su ropa y su piel parecían estar intactas. Seguramente no estaba viendo las cosas con claridad. Un instante después, los tres hombres se irguieron; sus pies y sus manos estaban libres.

El rey entrecerró los ojos y miró de nuevo. Ahora los hombres, que todavía parecían estar en perfectas condiciones, estaban caminando adentro del horno mientras hablaban tranquilamente, como si estuvieran reunidos en el vestíbulo del palacio. El rey miró de nuevo y se sobresaltó por lo que vio. ¿Era posible que hubiera otra figura con ellos en el fuego? ¡Imposible! Se levantó y se acercó para mirar mejor. Sí, ciertamente había un cuarto hombre en el fuego.

—Nimatar —graznó—, ¿no arrojamos solamente a tres hombres en el horno?

—Eso es correcto, mi rey —tartamudeó el consejero.

—Entonces, dime por qué veo un cuarto hombre con ellos; si se puede llamar hombre a un ser tan glorioso.

El rey Nabucodonosor no esperó a que le respondiera. Dejando de lado su dignidad, descendió los escalones dando brincos y corrió hacia el horno.

—¡Sadrac! ¡Mesac! ¡Abed-nego! ¡Salgan! Salgan de las llamas.

Unos minutos después, los tres judíos estaban de pie en la plaza delante del rey mientras el fuego continuaba bramando detrás de ellos.

Lo único que podía hacer el rey era mirarlos fijamente; todavía no creía lo que veían sus ojos.

—¡Qué bien se ven! —dijo el rey finalmente—. El fuego no les hizo ningún daño. No se les chamuscó ni un solo pelo de la cabeza ni una ceja. Y sus ropas; no están carbonizadas ni siquiera un poquito. No les quedó nada de olor a humo. ¿Cómo es posible tal cosa?

—Nuestro Dios estaba con nosotros —dijo Mesac con sencillez.

—Sí, lo sé. —El rey puso la mano sobre su boca—. Lo vi con mis propios ojos.

Nabucodonosor se dio vuelta y se dirigió a la multitud:

—Escuchen, todos. Deseo anunciar un cambio de planes. La celebración de tres días para la cual fueron invitados terminó ahora. Todos los eventos restantes están cancelados. Mañana pueden regresar a sus provincias. Estos tres hombres valientes que están parados delante de ustedes han demostrado lo inútil que es rendirle culto a una imagen muerta hecha de metal. Ellos confiaron en su Dios a riesgo de sus propias vidas, y él los liberó. Nunca nadie ha visto otro dios con semejante poder.

»Por lo tanto, cuando regresen a sus hogares, les encargo que emitan este decreto: cualquier persona de mi imperio que hable aunque sea una palabra en contra de Yahveh, el Dios de Sadrac, Mesac y Abed-nego, será cortada en pedazos, y su casa será quemada completamente. Pueden retirarse.

Los tres héroes reivindicados se dieron vuelta para regresar a sus hogares.

—Esperen —Nabucodonosor los llamó. Los tres hombres giraron para mirar al rey—. Mi despedida no los incluía a ustedes. Un solo hombre en todo mi imperio ha desplegado la clase de valor inquebrantable que ustedes tres demostraron aquí hoy; y no tengo que decirles quién es. Dolorosamente, mi reino carece de esa clase de integridad. Por lo tanto, es mi deseo promoverlos a posiciones aún más elevadas. —Extendió sus brazos hacia ellos—. Vengan conmigo al palacio. Discutiremos los detalles mientras comemos juntos.

* * *

LAS ESCRITURAS DETRÁS DE LA HISTORIA

La mayoría de los plebeyos británicos del siglo XVI probablemente envidiaban a las clases reales y nobiliarias desde lejos: su dinero, su comodidad, su poder. Pero algo que sin duda no envidiaban era la probabilidad de vivir vidas muy cortas. El rey Enrique VIII hizo decapitar a dos de sus seis esposas, y otras dos fueron desechadas. El primer lord canciller de Enrique, el cardenal Wolsey, fue removido de su cargo y acusado de traición, y el segundo, Thomas More, fue decapitado. El abogado y confidente de mayor confianza de Enrique, Thomas Cromwell, luego de años de favor, también fue decapitado. Cuando la hija fervientemente católica de Enrique, María, subió al trono por cinco años, hizo ejecutar a más de trescientos líderes y clérigos protestantes; la mayoría fueron quemados en la hoguera, lo cual le ganó el apodo de «la reina sangrienta».

En la corte real de esa época, la vida de las personas pendía de un hilo; y ese hilo estaba ligado al trono del rey o de la reina reinante. Nabucodonosor II, rey de Babilonia, intentó ejecutar a tres de sus más valiosos consejeros simplemente porque no obedecieron su decreto. Les dio a elegir entre agradar a su Dios o agradar al rey, y ellos escogieron a Dios.

A pesar de que es difícil de creer, hoy en día todavía se emiten edictos similares. Cuando el supuesto Estado Islámico comenzó a saquear el norte de Iraq en el 2014, sus miembros comenzaron a darles un ultimátum a los cristianos: convertirse al islam, irse o morir. Aunque la mayoría de los cristianos de occidente en la actualidad no enfrentarán realidades tan duras, hay muchas otras decisiones difíciles que se deben tomar. ¿Representaremos a Cristo en el mercado?

¿Nos mantendremos firmes ante la presión de nuestros pares impíos? ¿Confiaremos en la Palabra de Dios más que en los expertos de la actualidad?

Una de las primeras cosas que notamos cuando comenzamos Daniel 3 es que Daniel no aparece en ninguna parte del capítulo. Los eruditos bíblicos hacen muchas conjeturas sobre dónde podría haber estado Daniel. La mayoría cree que es probable que estuviera representando al rey Nabucodonosor en alguna corte extranjera.

El tercer capítulo relata la conocida historia de Sadrac, Mesac y Abed-nego. En los dos primeros capítulos del libro aparecen solamente como amigos de Daniel, y en el resto de los capítulos, ni siquiera aparecen. Pero aquí ocupan el centro del escenario.

Los eruditos creen que hay por lo menos un lapso de veinte años entre los eventos del segundo y del tercer capítulo de Daniel. Al final del capítulo 2, el rey Nabucodonosor les rinde un tributo glorioso a Daniel y al Dios de Daniel: «En verdad tu Dios es el más grande de todos los dioses, es el Señor de los reyes, y es quien revela los misterios, porque tú pudiste revelar este secreto» (versículo 47).

En el capítulo 3, vemos que algo ha cambiado de forma dramática en el corazón de este poderoso rey. El Dios de Daniel ya no es exaltado en la mente del rey. El rey ha tomado la decisión de obligar a su reino a rendirle culto a un ídolo común: una imagen enorme en la llanura de Dura de la provincia de Babilonia: «El rey Nabucodonosor hizo una estatua de oro que medía veintisiete metros de altura y dos metros y medio de ancho» (Daniel 3:1).

Para poner de manifiesto la magnitud de su riqueza y su gloria, Nabucodonosor ordenó que la imagen entera fuera hecha de oro. Aunque era lo suficientemente rico como para hacerla construir de oro sólido, es probable que la hayan construido de madera recubierta de oro. Tanto Isaías como Jeremías describen los ídolos contemporáneos elaborados con madera y recubiertos de oro (Isaías 40:19; 41:7; Jeremías 10:3-9).

La palabra *imagen* que se utiliza aquí se refiere a una estatua con forma humana. En esta imagen en particular, esa forma era monstruosa y extrañamente proporcionada. Las Escrituras dicen que medía veintisiete metros de altura, y dos metros y medio de ancho. Esa es una relación de aproximadamente 10 a 1. La proporción promedio de una persona real es 5 a 1. Eso significa que la imagen estaba extremadamente alargada: alta y delgada.

Nabucodonosor decretó que todos los líderes de Babilonia debían postrarse ante su imagen. Esto evidentemente tenía el propósito de ser un acto religioso, porque las palabras *rendir culto* aparecen ocho veces en este pasaje.

¿Por qué cambió tanto el corazón de Nabucodonosor, al punto que dejó de honrar al Dios de Daniel y de sus amigos? Si leemos con cuidado, podemos identificar por lo menos tres razones.

Primero, en el último relato acerca de este rey, él había experimentado un encuentro traumático con otra imagen, la cual Dios le había transmitido por medio de un sueño. La cabeza de esa imagen representaba al mismísimo Nabucodonosor; de esta manera, lo levantaba como el gran rey de una nación extraordinaria.

Sin embargo, ese sueño también le reveló al rey que su reino duraría solamente cierto tiempo. Otro reino, inferior al suyo, en poco tiempo tomaría su lugar. Creo que, a medida que Nabucodonosor envejecía, esa profecía le pesaba en el corazón.

Tal vez la amenaza de Nabucodonosor de ejecutar a los que rehusaran postrarse delante de su imagen fue un método para pisotear cualquier rebelión potencial en su reino que pudiera causar su caída. Es posible que esta estatua completamente enchapada en oro fuera creada para contrastar con la estatua de su sueño, donde solamente la cabeza de Babilonia estaba diseñada en oro: *Mi estatua física, hecha completamente de oro, conlleva el mensaje de que no vendrá ningún reino de plata, bronce o hierro.*

Segundo, durante los primeros veintidós años del reinado de

Nabucodonosor, Babilonia había crecido rápidamente. Muchos pueblos distintos, con religiones diversas, habían sido incorporados al reino, y cada uno adoraba a sus propios dioses. Nabucodonosor decidió que él podía unificar este imperio heterogéneo por medio de una única religión.

William Heslop observa que «Nimrod fue la primera persona que intentó unificar las religiones del hombre mediante su propia deificación. Aquí, Nabucodonosor intentó hacer exactamente lo mismo, y ambos resultaron ser un tipo de la "bestia" futura, la última cabeza del mundo gentil que demandará la adoración (Apocalipsis 13:11-15; 19-20)»[1].

John F. Walvoord escribe: «Nabucodonosor posiblemente consideraba que la imagen representaba que él era la encarnación del poder divino, y entonces la adoración a la imagen sería el reconocimiento de su poder personal. Teniendo en cuenta el orgullo de Nabucodonosor, [...] esta sería una explicación creíble»[2].

Tercero, Nabucodonosor tenía entre su personal a algunos diplomáticos que aborrecían a Daniel y a sus tres amigos judíos. Ellos urdieron un plan para deshacerse de esos judíos (Daniel 3:12), y es muy probable que incitaran al rey para que levantara esa estatua, sabiendo que los tres hombres no se inclinarían ante ella.

El tercer capítulo de Daniel comienza con una descripción detallada de la ceremonia de dedicación para la imagen de oro de Nabucodonosor.

La dedicación

Luego envió mensajes a los altos funcionarios, autoridades, gobernadores, asesores, tesoreros, jueces y magistrados y a todos los funcionarios provinciales para que asistieran a la dedicación de la estatua que había levantado.

DANIEL 3:2

Para que la dedicación de su imagen fuera apropiada, Nabucodonosor envió invitaciones a todos los funcionarios de Babilonia. Aquí está la explicación de un comentario bíblico sobre los dignatarios que fueron invitados al evento:

> Los altos funcionarios son los administradores, guardianes o vigilantes, y los máximos representantes del rey, que corresponden a la expresión griega sátrapas. Las autoridades eran los comandantes o jefes militares. Los gobernadores parece referirse a los presidentes o encargados del gobierno civil. Los asesores eran consejeros del gobierno o árbitros supremos. Los tesoreros eran los supervisores del tesoro público. Los jueces eran los abogados o guardianes de la ley. Los magistrados eran los jueces en un sentido más estricto del término, es decir, los magistrados que daban una sentencia justa. Los funcionarios eran oficiales de menor rango, gobernadores de las provincias, subordinados al gobernador principal[3].

El versículo 2 (invitados) y el versículo 3 (asistentes) son la misma lista. En Babilonia, no había SRC (confirmar asistencia). Si a uno lo invitaban, tenía que asistir.

La orden

> Entonces un vocero proclamó: «¡Gente de todas las razas, naciones y lenguas escuchen el mandato del rey! Cuando oigan tocar la trompeta, la flauta, la cítara, la lira, el arpa, la zampoña y otros instrumentos musicales, inclínense rostro en tierra y rindan culto a la estatua de oro del rey Nabucodonosor. ¡Cualquiera que se rehúse a obedecer, será arrojado inmediatamente a un horno ardiente!».
>
> DANIEL 3:4-6

Desde mediados del siglo XVIII, el público se pone de pie durante el «coro Aleluya» del *Mesías* de George Frideric Handel. Aunque no está registrado, la tradición sostiene que la práctica se originó en el estreno del *Mesías* en Londres en 1743. Aparentemente, el rey Jorge II estaba entre la audiencia y se puso de pie cuando comenzó el «coro Aleluya». Por consiguiente, todos los que estaban en el lugar del evento se pararon también. Cuando el rey se pone de pie, todos se ponen de pie.

Lo opuesto había sido planeado en la llanura de Dura. En lugar de pedirle al pueblo que se parara en honor a la imagen, Nabucodonosor quería que todos, a la misma vez, se inclinaran y rindieran culto a su imagen, y utilizó su orquesta real para dar la señal. Leon Wood dice: «Para estar a tono con la majestuosidad del evento, es probable que los miembros estuvieran vestidos con trajes coloridos y sentados en elevadas plataformas decoradas»[4].

Las clases de instrumentos de la orquesta se describen cuatro veces en este capítulo (versículos 5, 7, 10, 15). Desde nuestra perspectiva moderna, era una colección extraña sin lugar a dudas. Primero estaba la trompeta, un instrumento de viento. Luego la flauta, que es la traducción de una palabra hebrea que significa «sisear o silbar». Luego la lira y el arpa, llamada trigón en algunas versiones: un instrumento de cuerda triangular que tocaba notas altas. Luego la cítara, un instrumento de cuerdas colocadas sobre una caja de resonancia. Los traductores bíblicos estuvieron en su apogeo con esta lista, identificando a algunos de los instrumentos de significado oscuro con otros nombres, tales como salterio, dulcémele, laúd, sacabuche, trompeta, sambuca e incluso gaita.

Se calcula que posiblemente hubo al menos trescientas mil personas reunidas, las cuales venían de todo el extenso Imperio babilónico. Cuando la orquesta comenzó a tocar, los trescientos mil presentes se postraron a tierra.

Todos menos tres.

El desafío

Sin embargo, algunos de los astrólogos se presentaron ante el rey y denunciaron a los judíos. [...] «Pues hay algunos judíos —Sadrac, Mesac y Abed-nego— a los que usted puso a cargo de la provincia de Babilonia que no le prestan atención, su majestad. Se niegan a servir a los dioses de su majestad y no rinden culto a la estatua de oro que usted ha levantado».

DANIEL 3:8, 12

Los mismos astrólogos a quienes les habían perdonado la vida veinte años atrás porque Daniel supo discernir el contenido del sueño del rey y su significado, ahora se volvieron en contra de los hombres hebreos. Descaradamente, se presentaron delante del rey y presentaron tres acusaciones contra ellos. Primero, los acusaron de faltarle el respeto al rey Nabucodonosor: «No le prestan atención, su majestad». Su segunda acusación fue: «Se niegan a servir a los dioses de su majestad». Sin embargo, fue la acusación final la que enfureció al rey: «No rinden culto a la estatua de oro que usted ha levantado».

El diálogo

LA OPORTUNIDAD

Nabucodonosor les dijo:
—Ahora que escuchen la música de los instrumentos musicales, más les vale que se inclinen ante la estatua que he mandado hacer, y que la adoren. De lo contrario, serán lanzados de inmediato a un horno en llamas, ¡y no habrá dios capaz de librarlos de mis manos!

DANIEL 3:14-15 (NVI)

Antes de que los hombres pudieran defenderse, Nabucodonosor les ofreció una segunda oportunidad para que cumplieran con su mandato. Esta oferta excepcional demostraba la lealtad que el rey Nabucodonosor sentía hacia Sadrac, Mesac y Abed-nego. Cualquier otro que no fuera uno de estos tres, que habían estado a su servicio por más de veinte años, habría sido ejecutado de inmediato. Nabucodonosor estaba mostrando su espíritu magnánimo al ofrecerles a estos tres hombres una segunda oportunidad.

Según John F. Walvoord, «No hay duda de que la repetición de todo el edicto se hizo con un ademán ostentoso; y, aunque probablemente estaba bastante consciente del celo de los astrólogos y lo tuvo en cuenta, el rey deja en claro que no tienen otra alternativa más que rendirle culto a la imagen»[5].

El rey les advirtió que si por segunda vez no se postraban ante la imagen y la adoraban, con toda certeza serían arrojados al horno de fuego. Y luego, creo yo que con una mueca desdeñosa en sus labios, Nabucodonosor exclamó: «¡No habrá dios capaz de librarlos de mis manos!» (versículo 15).

EL MANDAMIENTO

En respuesta a la exigencia del rey, Sadrac, Mesac y Abed-nego expresaron una de las declaraciones de fe más extraordinarias de toda la Biblia. Pero antes de que lleguemos a eso, necesitamos comprender lo que subyace en su convicción. Conocían la ley del Antiguo Testamento, y sabían lo que dice acerca de la idolatría: «No te hagas ninguna clase de ídolo ni imagen de ninguna cosa que está en los cielos, en la tierra o en el mar. No te inclines ante ellos ni les rindas culto» (Éxodo 20:4-5).

Al pie del monte Sinaí, estos hebreos que el Señor había redimido hacía poco, crearon la imagen de un becerro de oro (Éxodo 32:4). En la llanura de Dura, Nabucodonosor creó la imagen de un hombre de oro. En ambos casos, el mandamiento fue quebrantado.

El teólogo Juan Calvino escribe: «Es imposible encontrar en todo el mundo una imagen verdadera de Dios; y por consiguiente, [...] su gloria es contaminada y su verdad es corrompida por la mentira cada vez que lo ponemos delante de nuestros ojos en una forma visible. [...] Por lo tanto, la elaboración de cualquier imagen de Dios es en sí misma impía; porque mediante esa corrupción, su majestad es adulterada, y él es representado como algo diferente a lo que realmente es»[6].

Estos hombres sabían que rendirle culto a un ídolo, a una imagen hecha por manos humanas, sería desafiar y deshonrar al Dios Todopoderoso.

EL VALOR

El gran reformador Martín Lutero fue convocado ante la Dieta de Worms en Alemania en 1521 para responder por haberse apartado de la doctrina de la iglesia romana. Terminó su testimonio diciendo: «No puedo ni quiero retractarme de nada, porque hacer algo en contra de la conciencia no es seguro ni saludable. No puedo hacer otra cosa; esta es mi postura. ¡Que Dios me ayude!».

Algunos piensan que las palabras «No puedo hacer otra cosa; esta es mi postura» fueron insertadas posteriormente, que Lutero no dijo esas palabras en su discurso. Pero pudo haberlo hecho; eso fue precisamente lo que había demostrado desde 1517, cuando clavó sus noventa y cinco tesis en la puerta de la iglesia en Wittenberg. Su actitud fue la misma que tuvieron Sadrac, Mesac y Abed-nego: *Esta es nuestra postura, aquí en el mismo lugar en el que nos hemos mantenido durante los últimos veinte años, sin doblar nuestras rodillas ante ningún otro que no sea el Dios de Abraham, Isaac y Jacob. No nos inclinaremos ante la imagen del rey.*

Sin ser irrespetuosos, estos hombres heroicos, Sadrac, Mesac y Abed-nego, le dieron su respuesta al rey más poderoso del mundo. No tenían necesidad de considerar la oferta de Nabucodonosor de una segunda oportunidad. Ya habían decidido. Nunca se postrarían ante una imagen falsa. Estas son sus palabras inspiradoras: «Oh Nabucodonosor, no necesitamos defendernos delante de usted. Si nos arrojan al horno ardiente, el Dios a quien servimos es capaz de salvarnos. Él nos rescatará de su poder, su majestad; pero aunque no lo hiciera, deseamos dejar en claro ante usted que jamás serviremos a sus dioses ni rendiremos culto a la estatua de oro que usted ha levantado» (Daniel 3:16-18).

Cuando dijeron: «pero aunque no lo hiciera», no estaban dudando de la capacidad de Dios para librarlos; estaban sometiéndose a su voluntad. Tuvieron la misma actitud que expresó Jesús en el huerto de Getsemaní algunos siglos más tarde: «Padre, si quieres, te pido que quites esta copa de sufrimiento de mí. Sin embargo, quiero que se haga tu voluntad, no la mía» (Lucas 22:42). Si no era su voluntad librarlos, lo aceptarían y glorificarían a su Dios de todos modos.

El erudito del Antiguo Testamento del siglo xx H. C. Leupold escribe: «La actitud de fe silenciosa, humilde y, sin embargo, [...] positiva que estos tres hombres ponen de manifiesto es uno de los ejemplos más nobles en las Escrituras sobre la fe completamente entregada a la voluntad de Dios. Estos hombres no piden un milagro; no esperan ninguno. La fe de ellos es la fe que dice: "Aunque Él me mate, en Él esperaré" (Job 13:15, LBLA)»[7].

Studdert Kennedy fue capellán durante la Primera Guerra Mundial. Con frecuencia, su función lo empujaba al peligro en el frente de batalla. En una ocasión, mientras viajaba por la Francia devastada por la guerra, le escribió esta carta a su joven hijo:

> La primera oración que deseo que mi hijo aprenda a orar por mí no es «Dios, cuida a mi papi», sino «Dios, dale valor a mi papi, y si tiene que hacer cosas difíciles, dale fortaleza para que pueda hacerlas». La vida y la muerte no importan [...] lo correcto y lo incorrecto sí. Papi muerto sigue siendo papi, pero papi deshonrado ante Dios es algo espantoso,

demasiado desagradable para las palabras. Me imagino que querrás incluir algo relacionado a la seguridad también, amiguito, y que tu madre querrá hacerlo. Bien, inclúyelo, pero después, siempre después, porque en realidad no es tan importante como lo otro[8].

La liberación

LA IRA DEL REY

Entonces Nabucodonosor se enfureció tanto con Sadrac, Mesac y Abed-nego que el rostro se le desfiguró a causa de la ira. Mandó calentar el horno siete veces más de lo habitual.

DANIEL 3:19

Luego de escuchar su negativa a postrarse ante la estatua, Nabucodonosor se enfureció. Nadie, ni siquiera tres asistentes leales y en quienes confiaba, podía desafiar tan abiertamente al gobernante del imperio más grande del mundo y luego vivir para contarlo. Ordenó que calentaran el horno siete veces más de lo habitual.

Geoffrey R. King escribe: «¡Perdió los estribos! Esa es siempre la característica de un hombre pequeño. Su horno estaba caliente, ¡pero él se calentó más! Y cuando un hombre se llena de furia, se llena de necedad. No hay nadie más necio en la tierra que el hombre que pierde los estribos. Y Nabucodonosor hizo algo estúpido. Tendría que haber enfriado el horno siete veces *menos* si quería hacerles daño; pero, en lugar de eso, en su ira, lo hizo calentar siete veces *más*»[9].

LOS ACTOS DEL REY

Entonces ordenó que algunos de los hombres más fuertes de su ejército ataran a Sadrac, Mesac y Abed-nego y los arrojaran al horno ardiente. Así que los ataron y los arrojaron al horno, totalmente vestidos con sus pantalones, turbantes, túnicas y demás ropas. Ya que el rey, en su enojo, había exigido que el horno estuviera bien caliente, las llamas mataron a los soldados mientras arrojaban dentro a los tres hombres. De esa forma Sadrac, Mesac y Abed-nego, firmemente atados, cayeron a las rugientes llamas.

DANIEL 3:20-23

Nabucodonosor convocó a los hombres más fuertes de su ejército para que ataran a Sadrac, Mesac y Abed-nego con sogas y los echaran al fuego. Es muy extraño que fueron atados estando completamente vestidos, un hecho que rápidamente se volvió significativo: «Las Escrituras relatan que fueron atados totalmente vestidos con sus pantalones, turbantes, túnicas y demás ropa. Normalmente, a los criminales los desvestían antes de la ejecución; pero, teniendo en cuenta la forma de ejecución y la rapidez con que llevaron a cabo toda la operación, no tenía ningún sentido desvestirlos. Esto, posteriormente, se convierte en un testimonio más del poder libertador de Dios»[10].

El horno estaba tan caliente que la única manera en que los soldados podían acercarse lo suficiente como para cumplir con sus órdenes era lanzando a los tres hombres hacia la abertura que había en el techo del horno. Pero aun así, el calor abrasador de las llamas asó la piel de sus cuerpos y cayeron muertos. Los tres judíos, atados de pies y manos, cayeron en picada en el horno ardiente.

EL ASOMBRO DEL REY

De pronto, Nabucodonosor, lleno de asombro, se puso de pie de un salto y exclamó a sus asesores:

—¿No eran tres los hombres que atamos y arrojamos dentro del horno?

—Sí, su majestad, así es —le contestaron.

—¡Miren! —gritó Nabucodonosor—. ¡Yo veo a cuatro hombres desatados que caminan en medio del fuego sin sufrir daño! ¡Y el cuarto hombre se parece a un dios!

DANIEL 3:24-25

Aunque no tenemos información sobre cómo fue construido el horno, podemos suponer sin temor a equivocarnos que además de estar abierto en el techo, también estaba abierto en el frente, lo cual permitía que los testigos vieran las ejecuciones. Lo que sí sabemos es que Nabucodonosor podía ver adentro del horno; y que lo que vio, lo sorprendió.

El rey llamó a sus consejeros y les preguntó, básicamente: «¿No arrojamos tres hombres al fuego? ¡Miren! Veo a cuatro hombres caminando en medio del horno, y no están intentando escapar. Las llamas no les han hecho ningún daño, y uno de ellos es como el Hijo de Dios».

No era solo *como* el Hijo de Dios; *era* el Hijo de Dios. Él no era *un* dios; era *el* Dios. Cuando la cuarta figura apareció en medio de las llamas, el evento fue lo que llamamos una teofanía: una manifestación del Señor en el Antiguo Testamento. Aunque parezca increíble, aproximadamente 580 años antes del nacimiento virginal, Nabucodonosor vio a Cristo en el horno ardiente.

EL RECONOCIMIENTO DEL REY

Así que Sadrac, Mesac y Abed-nego salieron del fuego. Entonces los altos funcionarios, autoridades, gobernadores y asesores los rodearon y vieron que el fuego no los había tocado. No se les había chamuscado ni un cabello, ni se les había estropeado la ropa. ¡Ni siquiera olían a humo!

Entonces Nabucodonosor dijo: «¡Alabado sea el Dios de Sadrac, Mesac y Abed-nego! Envió a su ángel para rescatar a sus siervos que confiaron en él».

DANIEL 3:26-28

Nabucodonosor llamó a Sadrac, Mesac y Abed-nego a que salieran del horno. Cuando se acercaron, el rey y sus hombres estaban asombrados de que no se había chamuscado ni un cabello de sus cabezas y que sus ropas no se habían quemado. Ni siquiera tenían olor a humo. Solamente fueron consumidas por el fuego las sogas con las cuales los habían atado: la única cosa en las llamas que le había pertenecido al Imperio babilónico.

El decreto

Entonces Nabucodonosor dijo: [...] «Por lo tanto, yo decreto: si alguien, cualquiera sea su raza, nación o lengua, habla en contra del Dios de Sadrac, Mesac y Abed-nego, será despedazado y su casa será reducida a un montón de escombros. ¡No hay otro dios que pueda rescatar de esta manera!». Luego el rey ascendió a Sadrac, Mesac y Abed-nego a puestos aún más altos en la provincia de Babilonia.

DANIEL 3:28-30

¿Recuerda la efusividad con la que Nabucodonosor reconoció al Dios de Daniel al final del capítulo 2? Hace lo mismo aquí, al final del capítulo 3. En el capítulo 4 encontraremos que el rey hace otra declaración de fe.

Debido al valor de estos tres jóvenes, un rey orgulloso, egoísta y escandaloso fue guiado a alabar al Dios del cielo. Él mismo había dicho: «¡No habrá dios capaz de librarlos de mis manos!», y al final cambió de parecer: ¡el Dios de Sadrac, Mesac y Abed-nego era el único capaz de hacerlo!

* * *

DANIEL HOY

En estas primeras historias del libro de Daniel, encontraremos lecciones pasadas, presentes y futuras para nosotros.

1. **La lección del pasado es un ejemplo inspirador.** Este libro muestra que en los días de Daniel, hubo personas fieles que defendieron lo que creían, aun cuando el castigo era la muerte. En toda la Biblia no hay mejores ejemplos de valor bajo fuego enemigo que los que encontramos en los primeros capítulos de este libro.

2. **La lección para el presente es que debemos decidir por adelantado cómo responderemos ante las pruebas.** Antes de que termine nuestro tiempo en la tierra, es muy probable que seamos llamados a dar la cara por nuestro Dios. Creo que los días de la fe superficial y el cristianismo cobarde están llegando rápidamente a su fin. Ser cristiano, un verdadero cristiano, pronto costará más de lo que muchos están dispuestos a pagar. ¿Está usted dispuesto a defender su fe? ¿Tiene el valor para decir, como lo hicieron esos hombres, que honrará a Dios sin importar lo que cueste?

3. **La lección para el futuro es que miramos con ansias hacia una promesa profética.** Arno C. Gaebelein aclara:

> Leemos que cuando el Anticristo aterrorice a Jerusalén y la imagen sea levantada, todos los que no adoren a la imagen

de la bestia serán muertos. Y en esa época de pruebas terribles, la Gran Tribulación, habrá un remanente judío fiel. Se negarán a rendir culto a la imagen, y muchos de ellos sufrirán el martirio, mientras que otros serán guardados milagrosamente por el poder del Señor y pasarán por la Gran Tribulación sin que les haga daño. [...] Pero bendito sea Dios. [...] En todas nuestras pruebas y sufrimientos, el Hijo de Dios está con nosotros. Y el fuego no hace otra cosa más que quemar nuestras ataduras y liberarnos[11].

Los tres héroes de este capítulo experimentaron de primera mano una promesa que Dios había dado por medio de Isaías aproximadamente ciento treinta años antes. Nosotros también podemos aferrarnos a esa promesa cuando enfrentemos lo que pueda depararnos el futuro:

No tengas miedo, porque he pagado tu rescate;
    te he llamado por tu nombre; eres mío.
Cuando pases por aguas profundas,
    yo estaré contigo.
Cuando pases por ríos de dificultad,
    no te ahogarás.
Cuando pases por el fuego de la opresión,
    no te quemarás;
    las llamas no te consumirán.
Pues yo soy el Señor, tu Dios,
    el Santo de Israel, tu Salvador.

ISAÍAS 43:1-3

Capítulo 5

LA BESTIA

Daniel 4:1-37

Ániku, un niño de doce años, estaba sentado en la pradera iluminada por la luna, cuidando a las ovejas mientras dormían. Esta era una noche muy importante para él: era la primera vez que su padre le había confiado el cuidado de las ovejas durante la noche. Había muy poco peligro, debido a que su aldea no estaba lejos de las poderosas murallas de Babilonia y los depredadores en raras ocasiones se aventuraban a acercarse a sus tierras de pastoreo.

El turno de Ániku estaba por terminar, y su padre pronto lo reemplazaría. Pero él no estaba apurado. Le encantaba escuchar el canto de los grillos y el croar de las ranas en el arroyo cercano. Miró detenidamente el contorno de Babilonia contra el cielo iluminado por las estrellas. Había escuchado cuentos sobre su suntuosidad, y tal vez algún día... *Un momento, ¿qué fue ese ruido?* Algo saltó en el arroyo a unos cincuenta pasos de distancia. Ániku se puso de pie, colocó una flecha en su arco y caminó agachado hacia el tupido matorral que cubría el costado del arroyo.

Algo seguía salpicando en el agua mientras Ániku se acercaba agachado. Llegó al matorral y miró; el corazón le latía violentamente. Una criatura grande y peluda estaba encorvada en el arroyo, luchando con algo en el agua. De repente, la criatura se paró, apretando entre sus garras a un pez que aleteaba.

Ániku dio un paso hacia atrás, conteniendo la respiración en su garganta. La criatura se dio vuelta hacia el ruido; sus ojos salvajes miraban fijamente a través de una maraña de cabello y su barba colgaba como musgo sobre su rostro y sus hombros. Sus manos parecían humanas, excepto por las garras de varios centímetros de largo que sobresalían de la punta de sus dedos.

La boca de la criatura se abrió, emitiendo un rugido gutural. Ániku quedó paralizado de terror. Pero de repente la criatura dio la vuelta y se fue, dando grandes zancadas con sus cuatro patas y desapareciendo en el bosque.

Ániku regresó corriendo hacia donde estaban las ovejas, tan rápidamente como sus piernas temblorosas se lo permitían. Cuando su padre llegó, el niño le contó con voz trémula acerca del monstruo:

—Nunca vi nada parecido, padre. Era como un lobo, pero también se asemejaba un poco a un hombre. Sé que parece una locura, pero...

—Te creo, hijo. Escuché el rugido. Y los vecinos han contado una historia similar. Creen que es una clase de demonio o un espíritu del desierto. No lo reportarán ante el juez de la aldea porque piensan que quedarán como tontos. Pero es el momento. Mañana presentaré un informe.

* * *

Arioc, ahora el comandante en jefe del ejército de Babilonia, entró a la habitación de Daniel en el palacio de Nabucodonosor. Los dos hombres habían sido amigos por años, y el general no necesitaba esperar una invitación para sentarse en su silla de costumbre frente al primer ministro del imperio.

—Hemos encontrado al hombre salvaje que nos pediste que buscáramos —dijo—. Mis hombres investigaron el informe de un pastor cuyo hijo vio a la criatura en sus pastizales.

Daniel puso a un costado su pluma.

—¿Qué han hecho con él?

—Los soldados siguieron tus instrucciones. Lo capturaron sin hacerle daño, usando redes. Ahora está encerrado en una habitación del cuartel. Lo estamos tratando bien, como solicitaste, pero ha enloquecido por causa del encierro. Aúlla y camina constantemente. No usa la ropa ni come la comida que le damos.

—No sobrevivirá en cautiverio —dijo Daniel—. Preparé un lugar seguro para él, y pueden llevarlo allí mañana.

—Aquí está pasando algo extraño. —Arioc miró seriamente a su amigo—. ¿Quién es este loco a quien insistes en tratar como a un rey?

—*Es* el rey —respondió Daniel.

El general miró fijamente al primer ministro con incredulidad.

—¿Quieres decir que tengo al mismísimo Nabucodonosor encerrado en mi prisión?

—Sí. Te lo explicaré todo —dijo Daniel—. Necesito tu ayuda.

Daniel le pidió a uno de los sirvientes que le trajera pan, fruta y agua. Canceló todos sus compromisos y comenzó a relatarle toda la historia a Arioc.

Comenzó con un incidente que había ocurrido tres años atrás, cuando el rey Nabucodonosor convocó a todos sus gobernadores y principales administradores a Babilonia a una conferencia. Su propósito real, sin embargo, era impresionarlos con la magnificencia de la ciudad que él había convertido en una de las maravillas del mundo. Tuvieron pocas reuniones para tratar temas relacionados con política y administración, y las que hubo fueron breves. El resto del tiempo estaban ocupados con banquetes opulentos y paseos por Babilonia.

Nabucodonosor mismo guió los paseos, encabezando una caravana esplendorosa de carruajes dorados. Hizo alarde de los cincuenta templos de los dioses de Babilonia que él había restaurado. Luego cruzaron su magnífico puente, que atravesaba el río Éufrates, y regresaron por un túnel pavimentado que corría por debajo. Condujeron sus carros sobre las murallas de la encumbrada ciudad de Babilonia y desfilaron a través de la puerta abovedada de Istar, adornada con dragones y uros en bajorrelieve enchapados en oro.

En el momento culminante del paseo, Nabucodonosor contó la historia de su esposa Amitis, la hija del rey de Media, Ciáxares. Al poco tiempo de haberse casado, su esposa extrañó los frondosos bosques de Media.

—Como remedio —Nabucodonosor dijo—, le construí una montaña de jardines. Vengan y vean.

Sus invitados se quedaron atónitos ante la visión de las terrazas florales de varios niveles, las galerías, las escaleras y los pórticos con columnas de mármol. Uno de los maravillados gobernadores dijo:

—Pareciera que los jardines estuvieran suspendidos del cielo.

Cuando sus invitados se habían ido, Nabucodonosor invitó a Daniel a comer con él en privado. Estaba radiante porque lo habían colmado de adulación durante la conferencia.

—Beltsasar —dijo—, tú eres mi único amigo verdadero. Todos los demás simplemente me halagan. Pero tú siempre has sido sincero conmigo, aun cuando no estés de acuerdo: algo que nadie más se atreve a hacer. Yo sé que puedo confiar en que siempre me dirás la verdad.

—Gracias, mi rey.

—Por lo tanto, dime: ¿cómo crees que reaccionaron mis invitados ante mis logros?

—Parecían muy impresionados.

—¿Y tú, Beltsasar? Estabas notablemente callado durante los paseos. ¿Qué piensas de mis logros?

—Sin lugar a dudas, Babilonia es una ciudad hermosa y majestuosa, mi rey. Pero debo recordarle sobre la visión que Dios le dio hace casi dos décadas. La cabeza de oro caerá. Babilonia no durará mucho después de que usted ya no esté.

—Oh, Beltsasar, ¿por qué buscas refrenar mi felicidad de esa manera? ¿Por qué no te regocijas con mi gloria?

—Porque temo por usted. Su orgullo ha crecido tanto que podría derribarlo con su peso. Todo su poder y su gloria vienen del Dios del cielo. Cuando usted se proclama como el autor de todo, su caída está prácticamente asegurada.

Durante el resto de la comida, Nabucodonosor dijo muy poco. Despidió a Daniel temprano, y no pasó mucho tiempo antes de que el rey dejara de convocar a Daniel para charlar con él y pedirle consejo como solía hacerlo.

* * *

—¡Malik! ¡Malik! Despierte. —El chambelán del nuevo jefe de astrólogos sacudió los hombros de su amo.

—¿Qué quieres? —dijo Malik bruscamente, entrecerrando los ojos ante el resplandor de la lámpara.

—El rey lo ha llamado. Quiere que toda la facultad de astrólogos, consejeros y magos se presente ante él de inmediato.

Malik saltó de la cama, y dentro de una hora, él y sus colegas estaban parados ante la puerta de la sala del trono, esperando que los escoltaran adentro. Miró a su alrededor y, al no ver a Daniel, se regodeó por dentro. *¡Ja! No lo invitaron. Al fin, mi estrella sube mientras la suya cae.*

Malik y los otros entraron a la sala y, luego de postrarse, Malik se dirigió al rey:

—Mi glorioso soberano, estamos profundamente honrados de que nos diera otra oportunidad para...

—Deja de balbucear —el rey lo interrumpió—. Tuve un sueño tan claro que sé que viene de los dioses. Quiero que me digan el significado.

Malik tenía el corazón en la boca. Recordó que la última vez que lo llamaron a interpretar el sueño del rey casi hubo un desastre.

—Estamos ansiosos por servir a nuestro rey si al rey le complace contarnos el sueño.

—Estaba parado en la llanura de Dura —dijo Nabucodonosor—, cuando una ramita viva brotó de la tierra delante de mí. Creció y le brotaron ramas hasta que se transformó en un arbusto floreciente. Disparó hacia arriba, le crecieron ramas nuevas y las hojas verdes más brillantes que jamás haya visto. Rápidamente, penetró en las nubes y tocó el techo de los cielos. Estaba cargado de abundantes frutos; suficiente como para alimentar al mundo. Bandadas de aves se asentaban en sus ramas, y las bestias descansaban a su sombra.

»Luego vi a un ser santo que descendía del cielo, gritando: "Talen el árbol, corten sus ramas, arranquen sus hojas y desparramen sus frutos. Pero dejen el tronco para que se moje con el rocío, y átenlo con hierro y bronce".

»Desde ese momento, el ángel comenzó a hablar del árbol como si fuera una persona que cambiará de hombre a bestia y que por siete años comerá pasto como un buey en el campo. Al final, conocerá al Dios Altísimo que gobierna los reinos de los hombres.

»Ese es el sueño, ahora díganme qué significa.

Los astrólogos se postraron y se retiraron a deliberar. Media hora más tarde, regresaron, y Malik anunció que los dioses les habían contado el significado del sueño.

—El árbol con muchas hojas, oh grandioso rey, representa a todas las naciones de nuestro mundo, con riquezas tan abundantes como los frutos del árbol. Sin embargo, ninguna es tan rica y fuerte como usted, oh poderoso rey, porque es usted quien las somete. Ese es el significado de la tala del árbol. El tronco atado con hierro significa que usted ha sometido a esas naciones bajo su autoridad. El ser celestial es nuestro dios Merodac, quien le dice que el hombre que se convierte en bestia representa al pueblo de estas tierras, el cual ahora es como su ganado, sometido a su voluntad y poder.

El rey fulminó con la mirada a Malik; su rostro estaba oscurecido de ira.

—¡Ustedes son un montón de aduladores estúpidos! Cualquier sirvienta podría inventar una mentira mejor. Ya he escuchado lo suficiente sobre el futuro de las naciones como para saber que están hablando tonterías. ¡Fuera! ¡Todos ustedes! Chambelán, llama a Beltsasar.

La sala quedó vacía rápidamente, y en unos minutos, Daniel estaba solo delante del rey. Nabucodonosor le relató el sueño y la falsa interpretación de los astrólogos.

—Confío en ti, Beltsasar. Tienes el Espíritu de tu Dios, y sé que él te dará el significado del sueño.

Daniel permaneció callado, mirando al piso.

Después de un rato, el rey dijo:

—Me doy cuenta por tu silencio que tal vez la interpretación no me guste. Si quisiera sentirme conforme, habría creído la mentira de Malik. Quiero la verdad, y sé que la dirás a pesar de lo desagradable que sea.

Los ojos de Daniel se llenaron de lágrimas.

—Mi rey, quisiera que la interpretación de su sueño fuera para sus enemigos, no para usted. Pero debo decirle lo que mi Dios me reveló. El árbol es usted. Usted ha crecido hasta que su grandeza ha llegado a los cielos y su dominio se ha extendido hasta los confines de la tierra. Pero el orgullo ha corrompido la esencia de su ser, y debe ser cortado como un árbol muerto, hermoso por fuera pero vacío por dentro. Por siete años se volverá menos que un hombre: una bestia sin razón ni habla, que comerá pasto en el campo. El tronco atado con hierro y bronce significa que usted será resguardado y que su reino permanecerá intacto hasta que regrese. Luego, usted reconocerá que el Dios Altísimo gobierna los reinos de los hombres, que pone y quita gobernantes conforme a su voluntad.

Nabucodonosor respiró profundamente.

—Lo que tenga que ser, será. No hay nada que pueda hacer al respecto.

—Tal vez sí hay algo que puede hacer —respondió Daniel—. Es posible que este sueño sea una advertencia misericordiosa de Dios. Deje de lado su orgullo ahora. Tal vez el Señor ceda y evite que usted pase por esta humillación.

Nabucodonosor asintió con la cabeza lentamente.

—Tendré en cuenta lo que dices.

* * *

Durante el año siguiente, todo parecía marchar bien con Nabucodonosor y el reino. Pero hubo un día en que Daniel tenía la necesidad de hacerle una consulta al rey. Buscó en todo el palacio, preguntándoles a los sirvientes si habían visto al monarca. Finalmente, uno dijo:

—Mire en la sala de los escribas. Últimamente ha pasado muchas horas allí cada día.

Daniel ingresó a la sala y se quedó sin palabras ante la escena que vio. Nabucodonosor estaba sentado en una silla que se elevaba por encima de aproximadamente cincuenta escribas; todos estaban frente a él con plumas en las manos y los rollos abiertos delante de ellos. Escribían diligentemente mientras el rey les dictaba:

—Y en el duodécimo año de mi reinado, luego de que convertí a mi ciudad capital en la primera maravilla del mundo, me construí un palacio de tal majestuosidad que supera la imaginación de los reyes de la tierra. Las paredes, las habitaciones, los pisos y los cielorrasos están hechos de cedro, bronce, oro, plata y piedras preciosas y raras. Es la envidia de...

—¡Mi rey! —interrumpió Daniel—. ¿Qué está haciendo?

Nabucodonosor se volteó sorprendido.

—Oh, Beltsasar... solamente estaba, bueno... debido a que, como me dijiste, que mi reino será reemplazado por reinos inferiores, estoy dictando las crónicas de mi reino para que las generaciones futuras sepan de mis maravillas.

Daniel sacudió la cabeza con tristeza.

—Mi amado rey, no supo prestar atención a la advertencia de Dios. Su destrucción está sobre usted.

—Seguramente mis logros me dan el derecho a hacer esto —replicó Nabucodonosor. Salió con Daniel de la habitación; lo llevó por los pasillos hasta llegar a la terraza, donde extendió su brazo ampliamente sobre la ciudad—. ¿No es esta la gran Babilonia, la cual construí como morada real mediante mi poder y para el honor de mi majestad?

Mientras hablaba, una gran voz vino del cielo, resonando en las paredes del palacio.

—¡Rey Nabucodonosor, ahora el reino te ha sido quitado!

En ese mismo instante, las palabras del rey se volvieron nada más que una serie de gruñidos y rugidos confusos. Miró a Daniel con ojos salvajes y cayó al piso, retorciéndose y aullando mientras se arrancaba la ropa con manos como garras. Una vez que quedó desnudo, se levantó en cuatro patas y saltó por encima de la barandilla del balcón.

Daniel miró horrorizado mientras Nabucodonosor se precipitaba a la fuente ubicada dos pisos abajo. Trepó sobre el borde y cayó al canal que finalmente lo arrastraría al río Éufrates.

* * *

—Allí pasaste a formar parte de la historia, Arioc. —Daniel miró a través de la mesa al general—. Quise decírtelo inmediatamente, pero estuviste en el frente egipcio durante casi un año. No confiaba en nadie más; por lo tanto, guardé el secreto. Apenas regresaste, te envié a buscarlo.

—¡Qué sorprendente historia! —dijo Arioc—. ¿Qué sugieres que hagamos ahora?

—¿Conoces el campo abandonado ubicado como a un kilómetro de la ciudad, en donde los sacerdotes solían mantener a los toros para el sacrificio?

—¿El que tiene tres de sus lados cercados con vallas de hierro y el cuarto con un muro completamente vertical? Ha sido utilizado para apacentar algunos bueyes y burros desde que Nabucodonosor construyó el nuevo templo para Merodac.

—Ese mismo —respondió Daniel—. Suelta al rey en ese campo. Establece una guardia para asegurar que nadie entre. Encárgate de que le coloquen comida de la cocina del rey entre las cercas todos los días. Tal vez él decida no comerla, pero nos aseguraremos que nunca le falte. Y coloca mantas cálidas en la cueva que encontrarás junto al muro de roca.

—¿Cómo has tratado el tema de la ausencia del rey? —preguntó Arioc—. Seguramente las personas se han preguntado dónde está. Los nobles ambiciosos y los reyes enemigos podrían aprovecharse de la situación fácilmente.

—Les he dicho honestamente a los suplicantes y administradores que el rey está temporalmente indispuesto y aislado. Tengo su anillo grabado y la autoridad para usarlo; esa es la razón por la que las provincias no han visto interrupción en el gobierno. Pero el pueblo está comenzando a hacer preguntas; por lo tanto, me alegro de que hayas regresado. Juntos debemos cuidar el trono para el rey.

—Aumentaré la guardia del palacio para evitar posibles golpes de estado, y fortificaré la presencia del ejército en las capitales del imperio —dijo Arioc.

Daniel mismo iba a diario al campo donde mantenían a Nabucodonosor. En raras ocasiones veía al rey, pero cuando lo hacía, le pedía que se acercara. Todas las veces, el hombre salvaje simplemente corría de prisa hasta los matorrales.

* * *

Daniel estaba en una reunión con Arioc cuando un sirviente anunció que Malik pedía una audiencia con él.

—Ve a la habitación de al lado y espera —dijo Daniel a Arioc—. Pero deja la puerta entreabierta, y mantén tus oídos abiertos.

Entonces Daniel recibió a Malik y le preguntó el propósito de su visita.

El jefe de los astrólogos apuntó al primer ministro con un dedo acusador.

—Daniel, has estado escondiéndole algo al reino. Me enteré por boca de unos informantes del palacio que hace más de dos años que nadie entra a la habitación del rey Nabucodonosor. Es obvio que no está en el palacio.

—¿Dónde piensas que está? —Daniel temía que Malik se hubiera enterado del paradero del rey.

—Ambos sabemos dónde está Nabucodonosor —dijo Malik—. Hace como dos años, un sirviente escuchó un grito que provenía de la terraza y un fuerte golpe en el agua de la fuente de abajo. Nadie ha visto a Nabucodonosor desde entonces. Es evidente que lo asesinaste, arrojaste su cuerpo a la fuente para que fuera arrastrado al Éufrates y asumiste el gobierno del imperio.

—Si eso es lo que crees, ¿qué sugieres que hagamos?

—Pues, como súbdito leal al rey, debo denunciar tu crimen.

—¿No existe manera de prevenir esto?

Malik se levantó de su silla y caminó hacia Daniel con un destello en sus ojos.

—Comparte el reino conmigo, y nadie sabrá jamás lo que hiciste. El Imperio babilónico es inmenso. Podemos dividirlo entre los dos y ambos ser grandes reyes.

—Estoy seguro de que podría confiar en que nunca usarías tu secreto oculto para robarme la mitad del imperio que me corresponde.

—¡Por supuesto! —Malik extendió sus manos con un gesto de magnificencia—. ¿Por qué tendría que ser tan codicioso? La mitad de un imperio es suficiente.

—Debido a que deseas un reino, te daré uno —dijo Daniel—. Arioc, entra por favor.

Arioc entró por la puerta del costado.

—Arresta a este hombre por alta traición contra el rey de Babilonia. Él quiere un reino. Dale la celda de una prisión para que gobierne hasta que el rey regrese.

* * *

Nabucodonosor abrió sus ojos a la luz de la mañana y llamó a un sirviente. Cuando nadie vino, se sentó y miró a su alrededor.

—¿Dónde estoy? —balbuceó. Su cama era una manta cubierta de lodo estirada sobre el piso de tierra. Parecía que estaba adentro de una cueva. Al principio pensó que estaba mirando a través de una cortina andrajosa, pero pronto se dio cuenta de que era su propio cabello apelmazado. Levantó la mano para apartar el cabello de su rostro, e hizo una mueca de dolor cuando sus uñas como garras le rasparon la frente.

Desconcertado, se puso de pie y echó un vistazo afuera de la cueva. De repente, se acordó de todo. El Dios de Daniel lo había derrumbado, tal como dijo que haría.

—Pero no me mató —dijo, maravillado—. Le debe interesar mi vida, o ni siquiera se habría preocupado por preparar una disciplina tan elaborada como esta.

Nabucodonosor enrolló la manta alrededor de su cuerpo desnudo y salió caminando hacia el campo. Vio que lo miraba una figura parada afuera de la valla.

—¡Daniel! —gritó mientras corría hacia él—. Mi amigo, ¡volví! Recuperé la cordura. ¡Alabado sea tu Dios!

Daniel se llenó de gozo por la recuperación del rey; lo llevó discretamente a su propia casa. Durante el día, los sirvientes lo bañaron, le cepillaron el cabello y le pulieron las uñas, lo vistieron con ropas elegantes y lo alimentaron con alimentos nutritivos.

A la mañana siguiente, Daniel llevó al rey al palacio, donde él y Arioc le contaron sobre todos los eventos importantes que habían tenido lugar durante los últimos siete años.

—Estoy asombrado de que mi reino todavía esté intacto —respondió Nabucodonosor—. Ustedes dos serán ampliamente reconocidos. Jamás vi tanta lealtad e integridad, y les agradezco a ambos desde lo profundo de mi corazón.

El rey Nabucodonosor retomó las riendas de su gobierno. Basado en el testimonio de Daniel, envió a Malik al exilio entre los escitas, cerca del mar Negro. Daniel se reunía con el rey para aconsejarlo y asesorarlo como fuera necesario.

Algunas semanas más tarde, Daniel necesitaba hacerle una consulta al rey, pero no podía encontrarlo por ningún lado. De nuevo, un sirviente le dijo que fuera a la sala de los escribas. *¡No, no!* Pensó. *¿El rey no aprendió nada?* Se acercó a la sala con un profundo pesar.

Cuando entró, vio que sus temores se confirmaban. Nabucodonosor estaba sentado en la silla elevada, dictándoles a los cincuenta escribas que estaban delante de él.

—¡Mi rey! —clamó Daniel—. ¿Cómo puede hacer esto?

—No podía dejar mis crónicas inconclusas, ¿verdad? Un buen líder siempre debe terminar lo que comienza. Pero tuve que desechar todo lo que había escrito y comenzar de nuevo. No era lo suficientemente glorioso.

Daniel no podía hablar. Solamente movía la cabeza con desaliento.

—¿Te gustaría escuchar lo que he escrito hasta ahora? —preguntó el rey. Tomó un rollo del escriba que estaba más cerca y leyó—: Nabucodonosor el rey, a la gente de todas las razas, naciones y lenguas del mundo: ¡paz y prosperidad a todos! Quiero que todos conozcan las señales milagrosas y las maravillas que el Dios Altísimo ha realizado en mi favor. ¡Cuán grandiosas son sus señales y cuán poderosas sus maravillas! Su reino durará para siempre, y su dominio por todas las generaciones[1].

* * *

LAS ESCRITURAS DETRÁS DE LA HISTORIA

En *Mero cristianismo*, C. S. Lewis lo llama el «gran pecado»: «Hay un vicio del que ningún hombre del mundo está libre, que todos los hombres detestan cuando lo ven en los demás y del que apenas nadie, salvo los cristianos, imagina ser culpable. [...] No hay defecto que haga a un hombre más impopular, y ninguno del que seamos más inconscientes en nosotros mismos. Y cuanto más lo tenemos en nosotros mismos más nos disgusta en los demás»[2].

Lewis se refiere al orgullo. El orgullo está primero en la lista de las cosas que Dios aborrece: «Hay seis cosas que el SEÑOR odia, no, son siete las que detesta: *los ojos arrogantes*, la lengua mentirosa, las manos que matan al inocente, el corazón que trama el mal, los pies que corren a hacer lo malo, el testigo falso que respira mentiras y el que siembra discordia en una familia» (Proverbios 6:16-19, énfasis añadido).

El orgullo es una autoevaluación exagerada y deshonesta. Está presente cuando queremos que las personas crean algo acerca de nosotros aun cuando sabemos que no es verdad, o es, en el mejor de los casos, una exageración de alguna virtud que percibimos en nosotros. El orgullo busca valor, honor, importancia, reputación y relevancia no merecidos. El orgullo es una maniobra motivada por nuestro ego para esconder de nosotros mismos y de los demás la verdad sobre nuestra realidad interior. Según Marcos 7:20-23, el orgullo es un pecado que «sale del hombre» y «contamina al hombre» (LBLA).

El pecado de Nabucodonosor no era que sabía que era talentoso. Su problema era que se consideraba a sí mismo la fuente de sus talentos. Quería que todo el mundo reconociera sus habilidades, y no le daba crédito a los miles de obreros y artesanos capaces que fueron quienes realmente *construyeron* la ciudad de Babilonia, y mucho menos a Dios. Es posible ser talentoso y dotado y ser humilde a la vez (como lo fue Jesús). El pecado del orgullo levanta la cabeza cuando nos rehusamos a reconocer que todos los dones vienen solamente de Dios. El pecado del orgullo nos lleva a jactarnos, a hacer ostentación y a promovernos a nosotros mismos hasta el extremo que no nos queda ningún lugar adonde ir más que abajo.

En la literatura sapiencial de la Biblia, el orgullo es un tema frecuente. Considere estos proverbios:

- «Odio el orgullo y la arrogancia, la corrupción y el lenguaje perverso» (Proverbios 8:13).
- «El orgullo lleva a la deshonra, pero con la humildad viene la sabiduría» (Proverbios 11:2).
- «El Señor detesta a los orgullosos. Ciertamente recibirán su castigo» (Proverbios 16:5).
- «El orgullo va delante de la destrucción, y la arrogancia antes de la caída» (Proverbios 16:18).
- «Los ojos arrogantes, el corazón orgulloso, y las malas acciones, son pecado» (Proverbios 21:4).
- «El orgullo termina en humillación, mientras que la humildad trae honra» (Proverbios 29:23).

En su libro del Nuevo Testamento, Santiago resume la valoración que Dios hace del orgullo: «Dios se opone a los orgullosos pero da gracia a los humildes» (Santiago 4:6).

En toda la Biblia, no hay un mejor ejemplo del desastre que causa el orgullo en la vida de una persona que el del rey de Babilonia Nabucodonosor II en Daniel 4.

Cuando Dios terminó con él, Nabucodonosor documentó el siguiente informe: «Ahora, yo, Nabucodonosor, alabo, glorifico y doy honra al Rey del cielo. Todos sus actos son justos y verdaderos, y es capaz de humillar al soberbio» (Daniel 4:37).

Este capítulo es diferente a todos los demás de la Biblia por al menos dos razones:

1. Es un documento del estado babilónico escrito en su mayoría por el rey Nabucodonosor mismo.
2. Es un «testimonio personal» que provee un relato en primera persona de la experiencia de Nabucodonosor con Dios.

Este capítulo relata el segundo sueño del rey Nabucodonosor. Han pasado al menos dos o tres décadas desde el primer sueño registrado en las Escrituras. Un erudito coloca a este sueño «entre los años treinta y treinta y cinco del reinado de Nabucodonosor, cuando Daniel tenía entre cuarenta y cinco y cincuenta años de edad, y cuando habían pasado entre veinticinco y treinta años desde la liberación de los tres amigos del horno ardiente»[3].

A partir de nuestro estudio de los primeros capítulos de Daniel, se hace evidente que Dios ha estado lidiando con el corazón de Nabucodonosor. Esta es la tercera vez que el rey babilonio ha sido confrontado por su Hacedor.

El motivo de la historia

El rey Nabucodonosor envió el siguiente mensaje a la gente de todas las razas, naciones y lenguas del mundo: «¡Paz y prosperidad a todos! Quiero que todos conozcan las señales milagrosas y las maravillas que el Dios Altísimo ha realizado en mi favor. ¡Cuán grandiosas son sus señales y cuán poderosas sus maravillas! Su reino durará para siempre, y su dominio por todas las generaciones».

DANIEL 4:1-3

Los primeros tres versículos de Daniel 4 forman un preámbulo que nos dice que el relato que vamos a leer es un relato de Nabucodonosor mismo. El uso del pronombre personal *yo* certifica su autoría e indica que Daniel incorporó las palabras del rey al registro inspirado de este libro.

El rey declara que su testimonio tiene alcance mundial. Está dirigido a «la gente de todas las razas, naciones y lenguas del mundo» (Daniel 4:1). Es la misma fórmula que se usa en Daniel 3:29, y que se usaba comúnmente en las culturas del Cercano Oriente de esa época.

La declaración del rey también es personal. No es la historia de otra persona; es la historia de Nabucodonosor: «Quiero que todos conozcan las señales milagrosas y las maravillas que el Dios Altísimo ha realizado en mi favor» (Daniel 4:2). Es evidente que Nabucodonosor quería aprovechar esta oportunidad para explicar su ausencia misteriosa del trono por siete años. Este documento sirve a ese propósito de manera bastante efectiva.

En el versículo 3, el rey resume la actitud de su corazón hacia Dios. Esta es su actitud *después* de que acontecieron los eventos del capítulo 4. Lógicamente, estos tres primeros versículos corresponden al final del capítulo. Pero él comunica desde el principio que su corazón cambió porque ahora ve la naturaleza transitoria del reino de Babilonia a la luz del reino eterno de Dios. Acababa de perder su reino por un período de siete años, pero Dios nunca perderá su reino. Eso se debe a que el reino de Dios es eterno.

Las palabras de Nabucodonosor hacen eco de las palabras de David en el Salmo 145:13: «Pues tu reino es un reino eterno; gobiernas de generación en generación».

Nabucodonosor recibe el sueño

Yo, Nabucodonosor, vivía en mi palacio con comodidad y prosperidad. Una noche tuve un sueño que me asustó;

mientras estaba en la cama vi visiones que me aterraron.
Así que emití una orden llamando a todos los sabios
de Babilonia para que me explicaran el significado de
mi sueño. [...] Les conté el sueño, pero no pudieron
explicarme el significado. Finalmente Daniel se presentó
ante mí.

DANIEL 4:4-9

Aunque Nabucodonosor no tenía problemas en su vida privada
y tenía prosperidad en su vida real, descubrió que la seguridad
de su reino no le daba paz, y que la prosperidad personal no lo
ayudaba a dormir. Su sueño lo alteró profundamente, y respondió
llamando a los mismos sabios que con frecuencia le habían fallado
en el pasado.

Esta vez, en lugar de pedirles a sus consejeros que le describieran el sueño, el rey les dio el contenido de su sueño y simplemente
les pidió que lo interpretaran. Pero los sabios no pudieron darle a
Nabucodonosor un mensaje que le resultara satisfactorio. Incluso si
hubieran sabido la interpretación correcta, es posible que no habrían
estado dispuestos a dársela al rey. Nadie querría entregarle un mensaje de destrucción a alguien que tiene el poder para condenarlo a
muerte. Daniel era el único de los sabios del rey que no vivía con
temor al rey.

Finalmente, Nabucodonosor convocó a Daniel. La razón que
el rey tuvo para hacerlo se menciona por lo menos tres veces en
este texto: «El espíritu de los dioses santos vive en él» (Daniel
4:8 9, 18).

En los más de treinta años que se habían conocido,
Nabucodonosor había llegado a ver en Daniel la diferencia que
siempre es evidente en alguien que está lleno del Espíritu Santo.
Por lo tanto, le dijo a Daniel: «Dime ahora el significado de mi
sueño» (Daniel 4:9).

La repetición del sueño

Nabucodonosor describió su sueño a Daniel en dos secciones.

EL ÁRBOL ESPLÉNDIDO

Mientras estaba acostado en mi cama, soñé esto: vi un
enorme árbol en medio de la tierra. El árbol creció muy
alto y se hizo fuerte y se elevó hacia los cielos para que todo
el mundo lo viera. Sus hojas eran verdes y nuevas, y tenía
abundancia de fruta para que todos comieran. Los animales
salvajes vivían bajo su sombra y las aves anidaban en sus
ramas. Todo el mundo se alimentaba de ese árbol.

DANIEL 4:10-12

Como podemos ver, el sueño de Nabucodonosor presenta al árbol
con detalles específicos. Cada característica es excepcional y conlleva
pistas de relevancia profética. Según los detalles que recibe Daniel, el
árbol tenía las siguientes características:

- Estaba ubicado de manera estratégica: «en medio de la
  tierra»
- Era fuerte: «el árbol creció muy alto y se hizo fuerte»
- Llegaba hasta los cielos: «se elevó hacia los cielos»
- Lo veía todo el mundo: «para que todo el mundo lo viera»
- Era magníficamente productivo: «sus hojas eran verdes y
  nuevas, y tenía abundancia de fruta»
- Proveía alimento para todos: «para que todos comieran»
- Albergaba a los animales: «los animales salvajes vivían bajo
  su sombra»
- Sostenía a las aves: «las aves anidaban en sus ramas»

No es inusual que en la Biblia se utilice un árbol con propósitos simbólicos (2 Reyes 14:9; Salmo 1:3; 37:35; 52:8; 92:12; Ezequiel 17). Y como veremos en Daniel 4, este árbol tiene un significado importante.

EL MENSAJE DEL CIELO

«Luego mientras soñaba, vi a un mensajero, un santo que descendía del cielo. El mensajero gritó: "¡Talen el árbol y córtenle las ramas! ¡Sacúdanle las hojas y desparramen su fruta! Espanten los animales salvajes que están bajo su sombra y las aves que están en sus ramas. Pero dejen en la tierra el tocón con las raíces, sujeto con una faja de hierro y bronce y rodeado por la hierba tierna. Que lo moje el rocío del cielo, y que viva con los animales salvajes entre las plantas del campo. Durante siete períodos de tiempo que tenga la mente de un animal salvaje, en lugar de una mente humana"».

DANIEL 4:13-16

Lo siguiente que Nabucodonosor vio en su sueño fue a un mensajero que descendía del cielo. Identificó al mensajero como un vigilante, un vigilante santo. Nabucodonosor vio a este ángel en forma tangible mientras entregaba un decreto del Altísimo: el árbol debía ser cortado y solo debía quedar el tronco, el cual sería sujetado con una faja de hierro y bronce. El rocío mojaría el tronco todas las mañanas. Y luego, hay un cambio en el simbolismo que se evidencia por el uso del pronombre personal *él*; el tronco es personificado como un ser racional que perdería su capacidad de razonamiento y pastaría en el campo como un animal durante siete años.

Aunque un árbol haya sido cortado, el tronco provee la posibilidad de restauración y nueva vida. Por lo tanto, cuando Daniel le dijo a Nabucodonosor que su vida era como un árbol cortado pero con un tronco protegido por hierro y bronce, estaba pintando una realidad severa pero prometedora. El árbol cortado era una señal de juicio en el mundo antiguo, pero el tronco protegido predecía que había un futuro para ese árbol (Daniel 4:26). Fue un mensaje de juicio y restauración a la vez.

En Daniel 4:17, el ángel da la razón del fallo: «Pues esto es lo que decretaron los mensajeros; es lo que ordenan los santos, para que todos sepan que el Altísimo gobierna los reinos del mundo y los entrega a cualquiera que él elija, incluso a las personas más humildes».

La revelación del sueño

Antes de que la interpretación del sueño fuera revelada, se nos dice que Daniel estuvo agobiado «por un rato» (Daniel 4:19). No estaba agobiado en el sentido de que no conocía el significado del sueño; estaba agobiado por la naturaleza nefasta del sueño y por lo que significaba para Nabucodonosor, quien era su amigo.

El erudito del siglo XIX C. F. Keil escribió: «Debido a que Daniel entendió inmediatamente la interpretación del sueño, por un rato estuvo tan atónito que no podía hablar por los pensamientos aterradores que conmovían su alma. El asombro se apoderó de él porque deseaba el bien del rey y, sin embargo, ahora debía comunicarle un juicio severo de parte de Dios»[4].

Cuando Daniel dudó, Nabucodonosor lo animó a que hablara. Daniel respondió que deseaba que el sueño fuera para quienes aborrecían a Nabucodonosor en lugar de para Nabucodonosor mismo (Daniel 4:19).

Con su compasión por el receptor de este mensaje aterrador, Daniel les mostró el camino a los predicadores del evangelio de todo el mundo. El mensaje de juicio siempre se debe entregar con un corazón quebrantado.

Finalmente, había llegado el momento para que Daniel entregara el mensaje: «Ese árbol es usted, su majestad. Pues usted ha crecido y se ha hecho fuerte y poderoso; su esplendor llega hasta el cielo y su gobierno hasta los confines de la tierra» (Daniel 4:22).

Estas palabras se parecen a las que emitió Natán cuando confrontó a David con su pecado. Le dijo a David: «¡Tú eres ese hombre!» (2 Samuel 12:7). Desde entonces, no hubo dudas en la mente del rey Nabucodonosor en lo referente al significado de su sueño. Él era el árbol de su visión de la noche.

Daniel continuó explicándole al rey que sería destituido de su trono y que padecería de locura por un período de siete años, hasta que reconociera que Dios gobierna sobre todos los reinos humanos.

Aunque esta profecía de juicio fue rigurosa, estaba entretejida con evidencias de la misericordia de Dios:

- Dios prometió preservar la vida y el reino de Nabucodonosor durante los siete años que sufriría de locura. Como Daniel le dijo: «Sin embargo, quedaron en la tierra el tocón y las raíces del árbol. Esto significa que usted recibirá nuevamente el reino cuando haya reconocido que es el cielo el que gobierna» (Daniel 4:26).
- Este juicio fue precedido por advertencias: Dios envió a su ángel para advertir al rey. Dios siempre manda advertencias antes del juicio (Daniel 4:13).
- El juicio fue presentado con una condición. Dios le dio al rey doce meses para que se arrepintiera (Daniel 4:29).
- El juicio vino con un remedio. «Deje de pecar y haga lo correcto. Apártese de su perverso pasado y sea compasivo con los pobres. Quizá, entonces, pueda seguir prosperando» (Daniel 4:27).

Pero como sucede con frecuencia, Dios les da a las personas tiempo y gracia, y las personas usan esas misericordias para endurecer sus corazones contra Dios.

El cumplimiento del sueño

EL ORGULLO DEL REY

Sin embargo, todas estas cosas le ocurrieron al rey Nabucodonosor. Doce meses más tarde, el rey caminaba sobre la terraza del palacio real en Babilonia.

DANIEL 4:28-29

La historia del rey se reanuda un año más tarde en el palacio de Babilonia. Él estaba inspeccionando su ciudad, ¡y qué ciudad que era! Probablemente estaba caminando por el techo de su palacio. Desde esta ubicación ventajosa, podía ver toda la ciudad.

Babilonia probablemente fue la ciudad más famosa del mundo antiguo. Es posible que sus enormes murallas hayan tenido doce metros de alto y veinticuatro metros de ancho; eran tan anchas que numerosos carros podían andar uno al lado del otro sobre las murallas. La ciudad ostentaba calles anchas, más de cincuenta templos e innumerables edificios públicos. El poderoso río Éufrates fluía a través de ella, y los jardines, los bosques de palma, los huertos y las tierras de cultivo salpicaban las afueras de la ciudad, proveyendo así suficiente comida para alimentar a la ciudad entera. En todas partes había santuarios gigantescos a las deidades babilónicas. Sin embargo, el pináculo de la belleza de la ciudad deben haber sido los jardines colgantes con aire acondicionado natural que Nabucodonosor hizo construir para su nostálgica esposa.

Los jardines, recordados como una de las Siete Maravillas del Mundo, estaban plantados en terrazas escalonadas a una altura considerable. Su abundante vegetación era irrigada con agua que bombeaban del río Éufrates.

Mientras Nabucodonosor caminaba por la terraza del palacio y contemplaba el magnífico panorama de la ciudad, se llenó de orgullo, y de su corazón brotaron estas palabras llenas de vanidad: «¡Miren esta grandiosa ciudad de Babilonia! *Edifiqué* esta hermosa ciudad con *mi* gran poder para que fuera *mi* residencia real a fin de desplegar *mi* esplendor majestuoso» (Daniel 4:30, énfasis añadido).

Tenga en cuenta los pronombres personales en las palabras de Nabucodonosor. Cada sílaba destila gloria, orgullo, arrogancia y auto-glorificación. Nabucodonosor, como Lucifer (Isaías 14:12-14), estaba por aprender que «Dios se opone a los orgullosos» (Santiago 4:6).

EL CASTIGO DEL REY

> En ese mismo momento se cumplió la sentencia y
> Nabucodonosor fue expulsado de la sociedad humana.
> Comió pasto como el ganado y lo mojó el rocío del cielo.
> Vivió de esa manera hasta que el pelo le creció tan largo
> como las plumas de las águilas y las uñas como las garras
> de un ave.
>
> DANIEL 4:33

Mientras las palabras soberbias aún estaban en boca del rey, una voz vino del cielo pronunciando su sentencia. Inmediatamente, Nabucodonosor fue abatido por la locura. Su enfermedad mental se conoce como licantropía, de la palabra griega *lykos*, que significa «lobo» y la palabra *anthropos*, que significa «hombre».

La licantropía proviene de una creencia de muchos siglos atrás, la cual afirma que algunos humanos pueden transformarse en lobos y luego volver a adquirir su forma humana. Pero la licantropía clínica es el diagnóstico psiquiátrico de una persona que cree que se ha convertido en un animal no humano (no necesariamente un lobo). No hay ningún indicativo en Daniel 4 de que Nabucodonosor se convirtió en una cierta clase de animal, solo que se volvió *como* un animal salvaje en apariencia y en acciones. En todo caso, la causa de su condición mental fue el juicio de Dios, y el resultado fue la humillación de un rey orgulloso durante siete largos años.

El que había tentado a Daniel y a sus tres amigos a que comieran de la mesa real la comida prohibida ahora comía pasto como un buey.

La restauración del rey

Cuando se cumplió el tiempo, yo, Nabucodonosor, levanté los ojos al cielo. Recuperé la razón, alabé y adoré al Altísimo y di honra a aquel que vive para siempre. [...] Cuando recobré la razón, también recuperé mi honra, mi gloria y mi reino. Mis asesores y nobles me buscaron y fui restituido como cabeza de mi reino, con mayor honra que antes. Ahora, yo, Nabucodonosor, alabo, glorifico y doy honra al Rey del cielo. Todos sus actos son justos y verdaderos, y es capaz de humillar al soberbio.

DANIEL 4:34-37

Los primeros treinta y tres versículos de Daniel 4 manifiestan que Dios resiste a los soberbios, pero estos últimos cuatro versículos demuestran que él también da gracia a los humildes. Cuando el rey había cumplido con su sentencia de siete años de locura, levantó sus ojos al cielo y recobró la cordura. No pudo esperar para alabar a Dios y reconocer que él era el Rey de todos los reyes y el monarca absoluto del universo. Contó las grandes cosas que Dios había hecho por él, y una vez más, se ponen de manifiesto la misericordia y la gracia de Dios:

- Restauró la cordura del rey.
- Restituyó el trono al rey.
- Restituyó al rey a sus funcionarios y administradores.
- Protegió al reino de los usurpadores durante los siete años de ausencia del rey.
- Le añadió majestad y honor al rey.

Por muchos años, Dios había advertido a Nabucodonosor. Le había concedido el privilegio de ser testigo de la vida personal y del testimonio de Daniel por más de tres décadas. Llegó el día, sin embargo, cuando se acabó la paciencia de Dios, y él envió su juicio sobre el rey. El juicio de Dios le enseñó a Nabucodonosor una lección que verdaderamente necesitaba aprender, como podemos ver en sus últimas palabras registradas: «y es capaz de humillar al soberbio» (Daniel 4:37).

La soberanía de Dios sobre los asuntos de los seres humanos es una de las lecciones más importantes que podemos extraer de este capítulo. Ese mensaje se declara abiertamente cinco veces en nuestro texto:

- «El Altísimo gobierna los reinos del mundo y los entrega a cualquiera que él elija, incluso a las personas más humildes» (Daniel 4:17).
- «El Altísimo gobierna los reinos del mundo y los entrega a cualquiera que él elija» (Daniel 4:25).
- «Esto significa que usted recibirá nuevamente el reino cuando haya reconocido que es el cielo el que gobierna» (Daniel 4:26).
- «El Altísimo gobierna los reinos del mundo y los entrega a cualquiera que él elija» (Daniel 4:32).
- «Recuperé la razón, alabé y adoré al Altísimo y di honra a aquel que vive para siempre. Su dominio es perpetuo, y eterno es su reino» (Daniel 4:34).

Charles W. Colson era un asistente político cercano al presidente estadounidense Richard Nixon. En esa época, era un hombre impío y orgulloso que ejercía enorme poder como encargado de los trabajos difíciles de la administración de Nixon. Se decía que «Colson pisotearía a su propia abuela si fuera necesario»[5]. En una ocasión, él instigó un plan para armar a doscientos trabajadores del sindicato con barras de acero para construcción para que atacaran a los estudiantes en una manifestación. Sugirió bombardear la Institución Brookings para robar documentos políticos incriminatorios en la confusión que generaría.

Luego del escándalo de Watergate que destruyó la presidencia de Nixon, Colson fue sentenciado a prisión como uno de los conspiradores del encubrimiento.

Mientras Colson estaba preso, un amigo le regaló una copia de *Mero cristianismo* por C. S. Lewis. Después de leer el libro, Colson se convirtió a Cristo, y su vida cambió radicalmente. Cuando salió de la cárcel, se convirtió en uno de los líderes cristianos más dedicados, dinámicos y efectivos en los Estados Unidos. Fundó numerosas organizaciones evangelistas y de servicio, tales como Prison Fellowship Ministries (Ministerios de comunión carcelarios), Chuck Colson Center for Christian Worldview (Centro Chuck Colson para cosmovisión cristiana) y el programa radial diario *BreakPoint* (La hora decisiva). Fue un orador público frecuente sobre el tema de la cosmovisión cristiana, y escribió treinta libros e innumerables artículos sobre ese tema antes de su muerte en el año 2012.

Charles Colson aprendió las mismas lecciones que el rey Nabucodonosor: el orgullo precede a la caída; Dios gobierna todos los reinos de la tierra; él tiene misericordia y su gracia es abundante para los caídos.

Al despedirnos del rey pagano más importante de la Biblia, lo hacemos con este resumen del Dr. Graham Scroggie: «Aquí dejamos a Nabucodonosor. ¿Cómo se despide él de nosotros? No solamente como un hombre cabal, sino también como un hombre converso. Lo último que se registra de él es la humilde confesión pública que hizo, y el noble testimonio al Dios verdadero. [...] Con la restauración de su cordura y de su reino llegó la regeneración de su alma. No hay nada más sublime en este libro que este testimonio de Nabucodonosor. La luz llegó a él al anochecer, y él trasformó su trono en un púlpito y sus papeles de estado en sermones»[6].

* * *

DANIEL HOY

¡Ninguna enfermedad se propaga tan rápido como la «enfermedad del yo»! En Daniel 4, vemos dos hombres con valores contrastantes. El rey Nabucodonosor estaba obsesionado con una persona: consigo mismo. Daniel, por el contrario, estaba más preocupado por su rey que por sí mismo. Cuando llegamos al final del capítulo, el orgulloso había sido humillado, y el humilde había sido exaltado. No podemos perdernos las lecciones.

1. Sea humilde de corazón. Reconozca a Cristo como el Señor de sus afectos. Cuando él esté entronado en el centro de su corazón, lo ayudará a mantenerse bajo control. La humildad no es pensar menos de usted; es pensar menos en usted. Romanos 12:3 nos dice que no nos creamos mejores de lo que realmente somos, sino que seamos «realistas» al evaluarnos. Todos tenemos fortalezas por las cuales ser agradecidos, debilidades por las cuales arrepentirnos y dones diseñados para hacernos útiles. Dele el primer lugar a Cristo, y no piense de sí mismo que es más de lo que es. Manténgase centrado en él.

2. Sea humilde en sus obras. Haga un hábito del servicio a los demás. La mejor manera de desarrollar la humildad es poniendo a los demás primero y haciendo lo que sea necesario para satisfacer sus necesidades silenciosamente. La Biblia dice: «No sean egoístas; no traten de impresionar a nadie. Sean humildes, es decir, considerando a los demás como mejores que ustedes. No se ocupen solo de sus propios intereses, sino también procuren interesarse en los demás» (Filipenses 2:3-4). Encuentre una manera callada de ayudar a alguien hoy.

3. Sea humilde en sus palabras. En las conversaciones, dele la palabra a la otra persona. En lugar de hablar demasiado acerca de su viaje, su enfermedad, su trabajo o su familia, interésese por la otra persona. Aprenda a escuchar. Comprométase a orar por lo que le cuentan los demás.

Si Nabucodonosor hubiera sido humilde de corazón, en obras y en palabras, no habría contraído la «enfermedad del yo». Recuperarse le costó siete largos años. Humillémonos delante del Señor hoy y seamos como Daniel. Cualquier otra cosa es locura.

Capítulo 6

LOS DEDOS DE DIOS

Daniel 5:1-31

LA IMPONENTE FIGURA de Ciro cruzaba lentamente el campo de batalla; su caballo marchaba entre los cuerpos desparramados en el campo como muñecas rotas. Siete de sus generales se agrupaban a su alrededor. Se volvió a Gobrias, su segundo al mando.

—¿Han encontrado a Nabónido?

—No, mi señor. Huyó del campo de batalla con los pocos soldados que quedaron.

—No importa —respondió el gran comandante—. Fue deshonrado para siempre, no solamente por su mal liderazgo en el campo de batalla, sino también porque desatendió su gobierno. Ha estado fuera de Babilonia más de lo que ha estado presente.

—Y ahora ha perdido a la mayoría del ejército de Babilonia —dijo Gobrias—. Les ordenaré a nuestras tropas que comiencen el sitio.

—Tiene que ser un sitio corto —respondió Ciro.

—Pero ¿cómo? Teniendo en cuenta los amplios depósitos de

comida de Babilonia y el río que cruza por el medio de la ciudad, podrían mantenerse por años.

—Tengo un plan. Vengan, se los mostraré. —Ciro guió a sus generales por la orilla del Éufrates hasta que llegaron a una curva pronunciada del río, la cual no se veía desde las murallas de la ciudad porque estaba bloqueada por una pequeña colina. —Miren a la derecha —dijo—. ¿Qué ven?

—Nada más que un pantano podrido —replicó Gobrias.

—Movilicen a los hombres para que caven un canal desde el río hasta el pantano. El pantano inundará la llanura de Dura, lo cual convertirá al río en nada más que un hilo de agua desde aquí hasta Babilonia.

—¡Una estrategia brillante! —dijo Gobrias—. Secamos la provisión de agua, y se rendirán en menos de un mes.

—Haremos algo mejor que eso. —Una sonrisa enigmática cruzó el rostro de Ciro. Hizo girar a su caballo y cabalgó hacia donde estaba su ejército.

*　*　*

La reina madre estaba parada en un balcón del palacio desde el cual se veía al ejército persa acampado muy cerca de las murallas de la ciudad. Sumida en sus pensamientos, casi ni se dio cuenta cuando Naram, el sumo sacerdote de Bel, caminó hacia donde estaba ella, y se inclinó.

—Es una visión verdaderamente desconcertante, mi reina —dijo el sacerdote—. Su difunto esposo nunca hubiera permitido que la gloriosa ciudad de Babilonia fuera humillada de esta manera.

—Indudablemente no —respondió ella—. Nabucodonosor se habría enfrentado al ejército de Ciro en algún campo de batalla estratégicamente escogido mucho antes de que hubiera llegado a la puerta de la ciudad. ¿Qué necesitas, Naram?

—Tenía una audiencia con el rey a la hora décima. Mientras lo esperaba, he estado deambulando por el vestíbulo.

—¿Quieres decir que todavía no se ha levantado? Ya es más del mediodía. Nunca entenderé por qué Nabónido nombró a su hijo borracho y holgazán gobernante en su lugar. Espera aquí. Hablaré con su chambelán. —La reina Alítum se retiró dando grandes pasos, con la mandíbula apretada y los ojos echando fuego.

El chambelán del rey se rehusó a despertarlo.

—Lo desperté una vez —dijo—, y me gané diez latigazos. Me juró que la próxima vez me tiraría por encima de la muralla.

Sin dudarlo, Alítum tomó una jarra de plata de la mesa, derramó el vino en el piso y golpeó la jarra contra la puerta del rey varias veces.

—¡Chambelán, canalla! —una voz rugió desde adentro—. Ya sabes que no...

—No soy su chambelán; soy la reina Alítum. Levántese ya de su cama y descienda a la sala del trono. El sumo sacerdote de Bel ha estado esperando tres horas. Es un mal augurio insultar a los siervos de los dioses.

Varios minutos después, Belsasar salió tambaleándose, con el rostro hinchado y los ojos inyectados en sangre. Alítum era una mujer con una fuerte personalidad, y él le había tenido miedo desde niño: un temor del cual no podía deshacerse ni siquiera ahora que era el rey. Era una viuda de Nabucodonosor, mientras que su propia madre había sido una de las esposas del rey Nabónido.

Belsasar pidió una copa de vino a gritos. Los sirvientes llegaron y le peinaron el cabello y la barba mientras él vaciaba la copa y exigía otra. Luego de comer una comida lujosa, trabajosamente se dirigió a la sala del trono.

Su primer ministro, Urak, ya se encontraba en la sala cuando Belsasar entró y se sentó en el trono. Naram entró a la sala y se paró delante del rey.

—¡Oh gran rey!, vine a escuchar sus deseos para el banquete anual de Bel que ya se aproxima.

—Mi deseo es evitarlo completamente —replicó Belsasar—.

Aborrezco los banquetes religiosos. A las mujeres no se les permite asistir, y al rey no se le permite beber. Ve y planea tu banquete como desees. Yo no iré a la celebración.

El sacerdote lo miró con frialdad.

—Si el rey no asistiera al banquete, sería una ofensa muy grave a Bel. ¿Debo recordarle que su propio nombre significa «Bel proteja al rey»? Estoy seguro de que usted no quiere arriesgarse a perder la protección de Bel.

Belsasar tensó la mandíbula.

—Si eso es una amenaza...

—Mi señor, escúcheme. —Urak se puso de pie con rapidez—. ¿Puedo proponer un acuerdo que podría satisfacer ambas necesidades? Asista al banquete de Bel, mi rey, conforme al deseo del sacerdote. Y Naram, lo único que necesitas hacer es cambiar un poco el protocolo. Invita a las mujeres, y permite que el rey beba su vino.

—¡Una solución excelente! —exclamó Belsasar—. Haz conforme a lo que propone Urak, y asistiré a tu fiesta.

—¡Imposible! Un sacrilegio como ese ofendería a Bel y desafiaría nuestra tradición.

—¡Tradición! —resopló Belsasar—. Esa es simplemente otra palabra para referirse a los surcos que obligan a los carros a ir por donde han ido otros carros. Es tiempo de nuevos caminos, de nuevas maneras de hacer las cosas y de nuevas ideas.

—Tal vez podamos convencer a Bel de que no sea tan reticente a las nuevas ideas —dijo Urak—. ¿Qué pasaría si el rey les demostrara a los devotos que Bel es superior a los otros dioses?

—¿Qué es lo que estás proponiendo?

—En su tesoro, el rey tiene los candelabros, el mobiliario, las copas, los tazones de oro y otros objetos preciosos que el rey Nabucodonosor tomó del templo de Yahveh de Jerusalén. ¿Qué les parecería si expusiéramos esos objetos en el banquete y bebiéramos en honor a Bel en los contenedores sagrados de oro del Dios vencido?

Una pequeña sonrisa se dibujó en la comisura de los labios del sacerdote.

—Ese sin duda sería un gesto grandioso, mi señor. Y haría mucho para aplacar la ira de Bel. Pero para que él esté completamente tranquilo, tendría que presentar esos tesoros como una ofrenda para su templo.

—Le daré a Bel la décima parte —dijo Belsasar.

—La mitad —argumentó el sacerdote.

Belsasar se mantuvo firme en un cuarto, y el sacerdote dejó la sala, ansioso por preparar un banquete para mil nobles, más los funcionarios del gobierno y las mujeres, en donde el vino correría libremente en la mesa del rey.

Esa noche, Belsasar cenó con su círculo habitual de nobles. Luego de saturarse con cerdo y vino, comenzó a hacer alarde acerca del buen acuerdo que había hecho con Naram.

—No solamente asistirán las mujeres al banquete, sino que en el momento culminante de la celebración, beberé de los tazones de oro tomados del templo de Jerusalén.

El color desapareció del rostro de Alítum.

—No lo haga, Belsasar —su voz sonaba apremiante—. El Dios de los hebreos tiene un poder del cual usted no sabe nada. El rey Nabucodonosor lo desafió varias veces antes de que finalmente lo reconociera como el único Dios verdadero. No cometa el mismo error. Deje los tesoros de Yahveh a salvo en su bóveda.

—Oh, Alítum, tomas la religión con demasiada seriedad. Nabucodonosor se volvió aficionado de Yahveh, mi hermana es una sacerdotisa del dios de la luna y tú sirves a Bel, pero temes a Yahveh. No creo que realmente pienses que esos dioses tengan algún poder real.

—¿Usted no cree en ningún dios?

—¡Por supuesto que creo! —Belsasar levantó su copa y bebió hasta vaciarla; se limpió lo que chorreaba de su boca, y distraídamente acarició a la joven sirvienta que le llenaba de nuevo la copa—. Creo en el dios del placer. Piénsalo: todos moriremos, y ¿quién sabe lo que hay más allá de la tumba? Por lo tanto, la única cosa que tiene sentido es saturar de placer cada día y cada noche. ¿Para qué preocuparse por otra cosa que no sea satisfacer tus deseos? El placer, las riquezas y el poder son las únicas realidades. Las riquezas tienen sentido solamente porque pueden comprar placer, y el poder solamente porque puede coaccionarlo.

Alítum sintió un escalofrió de temor que le caló hasta los huesos. Terminó de comer en silencio y regresó a su habitación. Una vez allí, se hizo un juramento solemne: no asistiría al banquete.

* * *

Llegó la semana de la ceremonia anual para Bel. Era un tiempo de celebración para todos los niveles de la sociedad de Babilonia. Los días estaban marcados por los rituales santos en los templos de los dioses; las noches estaban cargadas de fiestas en las calles. El palacio estaba abarrotado de invitados que llegaban para el gran banquete.

A medida que los invitados comenzaron a llenar el inmenso comedor, se empezó a notar claramente que habría muchas más mujeres que hombres: no solamente las esposas y las concubinas favoritas, sino también acompañantes y amantes. Todas las mesas se llenaron mucho antes de que el banquete comenzara.

A la hora señalada, Belsasar hizo una entrada impresionante, seguido por sus esposas, concubinas escogidas, el primer ministro Urak y sus seis asesores personales. Cuando se sentaron en las mesas altas ubicadas en el estrado con múltiples gradas, sonó el gong indicando que comenzaba el banquete.

Las sacerdotisas de Bel escoltaron al sumo sacerdote Naram por el pasillo hasta el centro del salón, donde él encendió el fuego del incienso en el brasero santo y recitó las palabras rituales sagradas honrando al dios babilónico.

Una vez que el sacerdote se sentó, comenzaron las celebraciones en serio. Los sirvientes ingresaban al salón a raudales, llevando bandejas llenas de carnes, quesos, frutas y otras delicias, además de jarras de vino... y más vino.

En el salón, rápidamente resonaron las carcajadas, los gritos de los comensales ebrios y el choque de las copas. No pasó mucho tiempo hasta que algunos invitados se desplomaron en la mesa o en el piso en un sopor alcohólico. El rey Belsasar vaciaba una copa tras otra y coqueteaba con sus esposas, concubinas y jóvenes sirvientas sin distinción.

Naram esperó tanto como pudo. Si no actuaba ahora, la borrachera de Belsasar le impediría cumplir su promesa. Caminó hasta la mesa del rey y le susurró algo en el oído. Belsasar asintió con la cabeza y ordenó a los sirvientes que trajeran los tesoros del templo de Jerusalén.

Trajeron primero la inmensa lámpara de oro y la colocaron arriba contra la pared a la izquierda del rey. Las siete velas estaban encendidas. Cientos de copas de oro fueron distribuidas entre la nobleza, y un tazón de oro con filigrana muy elaborada fue colocado delante del rey y lo llenaron de vino. El rey se paró tambaleante, y el chambelán hizo resonar el gong. El estruendo disminuyó, y los invitados que aún podían hacerlo giraron hacia donde estaba el rey.

El rey dijo con las palabras mal articuladas:

—Honorables invitados y funcionarios de Babilonia. De todos los dioses que han infiltrado nuestras tierras, ninguno es más repugnante que el Dios de los hebreos. Los cuentos falsos sobre sus hazañas milagrosas contaminan la literatura de todos los pueblos; sin embargo, los judíos creen que él es el único Dios. —La burla del rey terminó con un eructo que resonó en el salón.

—Pero esta noche —continuó—, les demostraremos que Bel, no Yahveh, es el dios de todos los dioses. Sus pies ahora están pisando fuertemente el cuello de Yahveh, porque Bel ha destruido el templo de Yahveh y su santa ciudad, y ha arrebatado sus tesoros sagrados de oro de sus manos débiles. Esta noche, beberemos una oblación a Bel en estas mismas vasijas.

La multitud estalló en un grito estrepitoso mientras Belsasar acercaba el tazón a sus labios y bebía profundamente.

De repente, los ojos del rey se agrandaron. El tazón cayó de sus manos y retumbó sobre la mesa. El vino chorreó por su barba, y él se derrumbó sobre su silla, mirando horrorizado hacia la pared que estaba encima de la lámpara del templo.

Todos los ojos en la sala siguieron su mirada. De repente, las mujeres chillaron y los hombres miraron boquiabiertos, petrificados. Una mano gigantesca, con forma humana pero del tamaño de un buey, estaba escribiendo con el dedo índice extendido sobre la pared revocada. La mano flotaba por la pared, desconectada de un cuerpo. Luego de escribir cuatro palabras enormes, se retiró hacia el alto cielorraso y desapareció.

—Naram, ¿qué significan esas palabras? —Belsasar le ordenó—. ¡Dime! ¿Qué significan?

—Yo... yo no sé, mi rey. No les encuentro ningún sentido.

—Urak, debes decirme lo que significan esas palabras.

—Las palabras encierran un mensaje críptico. Es ciertamente un mensaje de las estrellas.

—Entonces llama a los astrólogos —gritó el rey—. ¡Que vengan ahora!

El chambelán del rey ordenó que buscaran a los astrólogos. Pero cuando llegaron, estaban tan confundidos como Urak y el sacerdote. Belsasar estaba fuera de sí. Vociferó, insultó y amenazó. Lanzó las copas de vino e incluso arrojó el tazón de oro por encima de la mesa. Sus asesores no podían calmarlo. Un sirviente le ofreció una copa de vino, pero la apartó de un manotazo. A pedido de Urak, una joven, sonriendo prometedoramente, se acercó a Belsasar y le susurró al oído. Pero él la apartó de un empujón con una palabra obscena.

Entonces Urak llevó a un lado al chambelán del rey y le dijo:

—Ve rápidamente y llama a la reina Alítum. Ella sabe cómo hablarle.

Unos minutos después, el chambelán escoltó a Alítum a la sala. Le señaló las Escrituras y le explicó lo que había sucedido. Ella asintió, subió al estrado y miró a Belsasar con desagrado.

—¡Larga vida al rey! —Cada una de las palabras destilaba sarcasmo—. La respuesta a su dilema se encuentra en esta ciudad cerca del palacio. Su padre, Nabónido, irreflexivamente despidió al más sabio de sus consejeros. Su nombre es Daniel: un hombre de gran sabiduría y discernimiento que interpreta sueños y misterios por medio del Espíritu del Dios santo. Le aseguro que si hay hombre en la tierra capaz de decir el significado de estas palabras, será él.

El rey mandó a buscar a Daniel. Mientras los invitados esperaban que llegara, comenzaron a olvidarse de las palabras ominosas que se cernían sobre ellos, y se reanudó el desenfreno. La fiesta estaba retomando su impulso cuando un silencio total descendió repentinamente sobre la sala. Todos dirigieron la vista hacia la puerta, donde un anciano estaba parado erguido; sus ojos despedían fuego. Con pasos resueltos caminó por el pasillo, ignorando el vino derramado y los cuerpos semidesnudos y ebrios desparramados a su alrededor.

Ascendió al estrado y se detuvo frente al rey. Belsasar señaló la pared con un dedo tembloroso.

—¿Ves las palabras grabadas allí encima de la lámpara de los hebreos? Ninguno de estos inútiles las puede leer. Si tú puedes hacerlo, te haré el tercer gobernante de mi reino y te vestiré con túnicas y cadenas de oro.

—Quédese con sus recompensas —dijo Daniel—. Aun así, leeré la inscripción y le daré la interpretación. Pero primero, tengo otras palabras que usted necesita oír. Ya conoce las historias que se cuentan sobre su predecesor Nabucodonosor. Dios le dio los reinos del mundo y lo hizo un gran gobernante. Pero en lugar de honrar a Dios, él se infló de orgullo por sus logros. Por lo tanto, el Señor lo hizo descender al nivel de una bestia del campo; comía pasto y se levantaba por las mañanas mojado por el rocío.

»El rey Nabucodonosor aprendió la lección que el Señor le dio en su gracia. Reconoció que el Dios del cielo gobierna a todos los reyes y reinos de la tierra, y se humilló delante de él.

Daniel se acercó al rey y le clavó el dedo en el rostro.

—Pero usted, Belsasar, se ha negado a humillarse. Se ha postrado ante imágenes muertas de piedra, madera y plata, a las cuales neciamente llama dioses. Y esta noche, se ha atrevido a ponerse por encima del verdadero Dios del cielo, insultándolo al poner sus labios borrachos en sus vasijas santas y proclamando que él no es nada comparado con sus dioses. Por lo tanto, él ha proclamado su castigo. La mano que vio esta noche era su mensajero, y las palabras que escribió llevan su mensaje.

Daniel se volvió hacia la inscripción.

—Las palabras que ve son *Mene, Mene, Tekel, Parsin*. Esto es lo que significan: se acabó el número de días asignados a su reino. Usted ha sido pesado en la balanza y hallado insuficiente. Y su reino ha sido dividido entre los medos y los persas.

Sin ninguna reverencia y sin emitir otra palabra, Daniel se dio vuelta y descendió del estrado.

—Espera —lo llamó Belsasar. Mientras Daniel se detenía, el rey le hizo señas a Urak para que se acercara, y le habló despacio en el oído—. Por lo menos tiene que parecer que cumplo mi promesa delante de esta multitud. Dale a este hombre tu túnica externa y tu cadena de cargo. Haré que te las devuelvan mañana.

Urak se quitó su túnica y su cadena y se las puso a Daniel. El profeta ni reconoció el gesto ni se volvió hacia el rey. Por el contrario, se alejó mientras todos los ojos en la sala lo seguían. Sin perder el paso, se quitó la túnica y la dejó caer al piso y, algunos pasos después, también cayó la cadena, repiqueteando en el piso.

* * *

Mientras el drama seguía desarrollándose en el palacio, el general Gobrias estaba parado en la oscuridad a la orilla del río Éufrates no muy lejos de las murallas de Babilonia. Un batallón de soldados persas estaba de pie detrás de él, armados con espadas escondidas entre sus túnicas civiles. El estruendo de la fiesta resonaba en la pared del ancho túnel por medio del cual el río llegaba a la ciudad.

La entrada estaba bien protegida por una compuerta de rejas de hierro sólido que generalmente descendía profundamente en el río. Pero esta noche, sus barras más bajas estaban suspendidas a como un metro por encima del agua, la cual ahora fluía hacia la ciudad a una profundidad de no más de sesenta centímetros. Ciro dio la señal, y el general Gobrias y su tropa entraron al río y caminaron a través del túnel.

Ninguno de los ebrios babilonios que llenaban las calles se dio cuenta cuando los invasores salieron del río y se mezclaron con ellos, encubriendo su misión dando hurras y gritos como los alegres celebrantes. Comenzaron a matar a los hombres y a las mujeres que encontraban en su camino, abriéndose paso hacia el palacio y dejando detrás un rastro de sangre y cuerpos.

Muy pronto, los sonidos de la parranda se tornaron en alaridos cuando las personas se dieron cuenta de lo que estaba sucediendo y trataron de escapar de los invasores. Pero la numerosa multitud bloqueaba las calles, y las personas que murieron pisoteadas fueron tantas como las personas que fueron asesinadas por las espadas persas.

Gobrias llegó a las puertas del palacio y descubrió que los guardias estaban ebrios. Sus hombres los mataron con facilidad.

Para entonces, el creciente alboroto había llegado a los oídos de los celebrantes en el banquete. Belsasar envió al capitán de su guardia a determinar la causa del alboroto. Cuando el capitán llegó a la puerta, miró pasmado a través de las barras de hierro. Todos los guardias, excepto uno, yacían muertos, y el único que había sobrevivido yacía en el piso, gimiendo y sangrando.

El capitán destrabó la puerta y corrió hacia el hombre que estaba agonizando para preguntarle qué había sucedido. En ese instante, Gobrias y sus hombres salieron de sus escondites. Mataron al capitán, se abalanzaron hacia la puerta abierta y se dirigieron a la sala del banquete. Entraron como una ráfaga a la sala, con sus espadas sangrientas desenvainadas.

Se desató el caos. Los invitados aterrados gritaron y trataron de huir, tropezando con cuerpos, sillas y mesas en un intento inútil de escapar de la matanza.

Belsasar estaba petrificado por el terror mientras Gobrias lideraba a un contingente de sus hombres hacia el estrado. Sus soldados atacaron a los nobles indefensos mientras Belsasar desenvainaba su cimitarra y la sostenía con manos temblorosas. En un instante, Gobrias golpeó el arma fuera de la mano del rey, y luego le atravesó el estómago con su espada.

A la salida del sol, Babilonia estaba en manos de Gobrias. Ordenó que se abriera la puerta de Istar, y Ciro el Grande, el emperador de los imperios combinados de los medos y los persas, entró triunfalmente a la ciudad.

* * *

LAS ESCRITURAS DETRÁS DE LA HISTORIA

A medida que exploramos los eventos del capítulo 5 del libro de Daniel, es útil tener alguna comprensión de la cronología de los eventos. Cuando ocurren estos hechos, han pasado alrededor de setenta años desde que Daniel fue tomado cautivo siendo un adolescente. Ha pasado más de un cuarto de siglo desde el final del capítulo 4. El rey Nabucodonosor está muerto, luego de un reinado de cuarenta y cuatro años, y Daniel tiene más de ochenta años.

«Hubo una sucesión de reyes en Babilonia luego de la muerte de Nabucodonosor. La mayoría de ellos tuvo una muerte prematura.

Uno fue asesinado por su hermano, otro murió en el campo de batalla, y otro fue capturado por los medos y los persas y vivió la vida de un prisionero de guerra. Luego entra en escena Belsasar, un hombre adicto al vino, las mujeres y la música»[1].

REYES DE BABILONIA

Nabucodonosor (605–562 a. C.)
Amel-Marduk (562–560 a. C.)
Neriglissar (560–556 a. C.)
Labashi-Marduk (556 a. C.)
Nabónido (556–539 a. C.)
Belsasar (553–539 a. C.)

Belsasar fue corregente con su padre, Nabónido, hasta que Nabónido fue capturado por el rey persa Ciro. A partir de ese momento, Belsasar se convirtió en el único gobernante de Babilonia.

Luego de haber ubicado a Belsasar en el tiempo y el espacio, es el momento de ver cómo Dios usó a Daniel para predecir la inmediata toma de Babilonia por Ciro el persa. La profecía de Daniel se cumplió la misma noche que fue dada.

La historia comienza en el inmenso salón de fiestas del palacio de Belsasar mientras el rey encabezaba un banquete para más de mil invitados. Mientras tanto, afuera de las murallas de Babilonia, el ejército persa había sitiado la ciudad, y Ciro estaba por ejecutar su plan de invasión.

El banquete de Belsasar

> Muchos años después, el rey Belsasar ofreció un gran
> banquete a mil de sus nobles y bebió vino con ellos.
>
> DANIEL 5:1

El banquete que Belsasar realizó fue extravagante en más de un sentido. En primer lugar, los nobles de Belsasar que estaban presentes eran mil. Eso significa que el número real de presentes habría excedido grandemente esa cantidad si se incluía a los asistentes, los servidores, los guardias, las esposas, las concubinas y los funcionarios de menor rango. El erudito del Antiguo Testamento del siglo xx H. C. Leupold cita al historiador de la antigüedad Ctesias, quien indicó que los monarcas en la antigüedad frecuentemente comían a diario con quince mil personas[2].

En segundo lugar, el salón donde se realizó el banquete era enorme. Fue desenterrado por los arqueólogos, y mide aproximadamente dieciséis metros de ancho por cincuenta y dos metros de largo. Toda la sección principal de la Casa Blanca en Washington, DC, tiene casi esas dimensiones. Fue una fiesta enorme.

LA SENSUALIDAD DEL BANQUETE

> Belsasar [...] bebió vino con ellos.
>
> DANIEL 5:1

Belsasar no fue el anfitrión de una cena de estado real y honorable; era una fiesta para emborracharse. El rey Belsasar violó el protocolo real al beber con sus nobles e invitar a las mujeres al banquete. En la mayoría de las culturas antiguas del Cercano Oriente, los hombres y las mujeres tenían muy poca interacción pública los unos con los otros, y era la costumbre que se mantuvieran separados en los eventos sociales. Cuando el rey persa Jerjes hizo un banquete para sus funcionarios, las Escrituras dicen que «la reina Vasti hizo un banquete [aparte] para las mujeres» (Ester 1:2-3, 9).

Cuando se violaba este protocolo, por lo general implicaba que la sensualidad estaba involucrada. Vemos esto en la explicación que nos brinda la Biblia sobre la razón por la cual Jerjes violó la costumbre y ordenó que la reina Vasti abandonara el banquete de las mujeres y viniera a la fiesta de los hombres: «Quería que los nobles y los demás hombres contemplaran su belleza, porque era una mujer sumamente hermosa» (Ester 1:11).

Los reyes de la antigüedad se abstenían de beber vino en los banquetes para mantener un aura de autoridad y dominio propio en presencia de sus súbditos. El Antiguo Testamento, en concordancia con los valores del antiguo Cercano Oriente, les advertía a los reyes en contra de intoxicarse con vino: «No es para los reyes, oh Lemuel, beber mucho vino. Los gobernantes no deberían ansiar bebidas alcohólicas. Pues si beben, podrían olvidarse de la ley y no harían justicia a los oprimidos» (Proverbios 31:4-5).

Es por una buena razón que la frase «el vino, las mujeres y la música» se ha convertido en un sinónimo de problemas. Los tres estuvieron presentes en el banquete de Belsasar, un sumidero sensual de gratificación personal.

EL SACRILEGIO DEL BANQUETE

Mientras Belsasar bebía, mandó traer las copas de oro y plata que su antecesor, Nabucodonosor, había sacado del templo de Jerusalén. Quería beber en ellas con sus nobles, sus esposas y sus concubinas. Así que trajeron las copas de oro

sacadas del templo —la casa de Dios en Jerusalén— y el rey
y sus nobles, sus esposas y sus concubinas bebieron en ellas.
Mientras bebían en las copas, rindieron culto a sus ídolos de
oro, plata, bronce, hierro, madera y piedra.

DANIEL 5:2-4

Mientras Belsasar estaba bebiendo su vino, ordenó que trajeran a
la fiesta las vasijas que Nabucodonosor había tomado del templo de
Jerusalén. Belsasar y sus invitados tomaron vino ávidamente una y
otra vez de esas copas sagradas mientras «[rendían] culto a sus ídolos
de oro, plata, bronce, hierro, madera y piedra» (versículo 4).

En su libro *Voices from Babylon* (Voces de Babilonia), Joseph Seiss
escribe: «¡No solo su júbilo inoportuno, su pisotear la decencia de
las costumbres y su borrachera, sino incluso su temerario y blasfemo
insulto al Dios Altísimo están velados y encubiertos con un simulacro
de devoción! Esto fue lo más lejos que pudo llegar el ser humano en
su osadía y capricho. Fue más de lo que los poderes del cielo pudieron
soportar callados. El enojo divino estalló de inmediato»[3].

LA INSENSATEZ DEL BANQUETE

Belsasar no lo sabía, pero estaba festejando su propio funeral. El
profeta Jeremías dio detalles específicos sobre la caída de Babilonia
más de cincuenta años antes de que ocurriera:

- Una nación del norte conquistaría la ciudad (Jeremías
  50:1-3, 9).
- Esta nación estaría relacionada con los medos (Jeremías
  51:11, 28).
- Describe a Babilonia como una ciudad con fortificaciones
  increíbles (Jeremías 51:53, 58).
- Babilonia sería tomada mediante un truco o un ardid
  (Jeremías 50:24).

- La destrucción de la ciudad estaría relacionada con la sequía de agua (Jeremías 51:36).
- Esto se cumpliría mientras se celebraba un gran banquete (Jeremías 51:39).
- Esto se cumpliría cuando el nieto de Nabucodonosor estuviera en el poder (Jeremías 27:6-7).

Cuando Belsasar realizó su banquete libertino, sabía muy bien que el ejército de Ciro estaba acampado alrededor de las murallas de Babilonia. ¿Cómo pudieron él y los babilonios ser tan necios como para ignorar completamente esta amenaza a su ciudad y seguridad? John F. Walvoord nos ayuda a responder esa pregunta: «En muchos sentidos, Babilonia era la ciudad más asombrosa del mundo antiguo, tanto por la belleza de su arquitectura como por la seguridad de sus murallas y sus fortificaciones inmensas. Para los babilonios era difícil creer que incluso los medos y los persas que habían rodeado su amada ciudad podrían penetrar las fortificaciones o agotar las provisiones con las que podrían soportar un sitio de muchos años. Su confianza en sus dioses estaba apuntalada por su confianza en su ciudad»[4].

Pero fue una confianza inapropiada. Heródoto, reconocido como el padre de la historia, dio un informe minucioso sobre la destrucción de Babilonia, el cual incluiré al final de este capítulo.

El dedo de Dios

LA SEÑAL SOBRENATURAL

De pronto, vieron los dedos de una mano humana que escribía sobre la pared blanqueada del palacio del rey, cerca del candelabro. El propio rey vio la mano mientras escribía.

DANIEL 5:5

Sin duda usted reconoce las siguientes frases que se escuchan comúnmente: «cargar con su cruz», «una casa dividida contra sí misma», «una obra de amor», «la señal de los tiempos», «una espada de dos filos», «se cosecha lo que se siembra» y «en un abrir y cerrar de ojos». ¿Sabe lo que tienen en común? Junto con muchas otras, todas fueron tomadas de la Biblia. Por cientos de años, hemos tomado prestadas frases oportunas de las Escrituras para expresar realidades de la vida cotidiana. Una de las más conocidas, «las Escrituras en la pared», proviene de Daniel 5, donde el mensaje profético de Dios es escrito por dedos sobrenaturales para que todos lo vean.

Esta no es la única vez que vemos trazos divinos en las Escrituras. El dedo de Dios escribió la Ley sobre tablas de piedra para Moisés (Éxodo 31:18), y el dedo de Dios escribió sobre la arena de Judea en defensa de una mujer pecadora pero arrepentida (Juan 8:6). En esta oportunidad, el dedo de Dios escribió sobre la pared del salón de fiesta de Belsasar una profecía que anunciaba el fin de Babilonia.

UNA SIGNIFICATIVA SOBRIEDAD

Entonces el rey palideció, y sus pensamientos lo turbaron, y se debilitaron sus lomos, y sus rodillas daban la una contra la otra.

DANIEL 5:6, RVR60

No fue lo que estaba escrito en la pared lo que aterró a Belsasar. El rey no tenía ni idea qué significaba lo escrito. Por el contrario, fue la visión sobrenatural de los dedos de una mano incorpórea flotando en el aire y escribiendo palabras con letras gigantes, posiblemente grabándolas sobre los relatos ilustrados de las conquistas y los logros de Babilonia.

Imagínese en la situación de Belsasar: en una multitud de miles de ebrios, rodeado por un nivel de ruido fuera de lo normal, con su mente aturdida y su cuerpo fuera de control. De repente, chillidos y dedos apuntando hacen que la horda de borrachos enmudezca mientras una mano gigante se mueve por la pared iluminada.

Las siguientes frases describen la reacción de Belsasar mientras él observaba boquiabierto los movimientos escalofriantes de los dedos de un fantasma:

- «El rey palideció». Literalmente, «cambió su color». Podríamos decir: «Se puso blanco como un papel».
- «Sus pensamientos lo turbaron». Una sutileza, sin dudas. Tal vez se preguntaba si había provocado la ira del Dios judío de quien acababa de burlarse. Tal vez pensó que Babilonia no estaría tan segura contra el ejército persa como él suponía.
- «Se debilitaron sus lomos». Literalmente, «los nudos de sus entrañas» se aflojaron. Tenía nudos en su estómago, y sus piernas ya no podían sostenerlo.
- «Sus rodillas daban la una contra la otra». Hasta el día de hoy, sigue siendo una señal de temor extremo que las rodillas se choquen.

Este fue sin lugar a dudas un ejemplo de la recuperación más rápida de la sobriedad en la historia de la humanidad.

LAS CONVOCATORIAS SIMULTÁNEAS

El rey llamó a gritos que trajeran a los brujos, a los astrólogos y a los adivinos para que se presentaran ante él. Les dijo a esos sabios babilónicos: «El que pueda leer esta escritura y explicarme lo que significa será vestido con mantos púrpuras, propios de la realeza, y se le pondrá una cadena de oro alrededor del cuello. ¡Será el tercero en importancia en el reino!».

> Entonces entraron todos los sabios del rey, pero ninguno pudo leer lo que estaba escrito ni decirle al rey lo que significaba. Así que el rey se asustó aún más y se puso pálido. Sus nobles también estaban perturbados.
>
> DANIEL 5:7-9

Belsasar, junto con todos los invitados, podía leer las letras que formaban lo escrito en la pared debido a que era arameo, la lengua común de la época. Pero no podían entender las palabras o el mensaje. Por lo tanto, Belsasar pidió a gritos que sus sabios le dijeran lo que decían las palabras y qué significaban.

En el versículo anterior, encontramos que cuando Belsasar vio las Escrituras en la pared, «sus pensamientos lo turbaron» (Daniel 5:6, RVR60). Pero cuando sus asesores no le pudieron decir qué significaba, nos dice que «se asustó aún más» (versículo 9). Aparentemente, mientras esperaba que llegaran sus sabios, Belsasar recuperó algo del color en su rostro. Pero cuando no pudieron darle la respuesta que buscaba, se le fue el color de la cara otra vez (versículo 9).

La fama de Daniel

Belsasar había oído de la capacidad de Daniel para interpretar sueños y visiones (Daniel 5:14-16). Aunque habían pasado cinco reyes desde la última vez que lo hizo, durante el reinado de Nabucodonosor, el don profético maravilloso de Daniel era una leyenda en las cortes reales.

LA MEMORIA DE LA REINA

> Cuando la reina madre oyó lo que estaba pasando, se dirigió apresuradamente a la sala del banquete y le dijo a Belsasar: «¡Que viva el rey! No se ponga tan pálido ni tenga miedo. Hay un hombre en su reino en quien vive el espíritu de los dioses santos. Durante el reinado de Nabucodonosor, este

hombre demostró percepción, entendimiento y sabiduría como la que tienen los dioses. El rey que precedió a usted, o sea su antecesor, el rey Nabucodonosor, lo nombró jefe de todos los magos, los brujos, los astrólogos y los adivinos de Babilonia.

DANIEL 5:10-11

Cuando los sabios del rey reconocieron que no podían interpretar las Escrituras en la pared, la reina entró a la sala. Esta no es la esposa de Belsasar. Sus esposas ya habían sido mencionadas; estaban en el salón del banquete bebiendo con el rey (Daniel 5:2).

La mayoría de los eruditos creen que la reina era la esposa del difunto Nabucodonosor. Era literalmente la reina madre. Conocía la reputación de Daniel y la manera en que su esposo, Nabucodonosor, lo había honrado. Sin dudarlo, dio un paso al frente para recomendarlo.

LA RECOMENDACIÓN DE LA REINA

Este hombre, Daniel, a quien el rey le dio por nombre Beltsasar, tiene un intelecto excepcional y rebosa de conocimiento y entendimiento divino. Puede interpretar sueños, explicar acertijos y resolver problemas difíciles. Mande llamar a Daniel y él le dirá el significado de lo que está escrito en la pared.

DANIEL 5:12

La reina no podía decir suficientes cosas buenas acerca de Daniel. Según su descripción, él era relevante, espiritual, superior y habilidoso. Ella tenía buenas razones para dar un informe brillante, debido a que sabía que este hombre no solamente había interpretado el sueño de Nabucodonosor, sino que también le había dicho al rey lo que había soñado: una hazaña que los consejeros del rey nunca habían realizado (Daniel 2). Él también había interpretado el segundo sueño del rey, que era complejo y profético, y su interpretación se cumplió al pie de la letra (Daniel 4).

La reina describió a Daniel de la misma manera que Nabucodonosor lo había hecho: como un hombre lleno del «espíritu del Dios santo» (4:8-9, 18, DHH).

EL PEDIDO DEL REY

Daniel fue llevado ante el rey, y el rey le preguntó:

—¿Eres tú Daniel, uno de aquellos prisioneros judíos que mi [antepasado], el rey Nabucodonosor, trajo de Judea? Me han dicho que el espíritu de Dios está en ti, que tienes una mente clara, y que eres muy inteligente y sabio. [...] He oído decir que tú puedes aclarar dudas y resolver cuestiones difíciles. Si tú puedes leer esas palabras y decirme lo que significan, haré que seas vestido con ropas de púrpura, que te pongan una cadena de oro en el cuello y que ocupes el tercer lugar en el gobierno de mi reino.

DANIEL 5:13-16, DHH

El rey se dirigió a Daniel de una manera que deja en claro que Daniel ya no ocupaba un lugar entre los sabios de Babilonia. Sin embargo, parece que Daniel llegó al lugar rápidamente, lo cual indica que, aunque él no estaba involucrado con el gobierno de Belsasar, aún vivía cerca.

Me parece interesante que Daniel, quien ahora tenía unos ochenta años, no fuera invitado al banquete de Belsasar, pero que cuando llegó la crisis, fue convocado para que solucionara las cosas. Imagine la escena: Daniel llega, y Belsasar desea asegurarse de que es el mismo Daniel a quien Nabucodonosor trajo como cautivo desde Jerusalén. Incluso mientras hablaba, las copas sagradas del templo del Dios de

Daniel estaban desparramadas alrededor de ellos; algunas chorreaban vino, otras estaban tiradas en el piso o volcadas sobre la mesa del banquete del rey. Ver que esas copas, las que habían sido santificadas para la adoración a Dios, habían sido profanadas por un rey pagano y borracho, debe haberle quebrantado el corazón a Daniel.

Es posible que Belsasar se sintiera un poco avergonzado por pedirle un favor a un hombre a quien Babilonia le había hecho un daño profundo al hacerlo cautivo. Tal vez fue para compensar este error que Belsasar le ofreció a Daniel oro, un manto púrpura y una posición de preeminencia si él podía interpretar las Escrituras en la pared. ¿Daniel le había dado una mirada a la pared? ¿Ya sabía la interpretación de las palabras? Si fue así, sabía que esa era la última noche de Babilonia. Pudo haberse reído y dicho: «¿Una posición en qué reino?», pero se quedó quieto.

La fidelidad de Daniel

Daniel conocía su función. No era rebajar al rey de Babilonia ni hacerse rico y poderoso a expensas del rey, sino hablar la verdad de Dios.

RECHAZÓ LOS REGALOS DEL REY

> Daniel respondió al rey:
> —Su majestad, guarde sus regalos o déselos a otra persona, igual le diré el significado de lo que está escrito en la pared.
> DANIEL 5:17

Hoy en día, conocemos el término en latín *quid pro quo*, especialmente en el ámbito de los tratos políticos. Significa «algo por algo»: si me das esto, yo te daré eso a cambio. Algunas expresiones similares serían «toma y daca» y «si me rascas la espalda, yo te rasco la tuya». Todas significan lo mismo: si me haces un favor, haré lo que tú quieres.

Para evitar cualquier semejanza con un *quid pro quo*, Daniel rechazó el oro, los símbolos reales y la posición de autoridad que el rey le ofreció. Daniel servía a Dios, no al oro.

HIZO UN ANÁLISIS DE LA HERENCIA DEL REY

El Dios Altísimo le dio soberanía, majestad, gloria y honor a su antecesor, Nabucodonosor. [...] Sin embargo, cuando su corazón y su mente se llenaron de arrogancia, le fue quitado el trono real y se le despojó de su gloria. Fue expulsado de la sociedad humana. Se le dio la mente de un animal salvaje y vivió entre los burros salvajes. Comió pasto como el ganado y lo mojó el rocío del cielo, hasta que reconoció que el Dios Altísimo gobierna los reinos del mundo y designa a quien él quiere para que los gobierne.

DANIEL 5:18-21

Luego de rechazar la recompensa del rey, Daniel le narró a Belsasar la historia de Nabucodonosor y su caída en una locura temporal. Fue el juicio de Dios por causa del orgullo del rey. Daniel relató esta historia para que el rey supiera con claridad que Dios es el poder supremo sobre todos los gobernantes terrenales. Este relato fue el preámbulo de lo que Daniel dijo a continuación: Belsasar había caído en la misma vanidad y orgullo que habían causado la destrucción de Nabucodonosor. Esto programó a Belsasar para la conclusión lógica: si Dios había juzgado a su predecesor, Nabucodonosor, ¿por qué permitiría que su propio pecado quedara sin castigo?

REPRENDIÓ AL REY POR SU PECADO

Daniel nombró tres pecados por los cuales Belsasar tenía que rendir cuentas ante Dios.

1. El cargo de pecado premeditado

Oh Belsasar, usted [...] sabía todo esto, pero aun así no se ha
humillado.

DANIEL 5:22

La historia es un maestro magnífico, pero Belsasar fracasó como
estudiante. Conocía la historia del orgullo de Nabucodonosor y el
juicio posterior de Dios, pero no quiso aprender de eso. Había sido
testigo presencial de la humillación de Nabucodonosor, y aun así se
negaba a humillarse bajo la mano del Dios Todopoderoso. No era un
caso de ignorancia; era un caso de terquedad y arrogancia. Es importante lo que sabemos, y es importante la forma en que respondemos.

«Piensen, pues, cuánto mayor será el castigo para quienes han
pisoteado al Hijo de Dios y han considerado la sangre del pacto —la
cual nos hizo santos— como si fuera algo vulgar e inmundo, y han
insultado y despreciado al Espíritu Santo que nos trae la misericordia
de Dios» (Hebreos 10:29).

2. El cargo de la blasfemia

Usted desafió con soberbia al Señor del cielo y mandó traer
ante usted estas copas que pertenecían al templo. Usted, sus
nobles, sus esposas y sus concubinas estuvieron bebiendo
vino en estas copas.

DANIEL 5:23

Los cargos contra Belsasar se hicieron más graves: ahora Daniel lo
confrontó por la blasfemia. Belsasar había deshonrado y menospreciado
al Dios del cielo al tomar los utensilios sagrados, creados solamente para
su adoración, y al profanarlos con las peores clases de vicios pecamino-
sos. Fue una exhibición desvergonzada de impiedad y desprecio.

3. El cargo del sacrificio pagano

[Rindieron] culto a dioses de plata, oro, bronce, hierro,
madera y piedra, dioses que no pueden ver ni oír, ni saben
absolutamente nada. ¡Pero usted no honró al Dios que le da
el aliento de vida y controla su destino!

DANIEL 5:23

Belsasar no solamente deshonró al Dios vivo al profanar sus copas
de oro y plata, sino que también rindió culto a ídolos sin vida, hechos
de oro y plata.

Todo lo que Belsasar tenía provenía de Dios (1 Crónicas 29:14).
En lugar de rendirle culto al Dios vivo en agradecimiento por sus
regalos, Belsasar rendía culto a ídolos inanimados hechos de plata,
oro, bronce, hierro, madera y piedra, los cuales no escuchan, ni ven
ni saben nada (Deuteronomio 4:28; Salmo 115:5-7; 135:16-17).

Belsasar escogió rendirle culto a imágenes muertas en lugar de
rendirle culto al Dios verdadero del cielo: «la vida de todo ser viviente
está en sus manos, así como el aliento de todo ser humano» (Job
12:10).

REVELÓ EL MENSAJE DEL REY

Las Escrituras en la pared era breve: «MENE, MENE, TEKEL y PARSIN»
(Daniel 5:25). Tres palabras en arameo; la primera se repite por énfasis. Estas palabras eran términos para medir cantidades, pesar pro-
ductos en una balanza para la compra o la venta, y racionar cosas. En
general, este es el significado:

- *Mene* («contado»): Belsasar había sido medido, contado y
  escudriñado.
- *Tekel* («pesado»): Belsasar había sido pesado según los patrones
  de Dios para la justicia, y no cumplió con las expectativas.

- *Parsin* («dividido» o «partido por la mitad»): Esto hace referencia a que Babilonia sería dividida entre los medos y los persas.

Hilando las palabras, el mensaje en esencia sería: «Contado, pesado y dividido». No es extraño que los sabios de Babilonia no pudieran encontrarle ningún significado a estas pocas palabras. Era un código encriptado, imposible de encontrarle sentido a menos que se supiera de antemano el significado. Daniel pudo descifrarlo porque Dios se lo había revelado.

Leon Wood resume el significado de esta escena para nosotros: «En breve, la interpretación de Daniel puso de manifiesto que el reino de Belsasar sería destruido, debido a que el rey carecía de valores espirituales y morales, y que el enemigo invasor, los medos y los persas, incorporaría el reino a su gran dominio»[5].

La caída de Babilonia

Esa misma noche mataron a Belsasar, rey de Babilonia. Y Darío el medo se apoderó del reino a los sesenta y dos años de edad.

DANIEL 5:30-31

Es probable que la táctica militar más famosa de la historia sea la de los griegos, quienes usaron un caballo de madera gigante para ingresar a escondidas a sus soldados a la ciudad de Troya. Pero a la misma altura del caballo de Troya está la historia de cómo conquistó a Babilonia el ejército de los medos y los persas. Los eruditos argumentan sobre si el caballo de Troya es un hecho histórico o una leyenda, pero la conquista de Babilonia por Ciro es un hecho documentado. El muy respetado historiador griego Heródoto escribió un relato completo del suceso:

Dividiendo sus tropas, [Ciro] formó las unas cerca del río en la parte por donde entra en la ciudad, y las otras en la parte opuesta, dándoles orden de que luego que viesen disminuir la corriente hasta permitir el paso entraran por el río en la ciudad. Después de estas disposiciones, se marchó con la gente menos útil de su ejército a la famosa laguna. [...] Abrió una acequia e introdujo por medio de ella el agua en la laguna, que a la sazón estaba convertida en un pantano, logrando de este modo desviar la corriente del río y [hacerla] vadeable. [...]

Cuando los persas, apostados a las orillas del Éufrates, le vieron menguado de manera que el agua no les llegaba más que a la mitad del muslo se adentraron por él en Babilonia. [...] Los que vivían en el centro ignoraban absolutamente lo que pasaba, debido a la gran extensión del pueblo. Ya que siendo, además, un día de fiesta, se hallaban bailando y divirtiéndose en sus convites y festines en los cuales continuaron, hasta que del todo se vieron en poder del enemigo. De este modo fue tomada Babilonia la primera vez[6].

La noche del 11 de octubre del 539 a. C., el ejército medo-persa se deslizó por debajo de las murallas de Babilonia y mató a Belsasar. Las profecías de Jeremías se cumplieron; Babilonia había caído ante sus enemigos.

El capítulo 4 de Daniel señala el fin de Nabucodonosor, el constructor de Babilonia. El capítulo 5 señala el fin de Belsasar y de Babilonia. La cabeza de oro del coloso había sido derrotada por el pecho y los brazos de plata. Babilonia fue absorbida por el imperio inferior de los medos y los persas.

Mientras cerramos este capítulo, haremos bien en prestarle atención a las palabras de John F. Walvoord:

La caída de Babilonia es un tipo de caída del mundo incrédulo. En muchos aspectos, la civilización moderna se parece mucho a la antigua Babilonia, resplandeciente con sus monumentos de triunfo arquitectónico, tan segura como las manos humanas y el ingenio pueden hacerla y, sin embargo, indefensa ante el juicio de Dios a la hora señalada. La civilización contemporánea se parece a la antigua Babilonia en que tiene mucho para fomentar el orgullo humano pero poco para proveer seguridad humana. Así como cayó Babilonia en ese día dieciséis de *tisrí* (11 o 12 de octubre) del 539 a. C., según lo que registra la Crónica de Nabónido, así el mundo será tomado por el desastre cuando el día del Señor llegue (1 Tesalonicenses 5:1-3). El desastre del mundo, sin embargo, no alcanza al hijo de Dios; Daniel sobrevive a la depuración y se levanta triunfante como uno de los presidentes del nuevo reino en el capítulo 6[7].

[Dios] juzga a los poderosos del mundo
   y los reduce a nada.
Apenas comienzan, recién están echando raíces,
   cuando él sopla sobre ellos y se marchitan;
   se los lleva el viento como a la paja.
ISAÍAS 40:23-24

* * *

DANIEL HOY

Las escenas del banquete de Belsasar son representadas con tanta claridad que podemos cerrar los ojos e imaginar que estamos allí. Cuando abrimos los ojos, nos encontramos en un mundo parecido:

una cultura inundada por lo sensual, lo ávido, lo provocativo y lo profano. Debido a que somos los Daniel de la actualidad, parados en los salones de banquetes de los Belsasar modernos, quiero dejarle tres cosas para recordar.

1. Nunca crea que Dios ha terminado con usted. Daniel, ahora a los ochenta años, ya no servía a Babilonia como un funcionario del rey, y hasta donde nosotros sabemos, la generación más joven lo había olvidado. Pero Dios lo mantuvo vivo para esta ocasión, y cuando llegó el momento, solamente Daniel podía entregar el mensaje. No importa la etapa en que usted se encuentre en la vida, manténgase espiritualmente saludable y listo para servir en cualquier momento.

2. No se preocupe demasiado por la fama y las riquezas en un mundo perecedero. Daniel, sin lugar a dudas, había administrado sus posesiones con sabiduría y tenía recursos para su vejez, pero no tenía interés en las túnicas y la posición elevada que el rey le ofreció. Sabía que eran simplemente baratijas temporales. Daniel estaba esperando una recompensa eterna.

3. No sea negligente con los pasajes sobre la ira y el juicio de Dios. Consumimos mucha información sobre temas positivos, lo cual es necesario. Pero escuchamos poco sobre las advertencias apostólicas y proféticas que se encuentran en la Biblia. Cuando el apóstol Pablo se reunió en privado con el gobernador Félix, le habló acerca de «la justicia, el control propio y el día de juicio que vendrá» (Hechos 24:25). El escritor de Hebreos advierte: «Solo queda la terrible expectativa del juicio de Dios y el fuego violento que consumirá a sus enemigos» (Hebreos 10:27). Es difícil encontrar un movimiento de avivamiento en la historia que no haya incluido prédicas proféticas sobre la realidad del juicio de Dios. Este mensaje es una misión crucial para nuestros tiempos.

¡Estos días no son para los débiles de corazón! Como Daniel, necesitamos fortaleza para mantenernos útiles, sabiduría para enfocarnos en lo que no se ve y valor para advertirle al mundo sobre el juicio venidero.

Capítulo 7

EL REY LEÓN

Daniel 6:1-28

EL REY DARÍO estaba sentado en una habitación del palacio leyendo atentamente otra carta de una de sus provincias. Mientras se frotaba la frente con los dedos, su chambelán entró a la sala.

—Mi rey, ¿puedo traerle algo de beber para ayudarlo a sentirse mejor?

—Necesitaré más que eso —Darío replicó—. Y me temo que las cosas están por ponerse peor. Llama a Belok y a Kamur.

Mientras el rey esperaba que estos dos de sus tres gobernadores llegaran, pensó en el año que había pasado desde que Ciro el persa conquistó Babilonia y lo puso a él en el trono como gobernante adjunto. Ya habían logrado controlar el caos de la transición que se produjo en las ciento veinte provincias. Pero, últimamente, había estado recibiendo numerosas quejas sobre corrupción en el gobierno y fraude financiero. El pueblo estaba comenzando a resistirse al control estricto de las unidades militares que ocupaban los territorios. Las únicas provincias que estaban libres de dichas quejas eran las cuarenta administradas por su tercer gobernador, Daniel. De hecho, se sabía que Daniel *redujo* la presencia militar en sus provincias. A pesar de estas reducciones, Darío no podía recortar el tamaño de su costoso ejército porque estas unidades debían ser desplegadas en otras provincias para apagar las rebeliones.

Belok y Kamur entraron y se sentaron a la mesa del rey en las sillas que les ofrecieron. Darío resumió las quejas que había recibido y les exigió a los dos gobernadores una explicación.

—¡Oh gran rey! —dijo Belok—, lo haremos con mucho gusto. El resentimiento y la resistencia son reacciones comunes de los pueblos conquistados. Sus predecesores babilonios, Nabónido y Belsasar, no le prestaron mucha atención al gobierno del imperio, lo cual causó que estos resentimientos estallaran y se salieran de control. La única manera de tratarlos es aplicando el efectivo método persa: la fuerza. Es lo único que estos pueblos entienden.

—¿Por qué no he recibido ninguna queja de las provincias de Daniel?

—Me alegra que haya mencionado su nombre —respondió Kamur—. Daniel no es tan honesto y leal como usted piensa. Nos enteramos que despidió a más de la mitad de los sátrapas que usted designó para sus provincias.

—Bien, entonces, que venga Daniel a responder por las acusaciones que le hacen.

En cuestión de minutos, Daniel fue escoltado a la sala; conservaba su altura y buena visión a pesar de tener más de ochenta años.

—Daniel —dijo Darío—, se te acusa de haber despedido a la mitad de tus sátrapas provinciales. ¿Qué tienes para decir en tu defensa?

—Yo no los despedí, mi rey; ellos escogieron renunciar en lugar de aceptar mis condiciones. A cada uno de ellos le exigí que justificara sus gastos fehacientemente y que se trasladara a las provincias que gobernaría en lugar de administrarlas desde Babilonia. Ningún sátrapa puede ser efectivo estando ausente. La mayoría de ellos escogió quedarse aquí con sus pares.

—¡Esa es una exigencia indignante! —dijo Belok—. Ningún hombre de estado estará dispuesto a abandonar el centro de poder para exiliarse en el campo.

—La clase de líderes que necesitamos hará precisamente eso —replicó Daniel—. Querrán conocer y entender a su pueblo, y eso significa vivir entre ellos.

—Daniel —dijo Darío—, ¿por qué no usas la fuerza para resolver los disturbios en tus provincias, como lo hacen los otros gobernadores?

—Los disturbios siempre tienen una causa subyacente, y con frecuencia es legítima —respondió Daniel—. Como líderes, debemos estar dispuestos a escuchar y aprender. En la mayoría de los casos, a veces ceder un poco puede calmar al pueblo y proteger nuestros intereses sin que nos cueste nada. Y cuando trabajamos por una solución aceptable, el pueblo comienza a confiar en nosotros y se vuelve cooperativo, lo cual elimina la necesidad de la fuerza.

Darío se volvió a Belok y Kamur.

—Esa, mis queridos gobernadores, es exactamente la manera como quiero que funcione mi imperio. Para asegurarme de que esto suceda, he decidido devolverle a Daniel la posición que tenía en el gobierno de Nabucodonosor. Será nombrado el nuevo primer ministro del imperio.

El rey dio por terminada la reunión, y los tres gobernadores hicieron una reverencia y se fueron.

Belok, hirviendo de ira, apartó a Kamur hacia un lado.

—¡Esto no puede ser! He sido el consejero de Darío por dos décadas. A mí es a quien debería haber promocionado.

—No soporto la idea de tener que rendirle cuentas por todo lo que hago a un judío —dijo Kamur.

—No podemos permitir que este nombramiento siga en pie. Debemos buscar la manera de desacreditar a Daniel ante el rey.

—Pero ¿cómo? De todo lo que he escuchado acerca de Daniel, es inocente en todo lo que hace.

—Creélo, no hay ningún ser vivo que no esconda algún hábito repugnante, alguna corrupción o alguna inmoralidad. Debemos encontrar ese ángulo en la vida de Daniel y exponerlo.

Los dos conspiradores se reunieron durante varios días en el parque del rey, no muy lejos de la ciudad, y programaron una investigación exhaustiva sobre Daniel. Sobornaron a un sirviente de la casa para que les informara sobre todas sus actividades. Pagaron a unos espías para que lo siguieran cada vez que saliera de su casa. Les pagaron a unos sirvientes del palacio para que escucharan a escondidas todas sus conversaciones, abrieran sus rollos y cartas por las noches y les informaran sobre su contenido.

Sin embargo, después de tres meses de vigilarlo intensamente, no encontraron nada. En el momento que estaban por dejar de lado ese plan e idear otro, uno de los sirvientes les informó que vio a una joven mujer entrar a la casa de Daniel un poco después de la puesta del sol. Belok llamó a Haban, el informante que tenían en la casa de Daniel.

—Parece que Daniel tiene una relación ilícita con una joven que lo visita por las noches.

—No, mi señor —respondió Haban—. Es una joven judía que hace poco quedó viuda. Daniel le dio dinero para ayudarla a evitar la pobreza. Con frecuencia hace cosas como esas por las personas necesitadas.

—Pero seguramente ella le dio algo a cambio.

—No, ella no hizo nada semejante.

—¿Los vigilaste todo el tiempo que ella estuvo allí?

—No, mi señor.

—Entonces ¿cómo es posible que sepas que no hicieron nada inmoral?

—Porque Daniel es un eunuco, mi señor.

Los dos conspiradores frustrados se reunieron en el parque de nuevo.

—Nunca he visto nada parecido —dijo Kamur.

—Aparentemente, este Daniel no tiene ninguna mancha en su pasado ni vicios en su presente. Su único comportamiento inusual es lo que Haban nos informó: que ora a su Dios mirando hacia Jerusalén tres veces por día, indefectiblemente.

—Si eso es lo único que tenemos, entonces debemos encontrar la manera de usarlo —replicó Belok.

* * *

Los dos hombres comenzaron a proponer y a descartar un plan tras otro hasta que, de repente, un rugido profundo resonó desde los establos del rey.

Kamur quedó paralizado.

—¿Qué fue eso?

—Es un león. Los traen de las montañas para los grupos de caza del rey. El foso está lleno de leones.

—Es el sonido más aterrador que haya escuchado en mi vida.

Belok se detuvo de repente.

—Tengo una idea. Darío envió de regreso a las provincias a todos los ídolos que Nabucodonosor tomó durante sus conquistas. Es una bendición para las provincias, pero para los babilonios que adoraban a esos ídolos es frustrante que los hayan sacado de Babilonia. Tal vez podamos convencer al rey que ese es un problema que hay que solucionar.

—¿Qué tiene que ver eso con Daniel?

—Solo escucha. Convencemos a Darío de que puede solucionar este problema levantando un nuevo dios a quien todos deben rendir culto. Le proveemos ese dios apelando a su orgullo. Luego lo convencemos que emita un edicto de que nadie puede orar a ningún otro dios durante treinta días.

Una sonrisa iluminó el rostro de Kamur.

—Sí, ahora entiendo. Daniel continuará orando a su Dios, y lo arrestaremos por no cumplir la ley. El rey se verá obligado a destituirlo.

—No, no a destituirlo. Será alimento de los leones. Ese será el castigo por no cumplir el edicto.

—Pero ¿podremos convencer al rey que tal ley es necesaria? Solamente he escuchado algunas quejas sin importancia por el traslado de las imágenes.

—Lo importante es que sí hubo quejas —replicó Belok—. Haremos que nuestros sátrapas se presenten ante el rey y sobredimensionen esas quejas. Ellos aborrecen a Daniel tanto como nosotros.

—Me gusta —dijo Kamur—. De verdad pienso que esto puede funcionar.

Belok solicitó una reunión con el rey. Escogió una fecha para siete días después; sabía que la cita tendría lugar entre las negociaciones de un acuerdo de comercio y un banquete nocturno. El rey estaría muy cansado y sería muy fácil de manipular. Kamur, mientras tanto, sobornó al cazador del rey para que no les diera comida a los leones hasta que le avisaran.

En el día señalado, los dos gobernadores y sus sátrapas se reunieron en el gran salón delante del rey y le presentaron su solicitud. Los sátrapas dieron un informe exagerado de los conflictos religiosos, siguiendo el guión de Belok. Luego, Kamur propuso una solución para apaciguar las cosas: por treinta días, a ningún residente de Babilonia se le permitiría orar o pedir a nadie más que al rey. Los que no cumplieran el edicto serían lanzados al foso de los leones.

—Tu propuesta tiene dos inconvenientes —respondió Darío—. Primero, yo no soy un dios, ni tengo interés alguno en volverme un dios.

—Por supuesto que no, mi rey —replicó Belok—. Usted es la viva imagen de la humildad de un rey. Esa es la razón por la cual limitamos el decreto a treinta días.

—Luego de los cuales me permitirán volver a ser un mero humano

—dijo el rey con ironía—. El segundo problema es el castigo. Es un castigo muy severo lanzar al infractor al foso para que lo devoren los leones por una simple transgresión religiosa.

—Tiene razón, oh rey —respondió Belok—. Pero el rigor detendrá los disturbios.

—¿El problema es realmente tan terrible? No había escuchado nada hasta esta reunión.

—Eso se debe a que usted se aboca a realizar las obligaciones de mayor jerarquía como demanda su cargo. Nosotros, sus gobernadores y sátrapas, tomamos muy en serio nuestra tarea de aislarlo de los asuntos cotidianos. No nos habríamos unido en nuestra petición si el asunto no fuera realmente urgente.

Luego de varios minutos más de debate, el rey Darío, cansado hasta los huesos y extrañamente atraído por la idea de ser visto como una deidad, firmó el edicto. Lo incorporaron a los registros del reino, los cuales, según las leyes de los medos y los persas, no se podían alterar ni rescindir, ni siquiera por acto del rey.

* * *

Daniel estaba trabajando en el ala del palacio que le correspondía cuando escuchó la noticia del edicto. Plenamente consciente de las consecuencias, despidió a su equipo de trabajo y regresó a su hogar. Lo siguieron Belok y dos de sus sátrapas más fieles, guardando cierta distancia. El informante, Haban, los dejó ingresar a la casa de Daniel por la puerta de los sirvientes y los guió sigilosamente por las escaleras. Daniel entró a su habitación, abrió la ventana que miraba a Jerusalén y cayó sobre sus rodillas en oración a Dios. Belok y sus dos sátrapas escucharon sin hacer ruido detrás de la puerta, y luego se retiraron lentamente.

A la mañana siguiente, los conspiradores estaban esperando en la entrada de la sala del trono cuando llegó el rey Darío. Se postraron, y Belok habló con una voz cargada de falsa tristeza.

—¡Oh mi rey!, cuánto lamento tener que ser el portador de malas noticias. Aún no se ha secado la tinta del edicto que se escribió ayer, y ya se descubrió un transgresor.

—¿Quién es? —preguntó el rey.

—Me... me cuesta mucho decirlo porque es alguien a quien usted amaba y en quien confiaba. —Luego de hacer una pausa, continuó hablando—: El transgresor es Daniel, mi señor. A pesar de que sabía del edicto, lo incumplió descaradamente orando a su Dios: no una vez, sino tres veces. Es obvio que el hombre no respeta su autoridad.

El rostro del rey se puso blanco. Luchó consigo mismo para controlar su arrepentimiento, dolor y furia: arrepentimiento por haber firmado un edicto tan ridículo, dolor por el castigo que inconscientemente había traído sobre su amigo y furia porque ahora podía ver con claridad el plan de los conspiradores.

Belok finalmente se atrevió a romper el silencio:

—Mi rey, veo que está profundamente apenado. Por favor, permítame quitarle esta carga de sus manos. Haré que atrapen a Daniel y...

—Si tocas siquiera a Daniel, serás tú quien sienta los colmillos del león. ¡Fuera de aquí! ¡Todos ustedes!

Los funcionarios se escurrieron de la sala, y Darío llamó a sus asesores legales. Los obligó a buscar algún punto oscuro en la ley de los medos y los persas que permitiera que los edictos reales fueran rescindidos. Pero los abogados le aseguraron que no existía una estipulación como esa.

Desesperado, el rey comenzó a proponer todas las ideas que le venían a la mente que pudieran salvar a Daniel. Le enviaría un mensaje a Daniel instándolo a huir. No, dijeron los abogados, los conspiradores estarían vigilando sus puertas. Sacaría a los leones antes de echar a Daniel al foso. No, ya no sería un «foso de los leones», como se estipulaba en el decreto. Haría que maten a los leones y que los dejen en el foso. No, eso sería evadir el edicto: un león muerto no es un león, sino un simple esqueleto. Darío propuso muchos otros planes, los cuales fueron rápidamente rechazados.

El sol ya casi se había puesto, y Darío estaba por despedir a los abogados, cuando Belok y Kamur entraron a la sala.

Belok hizo una reverencia.

—Perdone nuestra intromisión, oh gran rey, pero teniendo en cuenta su diligencia para hacer cumplir la ley, y debido a que todas las sentencias se deben ejecutar antes de que se ponga el sol, vinimos a informarle que la ejecución de Daniel aún no se ha cumplido. Aparentemente, sus guardias no cumplieron con llevarla a cabo.

Vieron a los abogados del rey y sospecharon sus intenciones; entonces Belok añadió:

—Usted sabe, mi rey, que según la ley de los medos y los persas, ningún decreto firmado por el rey se puede cambiar.

—Sé más de lo que te imaginas —respondió Darío con una voz helada—. No tienen de qué preocuparse. Daniel será ejecutado según lo estipulado por la ley. Y ustedes dos reconocerán que tuvieron parte en su muerte añadiendo sus anillos al sello.

Darío llamó al capitán de la guardia, emitió la orden para la ejecución de Daniel y abandonó la sala.

El foso de los leones del rey era una cueva amplia con una abertura natural en el costado de un peñasco vertical. Se decía que era la cueva en donde Nabucodonosor había dormido durante los siete años de su locura. Una puerta de madera reforzada con hierro cubría la abertura ahora, la cual se usaba para permitir que los leones salieran al campo parcialmente boscoso donde el rey y sus nobles los cazaban. El campo abarcaba muchas hectáreas y estaba cercado con una valla de hierro. Una abertura irregular en el techo de la cueva servía para tirarles la comida a los leones.

Cuando llegó el ocaso, el rey Darío estaba esperando cerca de este túnel, con escalofríos por el gruñido de los leones hambreados. Llegó la carreta de los guardias que transportaba a Daniel, e inmediatamente detrás llegó el carruaje fastuoso de Belok y Kamur. En el instante en que Daniel salió, Darío corrió para recibirlo, con su rostro mojado por las lágrimas.

—Daniel, mi amado amigo, cometí un error espantoso. Estás enfrentando este sufrimiento debido a mi propia insensatez. Te ruego que me perdones.

—Sí lo perdono, mi rey. Pero no malgaste sus oraciones; ofrézcalas al Dios del cielo por mí.

—Sí, oraré para que tu Dios te libre de las fauces de los leones.

Los guardias escoltaron a Daniel al foso. Él no se resistió y mantuvo su cabeza en alto. Lo bajaron por el hueco y lo soltaron. Inmediatamente, los rugidos se volvieron frenéticos, mezclados con gruñidos amenazantes mientras los leones se peleaban por ser los primeros en llegar al bocado cuando este tocara el piso.

Darío se cubrió los oídos con las manos. Ordenó a los guardias que cerraran la puerta del hueco y la sellaran. Él presionó su anillo sobre la cera y observó mientras Belok y Kamur daban un paso adelante y añadían sus anillos al sello. Darío ordenó a los guardias que permanecieran cerca de la roca durante la noche. Luego, con la cabeza gacha, caminó lentamente hacia su carruaje y regresó al palacio.

El rey se dirigió directamente a su habitación. Los sirvientes le trajeron comida, pero no quiso comer. Le trajeron músicos, pero él los despachó. La reina vino a consolarlo, pero él le pidió que se retirara. Los sirvientes le ofrecieron vino para ayudarlo a dormir, pero lo rechazó.

Por primera vez en su vida, este monarca poderoso, gobernante del Imperio medo-persa, el más grande que el mundo había visto hasta entonces, cayó sobre su rostro y oró al Dios de los judíos: al Dios que no tenía imagen ni rostro ni ningún otro nombre sino solamente Yo Soy.

Oró de rodillas. Oró con el rostro a tierra. Oró mientras caminaba por su habitación. El rey no pudo dormir esa noche.

* * *

Cuando los primeros rayos de sol se divisaron en el horizonte, Darío hizo aparejar su carruaje, y él mismo lo condujo hasta el foso de los leones.

—¡Quiten la piedra! —gritó. Saltó de su carruaje y corrió hacia la abertura—. ¡Daniel! ¡Daniel! —Miró a través del hueco—. ¿Te ha librado tu Dios de los leones?

—Lo ha hecho, mi rey. El ángel de Dios estuvo conmigo toda la noche y convirtió a estas bestias feroces en mansos gatitos.

El corazón de Darío se descontroló y el rey se quedó sin palabras.

—Mi rey —gritó Daniel—, la protección de Dios es una prueba de mi lealtad a usted. Por lo tanto, si usted me libera, con gusto continuaré a su servicio.

Darío dio la orden, y los guardias lanzaron una soga al foso y sacaron a Daniel. No tenía ninguna marca de colmillos o de garras en todo su cuerpo y su vestimenta. El rey muy feliz puso su brazo alrededor de los hombros de Daniel, lo acompañó hasta su carruaje y lo llevó de regreso al palacio.

Una hora más tarde, el rey Darío se sentó en su trono y ordenó que trajeran a Belok y a Kamur a su presencia.

—Oh gran y poderoso rey —dijo Belok, postrándose—, es un honor para nosotros que nos haya llamado. Estamos dispuestos a servirlo en todo lo que desee.

—Debido a que estaban tan dispuestos a servirme en el asunto relacionado con hacer desaparecer a Daniel del reino, pensé que sería apropiado mostrarles lo que quedó de su cuerpo como un homenaje a su servicio.

—Oh, no, mi rey. No hace falta esa muestra de su reconocimiento. Es suficiente la satisfacción que sentimos por haber protegido su trono de ese judío problemático.

—Oh, insisto —respondió el rey—. Será un placer que lo vean. Capitán, por favor traiga el cuerpo de Daniel.

Los dos hombres se dieron vuelta mientras el capitán abría la puerta y Daniel entraba caminando. Sus ojos se abrieron aterrorizados y quedaron boquiabiertos.

—¿Cómo, cómo es posible? —gritó Kamur—. Vimos cuando lo echaron al foso. Oímos cuando los leones se peleaban por él.

—El Dios de Daniel lo rescató de los leones —dijo Darío—. Ahora, veremos si sus dioses pueden salvarlos a ustedes. Capitán, acompañe a estos manipuladores y a sus familias al foso de los leones, y arrójelos allí.

—¡No! ¡Por favor, mi rey! —Belok dijo con un chillido—. Solamente estábamos tratando de ayudarlo a usted. Tal vez nos equivocamos.

El rey no respondió. Estaba escribiendo sobre un pergamino.

—Si no puede perdonarnos, entonces por favor envíenos al exilio. —Kamur cayó de rodillas—. Nunca más volverá a ver nuestros rostros.

Darío continuó escribiendo.

—Si no al exilio, entonces mándenos a la cárcel. —Belok ahora estaba sobre su rostro delante del rey—. ¡Por favor! Cualquier cosa menos al foso de los leones.

Darío levantó la mirada.

—Lo siento, pero no puedo hacer eso. —Levantó el pergamino—. Como verán, acabo de escribir el decreto, y según la ley de los medos y los persas, no se puede abrogar. Capitán, venga y cumpla con su deber.

Sacaron a los dos hombres de la sala, arrastrándolos mientras sus protestas retumbaban en el techo.

Poco antes del mediodía, el capitán informó que las ejecuciones se habían hecho efectivas según la orden del rey.

—Ninguno de ellos llegó a tocar el piso del foso, mi rey. Los leones estaban embravecidos en el fondo del foso, arrancando carne y rompiendo huesos. Pareciera que no los habían alimentado durante una semana.

El próximo acto del rey fue dictar una carta, que comenzaba de la siguiente manera, y se distribuyó por todo el imperio:

Ordeno que en mi reino toda persona tiemble con temor delante del Dios de Daniel. Pues él es el Dios viviente, y permanecerá para siempre. Su reino jamás será destruido, y su dominio nunca tendrá fin[1].

Darío no reemplazó a sus dos gobernadores. En lugar de eso, reinstituyó a Daniel como primer ministro sobre todos los sátrapas del imperio. Daniel fue un siervo fiel a lo largo de todo el reinado de Darío, incluso hasta el reinado de Ciro.

* * *

LAS ESCRITURAS DETRÁS DE LA HISTORIA

En el momento de escribir este libro, el político y abogado James A. Baker III tiene ochenta y cinco años de edad. Por más de cuarenta de esos años, ha estado involucrado en política en Washington, DC. Se podrían nombrar muchos supuestos «políticos de carrera», pero hay muy pocos con carreras tan singulares como la de Baker. Aunque hubiera estado conforme con trabajar como abogado en Houston, ha sido convocado continuamente a los pasillos del poder en Washington como asesor designado de los presidentes, de una administración a la siguiente.

Baker se involucró por primera vez en la política trabajando en las campañas electorales de Richard Nixon y George H. W. Bush. Cuando Gerald Ford sucedió a Richard Nixon como presidente, Baker fue nombrado subsecretario de comercio, y posteriormente fue el jefe de gabinete de la Casa Blanca para el presidente Reagan. Reagan luego nombró a Baker secretario del tesoro, y fue el director de la exitosa campaña de reelección de Reagan. Baker también sirvió en el Consejo de Políticas Económicas y en el Consejo de Seguridad Nacional. Cuando George H. W. Bush asumió el cargo, nombró a Baker secretario de estado y jefe de gabinete.

Luego de sus funciones presidenciales, Baker sirvió al Secretario General de las Naciones Unidas, Kofi Annan, como enviado especial, encabezó el equipo legal de George W. Bush durante el infame recuento de votos en Florida y sirvió como asesor del Congreso y de la Casa Blanca de Bush en cuanto a Iraq. Junto con el expresidente Jimmy Carter, fue copresidente de la Comisión Federal para la Reforma de las Elecciones, fue copresidente de la Comisión Nacional de las Armas de Guerra y, en la actualidad, es copresidente honorario del Proyecto de Justicia Mundial. La lista de nombramientos y galardones podría continuar interminablemente.

¿Puede ver el patrón aquí? A veces, una persona tiene habilidades políticas y relacionales muy valoradas por los que están en el poder. La tarea no parece ser lo más importante: tesoro, comercio, estrategia política, enviado internacional, levantamiento de la opinión pública. El juego de habilidades incluye todo lo que se necesita para mantener la maquinaria política en marcha.

Mi idea no es poner a determinada persona en un pedestal, sino proveer un contexto contemporáneo para lo que observamos en la vida de Daniel. Para ser un cautivo conquistado que nunca buscó su propio beneficio, Daniel fue invitado continuamente a ocupar posiciones de poder. En su caso, estas oportunidades fueron el resultado de la bendición de Dios sobre Daniel por su fidelidad y obediencia. Aun cuando una administración (el Imperio babilónico) cedió su lugar a otra (el Imperio medo-persa), Daniel se mantuvo constante; diversos gobernantes lo buscaron consistentemente y en cada gobierno su función fue crucial.

Al final de Daniel 5, vimos la caída de Babilonia y el levantamiento del gobernante Darío el medo (Daniel 5:30-31). Aproximadamente dos años después, Daniel, quien en esa época tenía más de ochenta años, fue convocado de nuevo a la corriente principal del poder político en el nuevo reino medo-persa. Era un hombre de fe excepcional; Ezequiel, su contemporáneo, colocó a Daniel en el mismo círculo de Noé y Job (Ezequiel 14:14, 20). El carácter irreprochable de Daniel lo hizo atractivo para los que estaban en el poder: personas que no siempre estaban seguras de en quién podían confiar.

Daniel el favorito de Darío

Le pareció bien a Darío constituir sobre el reino ciento veinte sátrapas que gobernaran en todo el reino, y sobre ellos, tres funcionarios (uno de los cuales era Daniel) a quienes estos sátrapas rindieran cuenta, para que el rey no fuera perjudicado. Pero este mismo Daniel sobresalía entre los funcionarios y sátrapas porque había en él un espíritu extraordinario, de modo que el rey pensó ponerlo sobre todo el reino.

DANIEL 6:1-3 (LBLA)

Bajo el gobierno de Darío se estableció el segundo gran imperio mundial alrededor del 539 a. C. La cabeza de oro de Babilonia ya no estaba, y el pecho y los brazos de plata fueron establecidos. La monarquía absoluta fue reemplazada por un sistema de jerarquía gubernamental que involucraba ley constitucional: la «ley oficial de los medos y los persas» (Daniel 6:8, 12, 15). El rey ya no gobernaba por simple capricho; estaba bajo una ley escrita, aunque él podía aprobar estas leyes por decreto unilateral. Por lo tanto, el poder absoluto del monarca decreció algo.

Darío decidió reorganizar el gobierno, y colocó a 120 sátrapas a cargo de las provincias conquistadas y de los reinos que comprendían el imperio. Aparentemente, parte de sus responsabilidades involucraba cobrar los impuestos para el rey. Debido a que había corrupción entre estos funcionarios de menor rango, Darío escogió a tres hombres como gobernadores para que «protegieran los intereses del rey» (Daniel 6:2).

Darío estaba más impresionado con Daniel que con los otros dos gobernadores, y lo escogió para que ejerciera el cargo de primer ministro de todo el imperio. Según la descripción de Daniel 6, el rey Darío prefería más a Daniel que a los otros gobernadores y sátrapas porque había en él «un espíritu superior» (versículo 3, RVR60). Esta es la misma frase que se traduce en Daniel 5:12 como «mayor espíritu» (RVR60). Esto significa que tenía una buena actitud y trabajaba con empeño para cumplir con sus obligaciones.

Daniel continuó honrando a Dios con su vida, y ahora Dios estaba honrando a Daniel de nuevo. El rey Darío «pensó ponerlo sobre todo el reino» (Daniel 6:3, LBLA). Daniel iba a convertirse en el segundo al mando sobre todo el Imperio medo-persa, un hecho que no pasó desapercibido para los colegas de Daniel.

Daniel es perseguido por sus enemigos

> Entonces los gobernadores y sátrapas buscaban ocasión para acusar a Daniel.
>
> DANIEL 6:4 (RVR60)

Para describir la presencia de Daniel en Persia, podemos usar la metáfora presentada por el apóstol Juan: luz y oscuridad (Juan 1). Jesús vino a un mundo en oscuridad como la luz, y las tinieblas hicieron todo lo posible para apagar esa luz. Así mismo, Daniel, gracias a la bendición de Dios y a su carácter irreprochable, fue un faro de luz en medio de los valores paganos que gobernaban el Imperio medo-persa. Daniel representaba un obstáculo para aquellos que querían obtener ganancias de sus posiciones mediante métodos inmorales. Por lo tanto, era natural que aborrecieran a Daniel y que buscaran la forma de removerlo de su cargo.

En el centro del odio que sus colegas le tenían estaba el celo profundo por la posición de Daniel en el reino. Había sido promovido y estaba por convertirse en su superior. Si Darío lo designaba en el cargo, Daniel tendría poder sobre todos los gobernadores y administradores. Por lo tanto, decidieron quitar a Daniel de su camino. Tenían la esperanza de atraparlo haciendo algo ilegal por lo cual acusarlo, pero no pudieron encontrar nada para usar en su contra. Cuánto más buscaban, más se llenaban de ira.

Clarence Macartney se ha imaginado la conversación que podrían haber tenido los supuestos acusadores de Daniel:

Uno de ellos dice:
—Busquemos la forma de incriminar a Daniel.
Falsifiquemos cartas y llevémoslas al rey, manifestando que Daniel ha estado manteniendo correspondencia a sus espaldas con príncipes extranjeros y que planea rebelarse contra Darío y derrocar su dinastía.
Pero uno de los otros responde:
—No, es inútil intentar eso. Daniel ha servido por demasiado tiempo y con demasiada lealtad a tres reyes [...] como para que alguien crea una acusación como esa contra él.
Luego otro propone lo siguiente:
—Daniel está a cargo de las finanzas del reino.
Acusémoslo de [...] corrupción.
Pero otro responde:
—Eso, también, será una pérdida de tiempo. Ninguna acusación contra la honestidad de Daniel, quien ha administrado los tesoros de tres reinos, será considerada ni por un minuto.

[...] Entonces el tercer conspirador se adelanta y propone:

—Hay solamente un plan que funcionará.

—¿Cuál? —preguntan los otros.

Debemos elaborar algún plan —dice—, por medio del cual la lealtad de Daniel al rey entre en conflicto con su lealtad a Dios. [...] Convenceremos a Darío de que firme un decreto a los efectos de que por treinta días esté prohibido orar a cualquier otro hombre y a cualquier otro Dios que no sea Darío. Eso funcionará; porque si hay algo que es seguro, es que Daniel nunca obedecerá dicho decreto[2].

El odio de estos hombres creció porque «la envidia [...] aborrece la excelencia que no puede alcanzar»[3]. La conclusión final de sus adversarios luego de su escrutinio exhaustivo se resume en Daniel 6:5: «No hallaremos contra este Daniel ocasión alguna para acusarle, si no la hallamos contra él en relación con la ley de su Dios» (RVR60).

Como observa William Heslop: «Nunca se pagó un tributo más elevado a un hombre mortal que el que los enemigos de Daniel le pagaron ese día. ¡Qué tributo tan extraordinario a la confiabilidad de este siervo público! La religión de Daniel operaba con tal poder que descartaba de su conducta todo lo que pudiera proporcionar una prueba con la cual podría ser acusado y justamente lastimado»[4].

Estos hombres procedieron a maquinar una conspiración basada en dos ingredientes: falsedad y adulación.

LA FALSEDAD

Todos nosotros —administradores, autoridades, altos funcionarios, asesores y gobernadores— nos hemos puesto de acuerdo en que el rey apruebe una ley que se haga cumplir estrictamente. Ordene usted que, en los próximos treinta días, todo aquel que ore a quien sea, divino o humano —excepto a usted, su majestad—, sea arrojado al foso de los leones.

DANIEL 6:7

Los enemigos de Daniel se reunieron en la presencia del rey y le propusieron una nueva ley: que todos los que oraran a cualquier dios aparte de Darío durante un período de treinta días serían condenados a morir en el foso de los leones. Había una mentira en su propuesta: no todos los funcionarios se habían puesto de acuerdo. Daniel, el funcionario más prominente de todos, había sido excluido. Naturalmente, los conspiradores no mencionaron este hecho.

LA ADULACIÓN

Ahora bien, su majestad, emita y firme esta ley de tal modo que no pueda ser alterada, una ley oficial de los medos y de los persas que no puede ser revocada.

DANIEL 6:8

Efectivamente, esta propuesta haría a Darío «dios por un mes». Estos líderes hicieron lo imposible para lograr que el rey firmara el edicto, el cual, según la ley, no podría ser revocado una vez que fuera puesto en vigencia. El rey era considerado infalible; una vez que ponía una ley en los libros, ni siquiera él podía rescindirla. En un instante que llegaría a lamentar, Darío firmó la ley (Daniel 6:9).

Daniel es consistente en servir a Dios

Cuando Daniel oyó que se había firmado la ley, fue a su casa y se arrodilló como de costumbre en la habitación de la planta alta, con las ventanas abiertas que se orientaban hacia

Jerusalén. Oraba tres veces al día, tal como siempre lo había hecho, dando gracias a su Dios.

DANIEL 6:10

Cuando Daniel se enteró de que Darío había firmado la ley, no hizo nada fuera de lo normal. Su hábito de todos los días durante años había sido orar a Dios mirando hacia Jerusalén tres veces por día; y eso fue exactamente lo que hizo el día que se enteró de la nueva ley. En otras palabras, no cambió absolutamente nada. Continuó con su programa de adoración diaria como siempre lo hacía.

¿Qué podemos deducir sobre Daniel basándonos en sus acciones? Evidentemente, era fiel y valiente sin considerar las consecuencias. Y era consistente. Era consistente en su *vida profesional*, según lo que el rey mismo reconoció. Era consistente en su *vida personal*: sus detractores no pudieron encontrar nada de qué acusarlo. Y era consistente en su *vida de oración*.

Si hay alguien que pudo haber tenido razón para presentar la excusa «no tengo tiempo para orar», habría sido Daniel. Imagínese las demandas de tiempo que tendría como gobernador del poderoso Imperio medopersa. Sin embargo, encontraba tiempo, tres veces por día, para orar.

Daniel es protegido por su Dios

El Señor no evitó que Daniel fuera arrojado al foso de los leones. Pero a través de todos los sucesos que ocurrieron —la angustia del rey, el envío de Daniel al foso y la depresión del rey—, vemos la mano protectora de Dios sobre la vida de Daniel.

LA ANGUSTIA DEL REY

Entonces le dijeron al rey:

—Ese hombre Daniel [...] no hace caso a usted ni a su ley. Sigue orando a su Dios tres veces al día.

Al oír esto, el rey se angustió mucho y procuró encontrar un modo de salvar a Daniel. Pasó el resto del día buscando una manera de librarlo de ese aprieto.

Por la noche, los hombres volvieron a presentarse ante el rey y dijeron: «Su majestad, usted sabe que según las leyes de los medos y los persas, ninguna ley firmada por el rey puede ser modificada».

DANIEL 6:13-15

La conciencia de Darío lo atormentaba. Sabía del peligro en el que había puesto a su amigo Daniel al firmar la ley absurda que prohibía orar por treinta días. Trabajó todo el día tratando de encontrar alguna fisura en la ley. Sabía que si no encontraba una, tendría que sentenciar a Daniel a la muerte. La ley persa estipulaba que las sentencias por crímenes debían hacerse efectivas el día en el que se cometía el crimen. Cuanto más descendía el sol en el horizonte, más fuerte gritaba la conciencia de Darío, pidiéndole que encontrara la manera de salvar al hombre que podía salvar su reino de la corrupción.

DANIEL ES ARROJADO AL FOSO

Entonces, finalmente el rey ordenó que arrestaran a Daniel y lo arrojaran al foso de los leones. El rey le dijo: «Que tu Dios, a quien sirves tan fielmente, te rescate».

Así que trajeron una piedra y la colocaron sobre la boca del foso. El rey selló la piedra con su sello real y los sellos de sus nobles para que nadie pudiera rescatar a Daniel.

DANIEL 6:16-17

El erudito del Antiguo Testamento C. F. Keil describe una jaula para leones que observó en Marruecos. Era subterránea, abierta arriba, con un muro de más de un metro de altura que rodeaba la circunferencia de la caverna. Tenía una pared que la dividía por la mitad, con una puerta que se podía subir o bajar desde arriba. El cuidador podía arrojar la carne en un lado de la caverna y luego levantar la puerta para que los leones pudieran acceder a ella. Al bajar la puerta, la mitad de la caverna quedaba vacía, lo cual permitía la limpieza. Tal caverna sería semejante a la cueva de los leones en la que se encontraba Daniel[5].

Otro escritor se imaginó lo que Daniel pudo haber vivido durante la noche que pasó en el foso de los leones:

A medida que los guardias cerraban la abertura y se marchaban, Daniel se deslizaba gradualmente hacia el piso del foso. Los inmensos leones que habían venido brincando desde sus guaridas ante la afluencia de luz se detuvieron repentinamente así como se detiene un corcel dominado por una mano poderosa en la brida. Los rugidos iniciales se desvanecieron mientras formaban una falange sólida y miraban hacia el hombre que se encontraba en su cueva al alcance de sus garras. Hubo algunos resoplidos y unos pocos gemidos, y algunos de ellos dieron la media vuelta y volvieron a sus guaridas. Otras de las grandes bestias bostezaron y se recostaron en el piso, pero ninguna hizo un movimiento para abalanzarse sobre el visitante.

—Gracias sean dadas a Yahveh —suspiró el profeta—. Él ha cerrado las fauces de estas bestias feroces para que no me hagan ningún daño.

Se sentó en el piso del foso y recostó su espalda contra la pared para sentirse cómodo mientras pasaba la noche. Pronto, dos cachorros se dirigieron hacia donde él estaba, no sigilosamente o agachados en señal de ataque, sino con una evidente actitud amistosa, y se acostaron a cada lado de

Daniel como para darle calor y protección en el foso frío. Después de un poco, su madre, una vieja leona, se acercó y se acostó enfrente del profeta. Él amablemente les acariciaba el lomo mientras ellos volteaban sus cabezas y le lamían la mano. [...] Rodeado por la leona y sus cachorros, la cabeza del patriarca se recostó lentamente sobre el lomo de uno de los cachorros mientras los cuatro dormían profundamente en perfecta paz y tranquilidad[6].

Muchas personas conocen el cuadro de Daniel en el foso de los leones que pintó Briton Rivière: Daniel está parado de espaldas a los leones en tranquila contemplación, con las manos atrás. Los leones están ordenados en un semicírculo a su alrededor, algunos parados quietos, otros caminando lentamente de un lado al otro. La expresión en el rostro de los leones es una mezcla de asombro y confusión. La comida está parada delante de ellos, pero, de alguna manera, ellos están contenidos y no pueden atacar, como si un escudo invisible estuviera impidiendo que avancen sobre Daniel.

Esta escena presenta un contraste marcado con la escena que nadie, hasta donde yo sé, ha pintado: cuando los acusadores de Daniel y sus familiares fueron arrojados al foso al día siguiente. Los leones atacaron a las víctimas en el aire antes de que tocaran el piso, destrozando sus huesos con sus fauces poderosas (Daniel 6:24). Una escena transmite paz y serenidad bajo la voluntad de Dios; y la otra, caos y juicio bajo la voluntad del hombre.

LA DEPRESIÓN DEL REY

Luego el rey regresó al palacio y pasó la noche en ayuno. Rechazó sus entretenimientos habituales y no pudo dormir en toda la noche.

DANIEL 6:18

Mientras que Daniel dormía como un corderito, a pesar de que estaba siendo vigilado por los leones, Darío estuvo dando vueltas en la cama toda la noche. No comió; no pudo dormir. Estaba contando los minutos hasta que saliera el sol, cuando podría saber cuál había sido la suerte de Daniel. Es probable que se estuviera preguntando una y otra vez: *¿Por qué accedí a asumir el papel de un dios por treinta días? ¿En qué estaba pensando?* Su vanidad y su voluntad débil le costaron la cena y el sueño. Los leones querían comer, pero no podían; el rey podía comer, pero no quiso hacerlo. Fue una noche muy singular en Persia.

LA LIBERACIÓN DE DANIEL DEL FOSO

Muy temprano a la mañana siguiente, el rey se levantó y fue deprisa al foso de los leones. Cuando llegó allí, gritó con angustia:

—¡Daniel, siervo del Dios viviente! ¿Pudo tu Dios, a quien sirves tan fielmente, rescatarte de los leones?

DANIEL 6:19-20

Cuando Darío dio la orden de que arrojaran a Daniel al foso de los leones, expresó confianza en que Daniel sobreviviría: «Tu Dios, a quien sirves con perseverancia, Él te librará» (Daniel 6:16, LBLA). Pero luego quedó comprobado que la fe del rey no era muy fuerte, como lo evidencian su ansiedad durante la noche y las primeras palabras que salieron de su boca a la mañana siguiente: «¿Pudo tu Dios, a quien sirves tan fielmente, rescatarte de los leones?» (versículo 20). Al rey no solamente le faltaba certeza de la voluntad de Dios, sino que ni siquiera estaba seguro de que Dios pudiera salvar a Daniel de los leones. No hay ninguna señal de fe salvadora en la vida de Darío. Su perspectiva sobre el Dios de Daniel estaba basada en el carácter de Daniel y en el poder de su Dios comparado con los otros dioses del panteón mesopotámico. Era un comienzo, pero no era fe salvadora: ni entonces, ni ahora.

La respuesta

> Y Daniel contestó:
> —¡Que viva el rey! Mi Dios envió a su ángel para cerrarles la boca a los leones, a fin de que no me hicieran daño, porque fui declarado inocente ante Dios y no he hecho nada malo en contra de usted, su majestad.
> DANIEL 6:21-22

Dios cerró las bocas de los leones y salvó a Daniel de la muerte. El famoso predicador londinense Charles Spurgeon dijo que era mejor que los leones no trataran de comerse a Daniel. No lo habrían disfrutado, ¡porque era la mitad agallas y la otra mitad tenacidad![7]

Necesitamos preguntarnos: ¿por qué salvó Dios a Daniel de la muerte? A lo largo de la historia, muchos otros mártires murieron por su fe, algunos de ellos en los tiempos del Antiguo Testamento (Hebreos 11:37-38). Otros están muriendo por su fe hoy. ¿Por qué no murió Daniel?

La lógica

> Mi Dios envió a su ángel para cerrarles la boca a los leones, a fin de que no me hicieran daño, porque fui declarado inocente ante Dios y no he hecho nada malo en contra de usted, su majestad.
> DANIEL 6:22

¿Por qué salvó Dios a Daniel? El hecho milagroso declaró la inocencia de Daniel y desplegó el poder de Dios ante el rey. Por supuesto, el poder de Dios podría haberse evidenciado incluso si los leones se hubieran comido a Daniel. Considere de nuevo la respuesta de los tres amigos de Daniel antes de que los echaran al horno ardiente: «Si nos arrojan al horno ardiente, el Dios a quien servimos es capaz de salvarnos. Él nos rescatará de su poder, su majestad; *pero aunque no lo hiciera*, deseamos dejar en claro ante usted que jamás serviremos a sus dioses ni rendiremos culto a la estatua de oro que usted ha levantado» (Daniel 3:17-18, énfasis añadido). Dios habría sido glorificado por la fidelidad de Daniel a pesar de lo que le sucediera en el foso de los leones, pero la intervención milagrosa de Dios demostró con toda claridad que el Dios de Daniel era real y poderoso.

La reacción

> El rey se alegró mucho y mandó que sacaran a Daniel del foso. No tenía ningún rasguño.
>
> DANIEL 6:23

La Biblia retrata con mucha claridad el deleite del rey porque Daniel estaba vivo. Lo revisó con mucho cuidado para asegurarse de que no estuviera herido. Como los amigos de Daniel que habían escapado ilesos del horno, Daniel salió del foso sin ninguna herida. Si tenemos en cuenta la voracidad de los leones con las personas que fueron arrojadas al foso más tarde, es evidente que Daniel pudo escapar sin ningún rasguño solamente gracias a la intervención directa de Dios.

La razón

> ...porque había confiado en su Dios.
>
> DANIEL 6:23

No se puede descartar la fe de Daniel como una de las razones por las cuales Dios lo liberó. La Biblia dice que «sin fe es imposible agradar a Dios» (Hebreos 11:6). Jesús dijo: «Todo es posible si uno cree» (Marcos 9:23). Jesús se maravilló por la fe de un soldado gentil a cuyo siervo él sanó (Lucas 7:9), y también se maravilló por la falta de fe de los de su pueblo, en donde, debido a su incredulidad, no pudo hacer milagros (Marcos 6:6). A los ojos de Dios, la fe es crucial: un principio que Daniel entendía.

Para Daniel y sus tres amigos hebreos, la fe era un compromiso con la omnipotencia, no con el resultado. Como dijeron los tres amigos antes de que los arrojaran al horno ardiente, Dios puede salvar; depende de él si escoge hacerlo o no. En cualquiera de los casos, debemos depositar nuestra confianza en él y en lo que él considere el mejor resultado. Esa es una fe que sin dudas le agrada a Dios.

Una maestra de escuela dominical una vez le preguntó a su clase por qué Daniel no tuvo miedo cuando lo arrojaron al foso de los leones. Una niñita respondió: «¡Porque el León de la tribu de Judá estaba allí con él!». ¡Esa es teología sólida!

Dios demuestra la fidelidad de Daniel

Entonces el rey dio órdenes de que arrestaran a los hombres que maliciosamente habían acusado a Daniel y los hizo echar al foso de los leones, junto con sus esposas y con sus hijos. Los leones saltaron sobre ellos y los despedazaron aun antes de que llegaran al piso del foso.

DANIEL 6:24

Los leones tuvieron su recompensa. En lugar de un judío viejo y correoso, les sirvieron para el desayuno muchos persas tiernos y blandos. Los hambrientos leones se los comieron antes de que tocaran el piso.

Según Leon Wood, el propósito de los detalles sobre cómo los leones consumen a los acusadores de Daniel es «mostrar lo grandioso que fue el milagro de la protección de Daniel. Los leones no eran viejos ni indiferentes a la carne humana. Simplemente, el mensajero de Dios allí presente detuvo a los leones para que no le infligieran a Daniel la misma clase de muerte horrenda»[8].

C. I. Scofield, editor de la famosa *Biblia de estudio Scofield*, era un abogado brillante que había arruinado su carrera por causa del alcoholismo hasta que se convirtió a Cristo a los treinta y seis años. Perseveró hasta convertirse en un gran estudioso de la Biblia, pastor, evangelista y defensor de misioneros.

Scofield una vez dio su testimonio basado en la historia de Daniel en el foso de los leones:

Poco después de que fuera salvado, pasé frente a la ventana de un negocio en St. Louis, en donde vi un cuadro de Daniel en el foso de los leones. Ese extraordinario hombre de fe, con sus manos atrás y esas bestias rodeándolo, estaba mirando hacia arriba. [...] Mientras estaba parado allí, una gran esperanza inundó mi corazón. Solamente habían pasado pocos días desde que yo, un abogado borracho, me había convertido; y nadie me había hablado todavía del poder protector de Jesucristo. Pensé para mí mismo: yo también estoy rodeado de leones, como mis viejos hábitos y pecados. ¡Pero el que cerró las bocas de los leones para proteger a Daniel también puede cerrarlas para protegerme a mí! Supe que no podría ganar la batalla con mis propias fuerzas. La pintura me hizo darme cuenta que, mientras que yo era débil e inútil, mi Dios era fuerte y capaz. Él me había salvado, y ahora me libraría de las bestias salvajes de mi vida. Oh que descanso trajo esa verdad a mi alma[9].

Dios rescató a Daniel de los leones pero no evitó que los enfrentara. Como cristianos en un mundo caído, podemos esperar que los leones de la tentación y la oposición gruñan a nuestro alrededor. Pero cuando ponemos nuestra confianza en el León de la tribu de Judá, no tenemos que temerle a ninguno. El Dios que liberó a Daniel es el Dios que puede liberar a los que, como Daniel, creen en él.

* * *

DANIEL HOY

Daniel prefirió pasar tiempo con los leones en vez de renunciar al tiempo que pasaba con el Señor. ¿Y usted? Jesús nos dijo que entráramos a nuestra habitación, cerráramos la puerta y oráramos a nuestro Padre en secreto (Mateo 6:6). Daniel hacía esto tres veces al día. Tal vez oraba cuando se levantaba, de nuevo al mediodía cuando regresaba a su hogar a almorzar y otra vez en la noche antes de acostarse. Para él, la oración se había convertido en una rutina inquebrantable, y ese era el secreto de su carácter, reputación e influencia. ¿Cómo podemos convertirnos en poderosos hombres y mujeres de oración?

1. Establezca un tiempo de oración diario, y manténgalo con seriedad. Demasiados cristianos emiten un apresurado: «¡Señor, bendíceme!» mientras corren a su trabajo por las mañanas. Pero el verdadero poder se encuentra en la verdadera oración, y la oración verdadera debe convertirse en un hábito serio en nuestras vidas. Es difícil crear nuevos hábitos, pero una vez que se logra, son difíciles de quebrar. Reorganice su agenda y comience a invertir tiempo en la oración cada día, a una hora específica y en un lugar específico. Si no lo logra un día, no se dé por vencido. Continúe hasta que se convierta en un patrón inquebrantable.

2. Adopte un método de oración. Aunque ningún método en particular funciona para todas las personas, a muchas les gusta tener listas de oración y de alabanza o un sencillo diario de oración. Muchas siguen un orden que incluye lectura y meditación bíblica, alabanza, confesión, y peticiones personales y para los demás. Su práctica evolucionará en la medida que se dedique, y se enriquecerá y se hará más profunda con el paso de los días y los años.

3. No se avergüence de orar. Aunque no queremos hacer ostentación de nuestras oraciones como hicieron los escribas y los hipócritas en la época de Jesús (Mateo 6:5), estamos agradecidos por tener acceso al trono de Dios día y noche. Nuestras oraciones forman una importante línea de defensa contra ese león rugiente, Satanás. Daniel no se avergonzaba de ser conocido como un hombre de oración, y nosotros tampoco deberíamos.

Capítulo 8

EL
CONQUISTADOR

Daniel 8:1-8; 15-22

Daniel se despertó de repente, temblando por la visión que le había venido durante la noche. Por un instante, pensó que estaba en Susa, adonde la visión lo había llevado. Pero a medida que su cabeza se aclaraba, se dio cuenta de que estaba en su hogar en Babilonia.

La visión había sido algo terrible de presenciar. Un carnero monstruoso, equipado con dos cuernos enormes, había recorrido las naciones, arrasando y destrozando todo a su paso, hasta que dominó todas las tierras desde Lidia en el occidente hasta los confines de la civilización al oriente.

El carnero parecía invencible hasta que un chivo igualmente monstruoso apareció desde el occidente, armado con un cuerno gigantesco que surgía entre sus ojos. El chivo cruzó la tierra galopando como si estuviera volando. Se encontró con el carnero y se embistieron de frente con tanta fuerza que el choque conmovió la tierra y resonó en los cielos. Se desató una batalla titánica, y cuando se disipó el polvo, el carnero yacía sangrante y aplastado, con sus grandes cuernos torcidos y quebrados.

Luego de derrotar al carnero, el chivo dominó todo el territorio del carnero, y luego le añadió más territorios. Pero, repentinamente, su cuerno se quebró de una manera inexplicable, y cuatro cuernos más pequeños crecieron en su lugar. Ninguno de ellos, sin embargo, tenía el poder del primero.

Daniel estaba seguro de que la visión tenía algún significado, pero no podía encontrar la clave para descifrarlo. Mientras meditaba, un hombre altísimo apareció de repente delante de él, resplandeciente como un relámpago y perfecto en toda su apariencia. Daniel supo de inmediato que este hombre era un ángel, y cayó sobre su rostro, temblando, y finalmente se desmayó abrumado por la visión gloriosa.

Con un toque, el ángel despertó a Daniel y renovó sus fuerzas. Daniel se puso de pie para escuchar lo que le diría el ser magnífico.

—Soy Gabriel —dijo el ángel—. He sido enviado para hacerte saber el significado de tu visión. Los dos cuernos del carnero significan los reyes de Media y de Persia. El chivo es el reino de Grecia. El gran cuerno entre sus ojos es el primer rey. En relación al cuerno quebrado y a los cuatro cuernos que crecieron en su lugar, cuatro reinos surgirán de esa nación, pero no con su poder original.

* * *

Era el año 344 a. C., dos siglos después de la visión de Daniel. Un niño de doce años estaba en el patio de los establos del rey con su padre, el rey Filipo II de Macedonia. Estaban admirando a un inmenso semental, negro como ébano pulido. Dos hombres sujetaban al caballo, uno de cada lado, sosteniendo cuerdas atadas a la brida del animal. Era el caballo más fino que el joven Alejandro había visto hasta entonces: pelaje liso, músculos sólidos, ojos brillantes y con la cabeza tan grande como la de un buey.

—Esta bestia magnífica puede ser suya por solamente trece talentos. —Filónico era un comerciante de Tesalia, y el rey Filipo le compraba a él la mayoría de sus caballos.

—Háganlo caminar en un círculo para que podamos verlo en movimiento —dijo el rey.

Los dos domadores, sosteniendo la soga tensa, guiaron al caballo así como el rey mandó. Habían completado la mitad del círculo cuando el animal comenzó a relinchar y a corcovear, golpeando el aire con sus patas delanteras y sacudiendo la cabeza de manera descontrolada para soltarse de las sogas. Pateaba enfurecido, tironeando a los domadores de un lado al otro como si fueran de juguete. Sin embargo, los domadores consiguieron sostener la soga con firmeza hasta que el caballo se calmó.

—En el pasado, siempre me has traído caballos domados —dijo el rey—. ¿Por qué este caballo todavía es salvaje?

—Nadie ha podido montarlo, mi señor.

—Entonces no me sirve. Sáquenlo de aquí.

—Espera, padre —dijo Alejandro—. Yo quiero ese caballo. Cómpralo, y si no logro domarlo, encontraré la manera de pagarlo.

—No, mi rey —interrumpió Filónico—. Esta bestia matará al niño. Ni siquiera mis mejores domadores pudieron amansarlo.

—No me matará —replicó Alejandro—. Debo tener ese caballo. Nunca he visto otro caballo como ese.

Luego de una breve discusión, el rey accedió. Compró el caballo y se lo dio a Alejandro, quien lo llamó Bucéfalo, que significa «cabeza de buey».

Cuando Alejandro estaba observando al caballo, se dio cuenta de que el animal permaneció tranquilo hasta que los domadores lo hicieron caminar en dirección opuesta al sol de la mañana, y llegó a la conclusión de que la proyección enorme de su propia sombra era lo que lo intranquilizaba. Durante numerosos días, se ganó la confianza del animal acercándose despacio, hablándole con un tono relajante y acariciándolo suavemente. Luego de haber ganado cierta confianza, llevaba al caballo sin resistencia hacia el sol, y le tapaba los ojos con una venda antes de llevarlo de regreso al establo.

Pronto Bucéfalo accedió a que lo ensillara. Un corto tiempo después, el caballo permitió que Alejandro lo montara. El niño comenzó a montar al caballo, siempre hacia el sol primero, y luego se bajaba y lo llevaba de regreso al establo sin la venda en los ojos, hablándole suavemente todo el tiempo. Finalmente, la confianza del semental en su amo echó fuera todo el temor, permitiendo que el niño lo montara cuando quisiera, en cualquier dirección y a cualquier velocidad.

La siguiente vez que el rey Filipo llegó al patio del establo, Alejandro estaba montado en Bucéfalo y, sin decir ni una palabra, pasó por donde el rey se encontraba hablando con Filónico.

El rey se infló de orgullo.

—Mi hijo —dijo—, busca un reino igual a ti y digno de ti, porque Macedonia es demasiado pequeña para ti.

El rey Filipo ni siquiera se imaginaba lo proféticas que serían esas palabras.

* * *

Alejandro fue un prodigio desde su niñez. Era diestro no solamente en equitación y armas, sino también en filosofía, literatura, ciencias y medicina, porque tuvo como tutor al mismísimo Aristóteles. Sus padres tenían altas expectativas. Su madre, la princesa Olimpia de Epiro, le dijo a Alejandro que él era descendiente del dios griego Zeus y del poderoso guerrero Aquiles.

El padre de Alejandro había conquistado las ciudades-estado griegas que estaban enemistadas entre sí y las había fusionado en una nación bajo su gobierno macedonio. El Imperio persa era el poder dominante del mundo en esa época, y sus invasiones agresivas a Grecia amenazaban los logros de Filipo. El rey se dispuso a conquistar a los persas y a dejar los imperios combinados de Grecia y Persia como un legado a su hijo.

Pero no sucedió así. En el 336 a. C., el rey Filipo fue asesinado, y su ejército de inmediato colocó a Alejandro en el trono. Alejandro tenía veinte años en esa época. Inteligente, impaciente y con afán, Alejandro estaba decidido a llevar a cabo la ambición de su padre de conquistar el Imperio medo-persa. Primero solidificó su gobierno sobre Grecia, y luego, en el 334 a. C., cruzó con su ejército el estrecho del Helesponto, muy cerca del mar Egeo. Mientras su barco se acercaba a la costa persa, tiró su lanza a la tierra y gritó:

—Esa lanza pronto conquistará toda Asia.

Alejandro primero se enfrentó con el ejército persa, liderado por Memnón, el general de Darío, en el río Gránico. Las tropas de Memnón fueron masacradas, lo cual le permitió a Alejandro marchar por el territorio persa, apoderándose de una provincia tras otra en batallas relámpago y reemplazando a los gobernadores con sus propios hombres.

El asustado rey persa, Darío III, reunió un ejército nuevo con más de 200.000 hombres, y en noviembre del 333 a. C., comandó el ejército para enfrentarse con la tropa de Alejandro, que ahora estaba reducida a solamente 35.000. Luego de algunos amagos y contra-amagos, Alejandro le tendió un señuelo a las tropas de Darío, atrayéndolas hacia una planicie angosta en el río Pinaro cerca del pueblo de Issos.

Alejandro posicionó a su ejército al otro lado del río frente a los persas, y a la mañana siguiente, él y su segundo al mando, Parmenión, treparon a una montaña a ofrecer sacrificios a sus dioses para asegurar la victoria.

Mientras las llamas del sacrificio parpadeaban entre las brasas, el general Parmenión miró hacia el extenso campamento persa.

—Seguro que no tiene la intención de atacar ahora, mi señor. Mire a ese ejército. Es seis veces más grande que el nuestro.

—Sí, pero los dioses están de nuestro lado —replicó Alejandro.
Parmenión resopló.

—¡Dioses! Malgaste toda la carne de toros que desee en sus altares inútiles. Los dioses no saben nada de estrategias militares. Incluso si lo supieran, la estrategia no serviría de nada contra esos números aplastantes.

—Estás equivocado, Parmenión. Mira: los dioses ya están trabajando para nosotros. Los persas están encerrados por el mar a su derecha y las montañas a su izquierda. Su ejército está apretado como peces en una red. No pueden maniobrar en cuadrantes tan reducidos. Tampoco nos pueden atacar con tropas numerosas ya que su frente de ataque es demasiado angosto.

—¿Cómo atacaremos?

—Dividiremos nuestro ejército en dos...

—¿Dividir nuestro ejército? ¡No creo que eso sea lo que realmente quiera hacer! Ya somos pocos, y al dividirnos, seremos incluso menos.

—Haré un frente con las tropas en forma de cuña y llevaré a la mitad de nuestro ejército al otro lado del río hacia el frente de ataque de Darío —continuó Alejandro—. Tú posicionarás a tus tropas entre mi ejército y el mar para evitar que los persas nos rodeen por ese lado. No pueden flanquearnos por el otro lado debido a las montañas. Atacaremos de manera simultánea, y ellos nos enfrentarán en el río. Con el ímpetu de nuestro ataque y el barro empantanando las ruedas de sus carros, dividiremos sus fuerzas a la mitad y los haremos retroceder contra ellos mismos.

Parmenión asintió.

—Sí, ahora puedo ver su estrategia. Cuando retrocedan, estarán demasiado apretados como para moverse con rapidez porque son demasiados. Es una idea brillante, mi señor.

Con sus tropas alineadas, Alejandro dio la señal de ataque. La batalla fue feroz. Alejandro estaba sangrando de un corte en el muslo, pero siguió impávido, comandando a su guardia selecta hacia el medio de la refriega. No pasó mucho tiempo hasta que los cadáveres se atascaran en el río, formando una represa y provocando que el agua teñida de sangre inundara la orilla.

El rey Darío, observando la batalla desde atrás, vio que se aproximaba la derrota y huyó hacia las montañas, abandonando a sus soldados en el campo de batalla. Su ejército desmoralizado se dio vuelta y huyó, pero los impidió la cantidad que eran. Los griegos que venían por detrás los masacraron uno tras otro.

La victoria de Issos le dio a Alejandro el territorio sirio del Imperio persa, pero con la huida de Darío III, sabía que su posesión no era segura. Sin embargo, al haber diezmado al ejército persa, quedó desprotegido Egipto, el estado vasallo de Persia; por lo tanto, navegó por la costa del norte de África, conquistando todas las ciudades a su paso y, cuando llegó a Egipto, le dieron la bienvenida como el libertador de la opresión persa.

Mientras tanto, Darío III reunió y entrenó un ejército nuevo, el cual era incluso más numeroso que el anterior. En el 331 a. C., con Egipto asegurado, Alejandro marchó al norte a enfrentarlo. Darío había aprendido la lección en Issos. Esta vez acampó en la llanura de Gaugamela, cerca del río Tigris. Llenaban la llanura cantidades masivas de infantería, caballería y carruajes equipados con guadañas muy afiladas, y quince elefantes enormes se elevaban amenazantes por encima de ellos, los cuales estaban montados por los lanceros de Darío.

Alejandro llevó a su ejército a una distancia de los persas del alcance de la voz, poniéndolos en alerta de un ataque inmediato. Cuando los griegos habían armado su campamento, Parmenión habló con Alejandro a solas, como lo había hecho en Issos.

—Seguramente no planea atacar a un ejército de esa magnitud. Ahora son ocho veces más numerosos que nosotros. Y están muy bien resguardados, listos para enfrentarnos.

—¿Te olvidaste que nos superaban en número en Issos? —replicó Alejandro—. Sin embargo, los derrotamos en un día.

—Sí, pero esta vez Darío escogió muy bien su campo de batalla. Es una llanura amplia donde sus carros con guadañas pueden maniobrar con facilidad. Retirémonos por ahora, mi señor. Podemos reagrupar nuestro escaso ejército con mercenarios y regresar a pelear en otra oportunidad.

—No, estamos aquí, y estamos listos. No me retiraré.

Parmenión suspiró.

—Muy bien, mi señor. Usted sabe que lo apoyo en lo que sea que decida. Pero por favor, le ruego: ataquemos esta noche, aprovechando la oscuridad.

—No, eso es lo que ellos esperan que hagamos. Dormiremos esta noche, mientras ellos se mantienen despiertos esperándonos. Entonces los atacaremos por la mañana, cuando nosotros estemos descansados y ellos exhaustos.

Otra vez, Alejandro dividió a su ejército en dos unidades, la de la derecha comandada por él y la de la izquierda por Parmenión. Pero esta vez, hizo que las fuerzas de Parmenión se quedaran quietas mientras él avanzaba con sus tropas hacia la derecha. Su estrategia era simplemente un amago para atraer al ejército persa hacia él. Darío mordió el anzuelo y se enfrentó con la avanzada de Alejandro, lo que le permitió a Parmenión rodear a los persas por la izquierda y encerrarlos entre las dos fuerzas griegas. De repente, los persas se encontraron peleando en dos frentes.

La caballería de Alejandro comenzó el ataque, seguido por su infantería. Le había ordenado a la infantería que no se enfrentara a los carros con guadañas, sino que simplemente se hicieran a un lado, dejando a los carros a merced de los arqueros y lanzadores de jabalina que avanzaban inmediatamente detrás de la infantería.

Las fuerzas de Parmenión mantuvieron el flanco izquierdo, lo cual permitió que la cuña de Alejandro avanzara y quebrara el frente persa.

Luego de una batalla feroz, Alejandro avanzó hasta que divisó a los guardias que estaban posicionados alrededor del campamento del rey Darío.

—¡El rey! —gritó por encima del estruendo—. ¡Sigan adelante! ¡Debemos atrapar al rey!

Alejandro espoleó a Bucéfalo y comandó el ataque. Las espadas de su caballería arrasaron con los guardias selectos de Darío. Pero antes de que llegara al rey, escuchó gritos de alarma desde su izquierda. Giró y vio que las fuerzas de Parmenión estaban retrocediendo. De inmediato, acudió con su ejército a ayudar a su general, encerrando a los persas atacantes entre sus dos fuerzas. El rey Darío, viendo que sus líneas habían sido quebradas, supo que la batalla estaba perdida. Cuando Alejandro se dio vuelta, Darío huyó con lo que quedaba de su guardia diezmada. Sin su rey, los persas entraron en pánico y huyeron solo para ser masacrados por los griegos que los perseguían.

Al final del día, Alejandro y Parmenión observaban mientras sus hombres saqueaban el campamento persa, tomando grandes cantidades de armaduras, armas y carruajes, e incorporaban a los quince elefantes al ejército griego.

Alejandro se volvió a su general.

—El Imperio medo-persa ya no existe. Ahora es parte de mi nuevo Imperio griego.

La batalla de Gaugamela cumplió la profecía que Dios le había dado a Daniel aproximadamente doscientos años atrás. El chivo con un gran cuerno, los griegos bajo el gobierno de Alejandro Magno, había derrotado al carnero con dos cuernos, el inmenso Imperio de los medos y los persas que Ciro, el guerrero extraordinario, había unificado originalmente en la época de Daniel.

Alejandro continuó sus campañas de conquista; con el tiempo, extendió su imperio hacia el oriente hasta llegar a la India. En trece años, había conquistado la mayor parte del mundo civilizado conocido. Regresó a Babilonia y se instaló en el magnífico palacio que había construido Nabucodonosor II.

* * *

Yolas, el copero de Alejandro, observaba imperturbable mientras el gran banquete que Medius había organizado para su amigo Alejandro degeneraba en una orgía de borrachos. Muchas personas estaban tomando vino a bocanadas en las mesas mientras otras jugaban juegos o cantaban a los gritos canciones licenciosas acerca de las aventuras de los dioses. De vez en cuando, un hombre se retiraba con una de sus concubinas. Alejandro mismo se había escapado, y todavía no había regresado.

Regresará pronto, pensó Yolas. *Y, entonces, finalmente tendré la oportunidad de vengar a mi padre.*

El padre de Yolas era Antípatro, uno de los virreyes de Macedonia a quien Alejandro había despedido por mala conducta. Los amigos del hombre deshonrado habían tramado incorporar a Yolas al equipo de sirvientes de Alejandro ocultando su parentesco.

Alejandro regresó a la fiesta, tambaleándose por la cantidad abundante de vino que había tomado esa noche. Los invitados lo aclamaban con gritos procaces:

—El conquistador regresa luego de otra conquista.

—Él es la reencarnación de Hércules.

—Levanten las copas y tomemos en honor a nuestro nuevo dios.

Alejandro, sonriendo tontamente, cayó con todo su peso en la silla, y alguien puso un tazón delante de él.

—Yolas —lo llamó Medius—, ven, y llena el tazón de nuestro nuevo Hércules con la dulce sangre de estos exquisitos viñedos persas.

Yolas ya tenía especialmente preparado el vino de Alejandro. Sonrió de la manera habitual, llevó el frasco hacia el emperador y llenó su tazón. Alejandro bebió todo el contenido y dejó el tazón vacío en la mesa mientras los invitados lo alentaban estruendosamente.

De repente, comenzó a retorcerse de dolor, se apretó el pecho y se desplomó en el piso. Medius ordenó a los sirvientes que lo llevaran de regreso al palacio de Nabucodonosor para que lo asistieran los médicos reales.

Alejandro se despertó la tarde siguiente con un dolor que le partía la cabeza y con mucha fiebre. Medius estaba sentado al lado de su cama, mirándolo atentamente mientras el emperador se quejaba de dolor. En la noche, Alejandro se sintió lo suficientemente recuperado como para levantarse y caminar un poco, aunque el pecho todavía le dolía.

A la mañana siguiente, el dolor había disminuido; se despertó a la hora habitual, se levantó y se vistió.

—¡Ah!, mi amigo —dijo Medius—, bienvenido de regreso a la tierra de los vivientes. Nos diste un gran susto.

Alejandro no dijo nada, sino que se sentó en una mesa de la galería y pidió vino. Medius ordenó a un sirviente que le trajera comida, pero Alejandro ni siquiera la tocó. Medius trató de entablar una conversación con su amigo, pero las respuestas de Alejandro eran mínimas, en el mejor de los casos. Lo invitó a jugar su juego favorito; Alejandro no quiso. Le dijo que ordenaría que trajeran a una de las jóvenes esclavas, pero Alejandro no estaba interesado. Le propuso que hicieran una excursión a caballo por el parque babilónico de Nabucodonosor. Alejandro negó con la cabeza y fijó la mirada en la copa de vino.

—¿Por qué estás tan desanimado? —preguntó Medius finalmente—. Mira todo lo que has logrado. En apenas trece años, has conquistado el mundo civilizado. No hay ningún hombre en la historia que haya realizado una hazaña como esa.

—Ese es el problema, Medius. Lo único que sé hacer es conquistar. Construí mi vida en torno a eso. Y ahora ya no hay más mundos para conquistar. Tengo poco más de treinta años, y ya alcancé la cima de mi vida. Todo es cuesta abajo desde aquí.

—¡Ah!, pero ahora puedes disfrutar de aquello por lo cual todos trabajamos: placer. Vino, mujeres, música, comida y compañía. Vive para el placer, mi amigo. De eso se trata la vida.

—El dolor en mi pecho ha regresado —dijo Alejandro—. Creo que volveré a la cama.

Durante la próxima semana, Alejandro pasó más y más tiempo en la cama debido a que el dolor y la fiebre se incrementaban a diario. Se debilitó progresivamente, y hablaba de manera inarticulada, hasta que finalmente ya no podía levantarse de la cama ni hablar en absoluto.

Cuando la noticia sobre su deterioro llegó a su ejército, sus hombres se sintieron desconsolados. Medius trasladó la cama de Alejandro al gran salón, y permitió que los soldados hicieran fila para verlo durante el día. El emperador apenas podía levantar la mano en reconocimiento. Catorce días después del banquete en la casa de Medius, Alejandro Magno murió.

Alejandro no había nombrado sucesor. Su esposa, Roxana, dio a luz a un hijo después de su muerte, y algunos de los oficiales militares de Alejandro apoyaban que se nombrara sucesor al bebé. Pero esta opción nunca se cristalizó, debido a que numerosos generales, gobernadores y otros que afirmaban tener derecho comenzaron a competir por el trono. Luego de una sucesión de intrigas y asesinatos, surgieron cuatro bloques de poder, dividiendo el imperio de Alejandro en cuatro reinos separados: Egipto, Mesopotamia seléucida, Anatolia y Macedonia.

Tal como la visión de Daniel lo había profetizado, el gran cuerno del chivo griego fue destruido con la muerte de Alejandro, y cuatro cuernos más débiles surgieron en su lugar.

* * *

LAS ESCRITURAS DETRÁS DE LA HISTORIA

Tanto el libro de Daniel como el libro de Apocalipsis con frecuencia recurren a los animales para transmitir verdades proféticas. Funciona bien construir metáforas con animales porque son muy gráficas. Incluso en la actualidad, usamos animales para describir algunas características de las personas:

- Tiene vista de águila.
- Me siento como un pez en el agua.
- Está hecho un toro.
- Esas niñas son unas cotorras.
- Es un zorro en los negocios.
- Sé que debería enfrentarlo, pero soy una gallina.
- No confíes en ella; es una víbora.
- Esa mujer tiene la memoria de un elefante.
- Por favor, deja de hacerte el ganso.
- Es más terco que una mula.

Las características que tienen algunos animales son metáforas perfectas del comportamiento humano. Así mismo, en el libro de Daniel, encontramos animales que se usan como metáforas.

Los capítulos 7–8 de Daniel nos proveen el punto de vista de Dios sobre los gobiernos gentiles paganos, representándolos como fieras impuras y salvajes, decididas a dominar como si fueran el macho alfa de un rebaño o jauría, pero finalmente destinado a morir.

Daniel recibe el segundo sueño

La visión que se registra en Daniel 8 vino a Daniel «Durante el tercer año del reinado de Belsasar» (Daniel 8:1), lo cual fue alrededor del 550 a. C. Daniel se acercaba a su cumpleaños número setenta.

LA UBICACIÓN DE LA VISIÓN

Durante el tercer año del reinado de Belsasar, yo, Daniel,
tuve otra visión, después de la que ya se me había aparecido.
DANIEL 8:1

Este es un buen lugar para que se nos recuerde que el libro de Daniel no está ordenado cronológicamente. Belsasar murió durante la invasión medo-persa a Babilonia registrada al final del quinto capítulo de Daniel. Daniel 6 sigue cronológicamente con eventos que ocurrieron durante el gobierno persa de Darío (Daniel 6:1). Luego, Daniel 7–8 retroceden casi veinte años y relatan dos visiones que ocurrieron antes de la caída de Belsasar. Este capítulo explora la segunda visión, la que se encuentra en Daniel 8, porque los eventos que esa visión describe ocurrieron antes de los eventos de la visión de Daniel 7. Ya hemos tratado algunas de las profecías de Daniel 7, y otras surgirán en un capítulo posterior.

Está claro que cuando Daniel interpretó las Escrituras en la pared de Daniel 5, lo que sabía de esta visión ya estaba en su mente.

EL PERFIL DE LA VISIÓN

Las visiones en Daniel 2 y partes de Daniel 7 son paralelas. Ambas resumen el levantamiento y la caída de cuatro reinos: Babilonia, Medo-Persia, Grecia y Roma. La visión de Daniel 8 se enfoca solamente en dos de esos reinos: Medo-Persia y Grecia. Esos reinos son representados en el coloso por medio del pecho y los brazos de plata, y el vientre y los muslos de bronce (Daniel 2).

Estos dos reinos son seleccionados en Daniel 8 porque tienen una importancia especial para el pueblo judío. Medo-Persia es significativo porque el rey persa les permitió a los judíos regresar a Jerusalén y reconstruir los muros y el templo. Grecia es relevante porque durante el período de la historia cuando esa nación dominaba, Jerusalén y el templo fueron sitiados de nuevo luego de la muerte de Alejandro.

En Daniel 8, la lengua original pasa del arameo (la lengua de los gentiles) al hebreo porque el resto del libro se ocupa de Israel. Pero eso no significa que la importancia de Daniel 8–12 se limita a Israel. Israel ha sido el centro neurálgico de la tierra desde la época de Abraham. Ha sido el centro de la verdad desde donde una corriente de revelación divina ha fluido desde el nacimiento de Cristo. Ha sido el centro de tormentas para las naciones guerreras desde los días de Josué. Y será el centro de la paz de la tierra durante la era del Reino.

EL LUGAR DE LA VISIÓN

En esta visión me encontraba en la fortaleza de Susa, en la provincia de Elam, de pie junto al río Ulai.

DANIEL 8:2

Daniel estaba físicamente en Babilonia, pero en su visión, fue transportado a Susa, una ciudad ubicada a aproximadamente trescientos setenta kilómetros al oriente de la ciudad. Susa estaba en el extremo del Imperio babilónico, y un día se convertiría en la capital del Imperio persa. Fue el hogar de Ester (Ester 1:1-2) y la ciudad desde donde Nehemías regresó a reconstruir los muros de Jerusalén (Nehemías 1:1). En 1901 se encontró el Código de Hammurabi en Susa. En Daniel 8, esa ciudad se convierte en el escenario de un gran drama que se presenta simbólicamente para describir las conquistas de los Imperios medo-persa y griego.

EL QUE ENTIENDE DE LA VISIÓN

Mientras yo, Daniel, procuraba entender el significado de esta visión, alguien que se parecía a un hombre se paró frente a mí. Entonces oí una voz humana que exclamaba desde el río Ulai: «Gabriel, dile a este hombre el significado de su visión».

DANIEL 8:15-16

A diferencia de la reacción de Daniel ante las visiones anteriores, esta, junto con la aparición del ángel Gabriel, lo sobrecogió. Él dijo: «quedé abrumado y estuve enfermo durante varios días» (Daniel 8:27). Aunque Daniel había entendido las visiones anteriores, necesitaba ayuda para interpretar esta. Mientras estaba «[procurando] entender el significado» (versículo 15), es decir, tratando de entender lo que había visto, el ángel Gabriel apareció para explicarle todos los simbolismos. Gabriel significa «hombre poderoso de Dios». Con frecuencia es el ángel de Dios a cargo de las relaciones públicas, un anunciador de noticias (Lucas 1:26-28).

EL PROPÓSITO DE LA VISIÓN

Cuando el poderoso ángel Gabriel se apareció a Daniel para ayudarlo a entender la visión, dijo: «Hijo de hombre, [...] debes comprender que los sucesos que has visto en tu visión tienen que ver con *el tiempo del fin*. [...] Estoy aquí para explicarte lo que sucederá *después, en el tiempo de la ira*. Lo que has visto pertenece al fin del tiempo» (Daniel 8:17, 19, énfasis añadido).

En general, la frase «fin del tiempo» o «el tiempo de la ira» se refiere al final de la rebelión contra Dios. El fin de la rebelión del reino del norte, Israel, llegó cuando el ejército asirio deportó a los israelitas. El fin de la rebelión del reino del sur, Judá, llegó cuando el ejército babilonio saqueó Jerusalén. Como veremos posteriormente, Daniel también predijo una rebelión final contra Dios, la cual ocurrirá a fines de la era.

La revelación de la segunda visión de Daniel

Dos animales dominan la visión de Daniel: un carnero y un chivo. Estas dos criaturas son vívidamente metafóricas, representando una batalla feroz entre dos generales orgullosos que se embisten con la cabeza el uno al otro en un combate mortal.

EL CARNERO

Cuando levanté los ojos, vi un carnero con dos cuernos largos, de pie junto al río. Uno de los cuernos era más largo

que el otro, a pesar de que le había crecido después. El
carnero embestía todo lo que encontraba a su paso hacia el
occidente, el norte y el sur. Nadie podía hacerle frente ni
ayudar a sus víctimas. El carnero hacía lo que quería y se
hizo muy poderoso.

DANIEL 8:3-4

El primer animal de la visión de Daniel era un carnero con dos
cuernos; hasta allí, no había nada extraño. Pero Daniel vio que cre-
cían los cuernos, uno después del otro, de la cabeza del carnero. El
segundo cuerno creció más alto que el primero. Los dos cuernos
representan a los medos y los persas (Daniel 8:20). Los persas se
unieron al imperio ya existente de Media y se fortalecieron hasta
dominar la alianza. Por lo tanto, los medos existieron primero, luego
los persas se aliaron con ellos y Ciro, el rey persa, llegó a gobernar el
Imperio medo-persa.

Daniel vio que el carnero embestía «hacia el occidente, el norte y
el sur» (Daniel 8:4), conquistando todos los reinos de los alrededores,
incluyendo al poderoso reino de Babilonia.

EL CHIVO

Mientras yo observaba, de pronto apareció un chivo desde
el occidente y atravesó el campo con tanta rapidez que
ni siquiera tocó la tierra. Este chivo, que tenía un cuerno
enorme entre los ojos, se dirigió hacia el carnero de dos
cuernos.

DANIEL 8:5-6

De nuestro estudio previo de las visiones de Daniel, sabemos que
el Imperio medo-persa fue derrotado por el Imperio griego. Por lo
tanto, el chivo que arremete contra el carnero medo-persa representa

a Grecia. El versículo 21 afirma este hecho: «El chivo peludo representa al rey de Grecia» (Daniel 8:21).

Geoffrey R. King aclara:

El chivo es el símbolo de Grecia. Y le diré por qué. La primera colonia de Grecia fue dirigida por un oráculo para buscar un chivo que los guiara a un lugar en donde pudieran construir una ciudad, y en agradecimiento al chivo por guiarlos correctamente, construyeron la ciudad y la llamaron Egas, la ciudad del chivo. Y, por supuesto, usted conoce el hecho que las aguas que rodean a Grecia hasta la actualidad reciben el nombre de mar Egeo, el mar del chivo. El chivo siempre ha sido el símbolo nacional de Grecia. En muchos de los monumentos macedonios antiguos se puede ver la imagen de un chivo[1].

Podemos ver cuán apropiado es que Daniel 8:21 identifique al chivo como Grecia. El único cuerno que sobresale de su frente es identificado como el «primer rey». Como veremos, la historia no deja ninguna duda de que este rey es Alejandro Magno, el hijo de Filipo, rey de Macedonia.

Cinco profecías surgen del conflicto entre el chivo y el carnero, y el cumplimiento de cada una de ellas se puede verificar históricamente. La veracidad histórica de estas profecías enfatiza la importancia de esta sección del libro de Daniel. El erudito y pastor Rodney Stortz explica:

Es importante entender que el ascenso de Alejandro al poder ocurrió dos siglos después de que Daniel hiciera esta profecía: ¡doscientos años! [...] Era imposible que un ser humano pudiera predecir esto. De hecho, estas profecías son tan exactas que los eruditos liberales, los que no creen que la

Biblia sea la Palabra de Dios santa e infalible, sostienen que Daniel debe haber escrito este libro en el siglo primero antes de Cristo.

Para ellos, esa es la única explicación para la exactitud de Daniel. Ellos no creen que sea profecía. Debido a que es tan exacta, piensan que es historia documentada[2].

El camino de la conquista del mundo

Los babilonios, los medos y los persas, todos vinieron del oriente. Pero aquí surge un poder mundial que provenía del occidente. «Apareció un chivo desde el occidente y atravesó el campo con tanta rapidez que ni siquiera tocó la tierra» (Daniel 8:5). Grecia, bajo el mando de Alejandro Magno, conquistó más naciones, y con mayor rapidez, que cualquier otro rey de la antigüedad. En trece años, conquistó el mundo mediterráneo, gran parte del norte de África, y Mesopotamia, e incluso llegó hasta la India... sin perder siquiera una batalla.

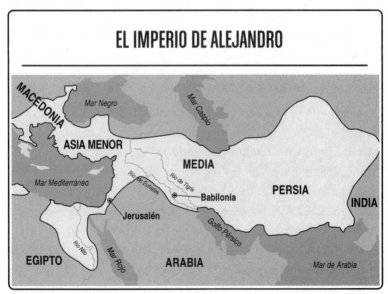

EL IMPERIO DE ALEJANDRO

La reputación del primer rey

Alejandro fue un niño precoz. Su madre le dijo que sus ancestros eran el héroe mitológico griego Aquiles y el dios Hércules. La tradición cuenta que cuando era niño, Alejandro domó un caballo inmenso que nadie había podido montar: un caballo que lo cargó en todas sus batallas.

Luego de una batalla particularmente significativa (o, según algunas fuentes, luego de que Alejandro domó al caballo), el padre de Alejandro se dirigió a él: «Busca, hijo mío —le dijo— un reino igual a ti, porque en Macedonia no cabes»[3].

Por lo tanto, Alejandro siguió el consejo de su padre y decidió gobernar al mundo.

El hundimiento del Imperio medo-persa

> Se dirigió hacia el carnero de dos cuernos que yo había visto parado junto al río y se abalanzó con furia sobre él. El chivo atacó con violencia al carnero y le dio un golpe que le quebró ambos cuernos. El carnero quedó indefenso y el chivo lo derribó y lo pisoteó. Nadie pudo rescatar al carnero del poder del chivo.
>
> DANIEL 8:6-7

En su visión, Daniel vio al chivo (la nación de Grecia) y al cuerno inmenso en la cabeza del chivo (Alejandro Magno) comandando al ejército griego. Luego Daniel vio que el chivo derrotó completamente al carnero (el ejército medo-persa). Y eso es exactamente lo que sucedió.

En el 334 a. C., Alejandro vino del occidente con un ejército de treinta y cinco mil soldados, cruzó el Helesponto (ahora conocido como Dardanelos, el estrecho que separa Macedonia de Asia Menor) y derrotó al ejército persa en el río Gránico (en la actual Turquía). Liberó a todas las ciudades griegas de Asia Menor del dominio persa.

Darío III entonces tomó personalmente el control de su ejército y se enfrentó cara a cara con Alejandro en la batalla de Issos, cerca de Antioquía de Siria, en el 333 a. C. Darío quiso negociar, pero Alejandro extendió su campaña hacia el sur para ocupar Egipto luego de tomar Tiro y Gaza. Se replegó a través de Siria, y en el 331 a. C., se enfrentó con el ejército persa, el cual ahora era mucho más numeroso, por tercera vez. Esta batalla resultó ser el fin de los persas. El Imperio medo-persa fue aplastado para siempre.

Según lo vio Daniel, «el chivo atacó con violencia al carnero y le dio un golpe que le quebró ambos cuernos. El carnero quedó indefenso y el chivo lo derribó y lo pisoteó» (Daniel 8:7). Esta es una descripción típica de las victorias de Alejandro: rápidas y decisivas.

La extraordinaria muerte del rey

Luego de derrotar al ejército medo-persa, Alejandro saqueó numerosas ciudades persas. Posteriormente, arrasó con todo a su paso hasta llegar a la India, pero fue demasiado para un ejército exhausto, y regresaron a Babilonia. Poco tiempo después, Alejandro murió a los treinta y dos años, víctima de una fiebre intensa, la cual según los historiadores fue ocasionada por el veneno que un sirviente rencoroso le había administrado.

Aunque no se sabe con exactitud la causa de su muerte, es verdad que Alejandro murió desconsolado porque no había más mundos para conquistar. Su vida terminó muy temprano, cuando estaba en la cima del poder, como lo predijo la profecía de Daniel: «El chivo se hizo poderoso, pero cuando alcanzó el máximo de su poder, se quebró el enorme cuerno que tenía» (Daniel 8:8).

Aunque en la superficie pareciera que Alejandro solamente estaba cumpliendo su propio sueño de conquista, en realidad estaba desempeñando una función en el plan profético de Dios para los reyes gentiles. Estaba siguiendo el guión que el Señor había escrito en las profecías de Daniel. Alejandro no fue el inventor; fue el copista. No fue la mano que escribió; fue el lápiz en la mano. No fue el autor de la obra; fue el actor en el escenario.

A través de estos reinos gentiles, Dios estaba construyendo infraestructuras que harían más fáciles sus planes a largo plazo. Los griegos trajeron cultura y una lengua universal al mundo mediterráneo. Algunos siglos después, el Nuevo Testamento se escribió en griego, lo cual lo hizo accesible a muchas naciones. Después de los griegos, los romanos trajeron paz y orden, y pavimentaron los caminos sobre los cuales viajaría el evangelio.

La reorganización del Imperio griego

El chivo se hizo poderoso, pero cuando alcanzó el máximo de su poder, se quebró el enorme cuerno que tenía.
En su lugar crecieron cuatro cuernos prominentes que apuntaban hacia los cuatro puntos cardinales. [...] Los cuatro cuernos prominentes que reemplazaron el cuerno enorme indican que el Imperio griego se dividirá en cuatro reinos, pero que ninguno de ellos será tan grande como el primero.

DANIEL 8:8, 22

La visión de Daniel predijo que el imperio de Alejandro se fragmentaría en cuatro partes. Sin embargo, durante los veinte años que siguieron a la muerte de Alejandro, parecía que la profecía de Daniel no se cumpliría. Pero la historia registra que, finalmente, el reino de Alejandro fue dividido entre cuatro de sus generales:

- Casandro gobernó Macedonia.
- Lisímaco conquistó Tracia y gran parte de Asia Menor.
- Seleuco tomó Siria.
- Tolomeo se convirtió en rey de Egipto y Palestina.

La veracidad de la Biblia se cimienta cuando nos damos cuenta que Daniel escribió su profecía sobre estos eventos, todos confirmados por la historia, mucho antes de que sucedieran.

El desenlace de la segunda visión de Daniel

UNA PROFECÍA EXTRAORDINARIA

El historiador judío Josefo fue el compilador más prolífico de la historia judía del primer siglo d. C. Una de sus obras principales, los veinte volúmenes de *Antigüedades de los judíos*, escritos alrededor del 94 d. C., traza la historia judía desde la Creación en adelante. Josefo recurrió a las historias orales y escritas disponibles en su época. Sus relatos de numerosos eventos de la historia judía, especialmente durante el período comprendido entre los dos testamentos, han sido recursos modelo por casi dos mil años.

Josefo documentó en detalle los movimientos de Alejandro Magno, y su registro de la decisión de Alejandro de no capturar y destruir Jerusalén es especialmente notable. Alejandro se abría paso por la costa de Fenicia, destruyendo todas las ciudades que encontraba en su camino. Dejó Gaza en ruinas, y se dirigió con su ejército hacia Jerusalén. Cuando Jadúa, el sumo sacerdote de Jerusalén, escuchó esta noticia, comprensiblemente se angustió sobremanera. Convocó al pueblo a ayunar y a orar por la protección de Dios. En un sueño, Dios le dijo a Jadúa que debían adornar la ciudad, abrir las puertas, vestirse con sus ropas más finas y salir a recibir a Alejandro mientras se acercaba a la ciudad.

Cuando Alejandro se aproximó y vio la multitud de ciudadanos vestidos con ropas elegantes, un cortejo de sacerdotes vestidos con sus atuendos de lino blanco y al sumo sacerdote con sus vestiduras púrpura y escarlata, se acercó y los saludó. La multitud, a una sola voz, le devolvió el saludo a Alejandro.

Los generales y oficiales de Alejandro pensaron que había perdido la razón. Uno de ellos le preguntó por qué se rebajaba a darle honor al sumo sacerdote de los judíos cuando todos los demás se postraban para rendir culto a Alejandro. La respuesta de Alejandro, registrada por Josefo, es sorprendente. Refleja cómo Dios, al parecer, obró en Alejandro para lograr su propósito para su pueblo. A continuación está la respuesta de Alejandro:

> No adoré [al sumo sacerdote], sino al Dios que lo honró con su sumo sacerdocio; porque vi a esta misma persona en un sueño, [vestida con ese] mismo [atuendo sacerdotal], cuando estaba en Dión en Macedonia, quien, cuando yo estaba considerando cómo obtendría el dominio de Asia, me exhortó a que no me tardara, sino que osadamente cruzara el mar, porque él conduciría mi ejército, y me daría el dominio sobre los persas; por ese motivo es que, no habiendo visto a ningún otro con [estas vestiduras sacerdotales], y ahora viendo a esta persona vestida así, y recordando esa visión, y la exhortación que tuve en mi sueño, creo que traigo mi ejército bajo la dirección divina, y que con ella conquistaré a Darío, y destruiré el poder de los persas, y que todas las cosas sucederán según lo que está en mi propia mente[4].

Cuando Alejandro soñó al sacerdote que le dijo que vencería a los persas, llegó a la conclusión de que obedecería esa visión, «traería a [su] ejército bajo la dirección divina» y conquistaría a los persas. Alejandro reconoció al sumo sacerdote judío como el mensajero divino que había visto en su sueño y, por lo tanto, al honrarlo, estaba honrando al Dios que había designado al sumo sacerdote.

La historia se pone todavía mejor. Según Josefo, Alejandro acompañó a los sacerdotes y a la multitud al templo: «Cuando subió al templo, le ofreció sacrificios a Dios, siguiendo las directivas del sumo sacerdote, y trató de una manera impresionante tanto al sumo sacerdote como a los sacerdotes. Y cuando le mostraron el libro de Daniel, en donde Daniel declara que uno de los griegos destruiría al Imperio persa, supuso que él era la persona a la que hacía referencia»[5].

Al leer este relato, podemos sentir que hemos ingresado a una distorsión del espacio-tiempo. Alejandro ofreció sacrificios a Dios en el templo y le mostraron el mismo pasaje de Daniel 8 que nosotros estamos estudiando ahora: una profecía que manifiesta que el ejército griego destruiría al ejército medo-persa. Desde la perspectiva del tiempo de Alejandro, esa era la profecía de un evento que todavía debía cumplirse, y él se vio como el cumplimiento de la profecía. Desde nuestra perspectiva, vemos lo que todavía estaba en el futuro para él: que él realmente cumplió la profecía.

Antes de partir de Jerusalén, Alejandro le preguntó al sumo sacerdote qué podía hacer por ellos en agradecimiento por la dirección divina que Dios le había dado. El sacerdote le pidió que les permitiera seguir la ley de Moisés, es decir, practicar su religión judía, en la tierra de Israel que ahora estaba bajo el dominio de Alejandro. También le pidió que Alejandro, luego de conquistar Persia, les permitiera a los judíos de Mesopotamia que practicaran libremente su religión. Según Josefo, «[Alejandro] les concedió todo lo que le pidieron»[6].

No se pierda la inferencia espectacular de estos eventos. Proveen una evidencia poderosa de la legitimidad de esta profecía. La historia registra que Alejandro mismo vio las profecías de Daniel, lo cual muestra con claridad que no pudieron haberse escrito luego de los hechos.

¿Se habrá sentido Alejandro abrumado y humilde al descubrir que era el tema de una profecía bíblica? Y siguiendo esa misma línea, ¿habrá partido con la confianza de que Persia ya estaba en sus manos? Aunque no podemos confirmar los detalles del relato de Josefo, podemos verificar esto: el efecto que la profecía bíblica tuvo en Alejandro es el efecto que debería tener en todos los que la leen. Debería darnos seguridad absoluta de que lo que Dios profetizó, sucederá indefectiblemente.

UN GRAN PRINCIPIO

Hasta ahora en este libro mayormente hemos analizado profecías que ya se cumplieron: el levantamiento y la caída de cuatro grandes poderes gentiles. Pero como veremos a medida que avancemos en el estudio del libro de Daniel, las profecías en los capítulos que siguen tratan casi exclusivamente sobre eventos que todavía están por ocurrir. A la luz del principio descrito previamente, que las profecías cumplidas nos dan confianza en las profecías futuras, ¿cuál debería ser nuestra respuesta al futuro que Daniel nos revela?

La respuesta de Daniel a las numerosas visiones del futuro que Dios le había revelado nos lleva a la respuesta. Dios le había mostrado el sueño de Nabucodonosor sobre los reinos gentiles venideros, así como la interpretación (Daniel 2); había interpretado el sueño de Nabucodonosor sobre su propia caída (Daniel 4); había interpretado las Escrituras en la pared en el banquete de Belsasar (Daniel 5); y había experimentado la protección sobrenatural de Dios en el foso de los leones (Daniel 6).

Teniendo en cuenta estas experiencias, ¿podría Daniel haber sido disculpado si hubiera manifestado una actitud de aburrimiento hacia la visión del carnero y el chivo del capítulo 8? Podría haber pensado: *otra visión del futuro que se cumplirá cuando yo ya no esté*. Pero como vemos en el versículo 27, esa no fue su respuesta: «Yo, Daniel, me sentí agotado y enfermo algunos días. [...] Estaba espantado a causa de la visión» (LBLA). En síntesis, Daniel no se había hastiado de experimentar tantas revelaciones sobrenaturales acerca del futuro.

No puedo decir con exactitud por qué Daniel quedó enfermo durante varios días, pero el versículo 27 nos provee una pista: «Estaba *espantado* a causa de la visión» (énfasis añadido). Daniel no perdió el asombro ante el Dios que podía predecir el futuro tan minuciosamente, incluyendo nombres, lugares, características y eventos específicos.

Debido a que estamos familiarizados con los milagros y las profecías y la providencia de Dios, me temo que con mucha facilidad perdemos el sentido de asombro y fascinación sobre lo sencilla, y sin embargo poderosa, que es la Palabra revelada de Dios. Nunca debemos permitir que eso suceda. Recuerde: lo que Dios ha hecho en el pasado es la clave para nuestra certeza de que él controla el futuro. Ruego que tengamos la capacidad de vivir una vida de asombro por la forma en que Dios ha intervenido en la historia de la humanidad para nuestro beneficio: para darnos un futuro y una esperanza que son absolutamente seguros (Jeremías 29:11).

UNA GRAN PERSONA

W. W. Tarn le hace verdaderos elogios a Alejandro en su libro *Alexander the Great* (Alejandro Magno): «Fue una de las fuerzas fertilizadoras supremas de la historia. Levantó al mundo civilizado de una rutina y lo puso en otra; comenzó una nueva era; nada podía volver a ser como había sido. [...] La cultura griega, hasta ese momento prácticamente limitada a los griegos, se esparció por todo el mundo; y [...] en lugar de los muchos dialectos de Grecia, allí creció la forma del griego conocida como *koiné*, "la lengua común"»[7].

J. E. H. Thomson amplía la relevancia de esta nueva unidad: «Fue a través de las conquistas de Alejandro que el griego se convirtió en la lengua de la literatura y del comercio desde las costas del Mediterráneo hasta las orillas del Tigris. Es imposible calcular el efecto que tuvo esta propagación del griego en la promulgación del evangelio»[8].

Alejandro Magno logró todas estas cosas y más hasta la época en que murió a la edad de casi treinta y tres años. Pero comparado con la vida de otro que murió a la misma edad, su historia palidece. Una cosa es cambiar el mundo en la época en que uno vive; otra cosa es cambiar el mundo para siempre.

Jesús y Alejandro murieron a los treinta y tres.
Uno vivió y murió por sí mismo; uno murió por ti y por mí.

El griego murió en el trono; el judío murió en una cruz;
La vida de uno un triunfo parecía; la del otro nada excepto
    pérdida.
Uno comandó grandes ejércitos; el otro caminó solo;
Uno derramó la sangre de todo el mundo, el otro dio la suya.
Uno ganó el mundo en vida y perdió todo en la muerte.
El otro perdió su vida para ganar la fe del mundo entero.

Jesús y Alejandro murieron a los treinta y tres.
Uno murió en Babilonia; uno en el Calvario.
Uno ganó todo para sí; uno a sí mismo se dio.
Uno conquistó todos los tronos, el otro todas las tumbas.
El uno se hizo dios, el Dios se hizo menos;
El uno vivió para nada más que destruir; el otro solo para
    bendecir.
Cuando murió el griego, para siempre cayó su trono de espadas;
Pero Jesús murió para vivir siempre Señor de señores.

Jesús y Alejandro murieron a los treinta y tres.
El griego hizo a todos los hombres esclavos; el judío hizo a todos los
    hombres libres.
Uno edificó un trono sobre sangre; el otro edificó sobre amor.
El uno nació de la tierra, el otro de arriba.
Uno ganó toda esta tierra; para perder toda tierra y cielo;
El otro renunció a todo, para que todo a él sea dado.
El griego para siempre murió; el judío para siempre vive;
Pierde todo el que recibe y gana todas las cosas el que da[9].

Friedrich Flick nació en 1883 como hijo de un granjero alemán. Al igual que Alejandro, también construyó un imperio colosal, pero el suyo no fue político sino financiero. El primer trabajo de Flick fue como empleado de una compañía minera de carbón. Rápidamente se hizo socio de la compañía minera y, además, comenzó a comprar otras compañías industriales.

Era ambicioso y despiadado, y por medio de la manipulación y las alianzas políticas, en poco tiempo poseía más de trescientas compañías alemanas, incluyendo minas de mineral de hierro y carbón, industrias de fundición, plantas siderúrgicas, plantas químicas, camiones, aviones, acciones del ferrocarril y plantas de municiones. Fue uno de los financistas principales de Hitler; usaba a los prisioneros de los campos de concentración que le proveía el dictador como obreros esclavos. Su único interés era conquistar el mundo de los negocios, y prácticamente ignoraba a su esposa y familia. Fue un fracaso como padre y, finalmente, terminó siendo un extraño para sus hijos. En 1966, enterró a su esposa a las 3 p.m., y dos horas más tarde estaba de regreso en su oficina trabajando.

Cuando Friedrich Flick murió en 1972, dejó una fortuna personal de aproximadamente dos mil millones de dólares. Uno de sus hijos mantuvo la fortuna familiar unida por un tiempo, pero el imperio Flick finalmente siguió el camino de todos los imperios seculares y cayó en otras manos.

Como Alejandro, Friedrich Flick fue increíblemente exitoso según los valores del mundo, pero un lamentable fracaso según la medida que importa. Cuando murieron, ambos hombres perdieron todo por lo cual habían luchado y enfrentaron la eternidad con las manos vacías.

La lección que aprendemos de sus vidas es que la tendencia humana a buscar el éxito según los términos del mundo ha infectado a la raza humana desde la Caída, y ninguno de nosotros es inmune a eso. Como Daniel, debemos mantener nuestros ojos enfocados en Dios y en su providencia, con la confianza de que todo lo que importa al final es escucharlo decir: «Bien hecho, mi buen siervo fiel» (Mateo 25:21).

* * *

DANIEL HOY

1. Puede confiar en toda la Biblia porque toda la Biblia es completamente verdadera. La Biblia se verifica a sí misma por medio de las profecías cumplidas. La profecía bíblica fue 100 por ciento correcta en el pasado; podemos confiar 100 por ciento que lo será en el futuro. Daniel 8 provee una muestra valiosa de profecías bíblicas que ya se cumplieron al pie de la letra. Si a eso le sumamos todas las predicciones mesiánicas que se cumplieron con la venida de Cristo, la evidencia es abrumadora. Debido a que las predicciones de la Biblia que están por cumplirse consisten principalmente en el fin de los tiempos y el regreso de Cristo, podemos tomarlas en serio y confiar en ellas completamente. La Biblia tiene un historial sin falta alguna. Es difícil imaginar cómo una persona que estudia Daniel 8 podría negar al Dios de Daniel. «Dios no es un hombre, por lo tanto, no miente. Él no es humano, por lo tanto, no cambia de parecer. ¿Acaso alguna vez habló sin actuar? ¿Alguna vez prometió sin cumplir?» (Números 23:19).

2. Es tiempo de estudiar lo que la Biblia predice acerca de los últimos días de la historia. Pasajes como los que se encuentran en los libros de Daniel y Apocalipsis tienen el propósito de que los lean. Dios espera que leamos y estudiemos esas partes de las Escrituras porque él desea prepararnos para lo que viene. Cuando descuidamos la profecía bíblica, estamos cerrando nuestros ojos al futuro; ¡tal vez al futuro inmediato! «Dios bendice al que lee a la iglesia las palabras de esta profecía y bendice a todos los que escuchan el mensaje y obedecen lo que dice, porque el tiempo está cerca» (Apocalipsis 1:3).

3. Si las verdades de la profecía bíblica nos asombran, debemos servir al Señor con devoción y encargarnos de los intereses del Rey con fidelidad. Tome a Daniel como modelo para vivir una vida piadosa en una era pagana. Tenga en cuenta que usted es la conexión entre dos reinos: vive en el mundo, pero representa al cielo. Esa es una tarea sobrecogedora, pero es nuestro llamado en Cristo. «Yo, Daniel, me sentí agotado y enfermo algunos días. Después me levanté y atendí los asuntos del rey; pero yo estaba espantado a causa de la visión» (Daniel 8:27).

Capítulo 9

EL LOCO

Daniel 8:9-14; 23-27

Fue en el año 167 a. C. cuando Antíoco IV, rey del Imperio seléucida, cabalgó hacia el norte por las orillas del río Nilo, ahora oscuro y barroso porque se bifurcaba en el delta que alimentaba el mar Grande. A la distancia podía ver las murallas de Alejandría iluminadas por el sol.

Antíoco se volvió al hombre que estaba a su derecha.

—Bueno, Demetrio, estamos a punto de reincorporar Egipto al imperio de mi abuelo.

—Ciertamente, mi rey —respondió Demetrio—. Ha sido una campaña fácil. Luxor, el Cairo, Giza y Menfis apenas se resistieron. Y ahora, solamente le queda conquistar Alejandría. Podría haber dejado a la mitad de su ejército en Babilonia.

—Uno nunca reduce su ejército. —El que habló fue el general de Antíoco, un persa llamado Gudea—. Lo que los grandes ejércitos no ganan en la batalla, lo ganan por medio de la intimidación.

Antíoco miró por encima de su hombro al ejército del Imperio seléucida, el cual marchaba detrás de él y de los hombres que cabalgaban a su lado.

El general levantó su mano en señal de alto.

—Mire adelante, mi señor. Alguien viene. —Los tres hombres pusieron sus manos sobre los ojos y miraron detenidamente a la distancia. Un grupo de aproximadamente treinta hombres a caballo se acercaba desde el norte.

Pronto se dieron cuenta de que no tenían intenciones hostiles, porque ninguno cargaba armas y todos estaban vestidos con togas. Los hombres se detuvieron a unos veinte metros de donde estaba Antíoco, y allí el líder se bajó del caballo. Usando un bastón para apoyarse, se acercó cojeando adonde estaban los invasores seléucidas.

—¡Saludos, Antíoco! —El hombre levantó la mano abierta en señal de saludo. Su voz estaba debilitada por la edad.

Demetrio se inclinó hacia Antíoco.

—Conozco a este hombre. Es el diplomático romano Gayo Laenas. Sirvió como cónsul de la República romana por dos períodos, y ahora es un embajador que se envía a las zonas de conflicto de Roma. Los hombres que están con él son sin dudas su consejo.

—No es nada más que un viejo débil. —Antíoco no trató de ocultar el desprecio en su voz—. Lo aplastaremos como haríamos con un ratón que encontráramos en el camino. Gudea, ordena al ejército que avance.

—¡No, mi rey! —dijo Demetrio—. Ese ratón tiene el respaldo de Roma. Le sugiero que lo salude y escuche lo que tiene que decir.

Con un resoplido, Antíoco desmontó y se acercó al embajador romano. Fingiendo amistad, sonrió y extendió la mano para saludarlo. Pero en lugar de estrechar la mano que le ofrecía, Gayo colocó en ella un pequeño rollo de papiro.

—Rey Antíoco —dijo—, no le ofreceré la señal convencional

de amistad hasta que sepa si es un amigo o un enemigo de Roma. Primero debe leer este mensaje del senado de Roma y responder cuáles son sus intenciones.

Gayo permaneció imperturbable mientras Antíoco abría el rollo. El ceño del rey se frunció más pronunciadamente mientras leía. El senado romano le exigía que renunciara a conquistar Egipto. Antíoco sabía que no estaba listo para enfrentar a Roma, pero lo enfurecía que los romanos tuvieran la osadía de frustrar sus ambiciones. Sin embargo, hizo un esfuerzo por hablar con cortesía.

—Debo consultar con mis consejeros antes de responder.

Sin decir una palabra, Gayo Laenas tomó su bastón y, rengueando con esfuerzo, dibujó un círculo alrededor del rey en la arena.

—Antíoco —dijo—, debes darme una respuesta para el senado antes de salir de este círculo.

La ira se encendió dentro de Antíoco. Sin embargo, logró mantener el control y tomó la opción precavida.

—Haré lo que el senado romano crea correcto.

Las palabras eran sin dudas forzadas, pero Gayo Laenas sonrió por primera vez y extendió su mano abierta.

—Saludos, amigo y aliado de Roma.

* * *

Gudea y Demetrio estaban sentados en la tienda del rey, mirando fijamente sus copas de vino. Antíoco caminaba de aquí para allá, vociferando como lo había hecho todas las noches desde que partieron de Egipto hacía casi una semana.

—¿Por qué debo postrarme ante esos romanos? Soy un descendiente de Seleuco, un general del ejército de Alejandro quien luchó por su parte en el imperio del gran conquistador contra tres generales que trataron de apoderarse de él para sí mismos. Cuando los cuatro generales llegaron a un punto muerto y dividieron las naciones entre ellos, Seleuco no solamente consiguió la mayor parte del territorio, sino que también logró Babilonia, ¡la gema del imperio! Dime, Gudea, ¿no fue esa una hazaña extraordinaria?

—Sí lo fue, mi señor. —Gudea se esforzó por mostrar un interés fingido.

—Y luego —continuó Antíoco—, los hijos de Seleuco se dedicaron a conquistar las tierras de los otros generales hasta que reconstruyeron la mayor parte del imperio de Alejandro desde Sardis hasta la India. Y como sabes muy bien, Demetrio, si permito que esos romanos despedacen lo que mis padres ganaron, lo seguirán haciendo hasta que no quede nada.

—Tiene razón, mi rey —balbuceó el consejero, luchando para no dormirse.

—¡No puedo permitir que lo hagan! —La voz de Antíoco se estaba poniendo chillona—. ¡Soy tan capaz como mis padres! —Golpeó la mesa con su puño; el impacto despertó de un sacudón a su audiencia cautiva—. No seré yo quien pierda lo que ellos ganaron.

—Pero, mi señor —dijo Demetrio, repitiendo lo que le había estado diciendo al rey todas las noches durante una semana—, todavía no es lo suficientemente fuerte como para...

En ese instante entró un soldado.

—Mi rey, hay un hombre que dice que tiene que verlo.

—Supongo que ese hombre tiene un nombre.

—Dice que se llama Menelao. Él...

—Hazlo pasar. ¡De inmediato!

Menelao entró a la tienda. Su túnica estaba andrajosa, su barba y cabello, descuidados. A pesar de su nombre griego, tenía rasgos judíos. Se inclinó ante Antíoco.

—¡Oh gran rey!, mi señor y mi benefactor. Busco su asilo y protección.

—¿Qué ha sucedido? —preguntó Antíoco.

—Hay una rebelión en Jerusalén. Jasón, a quien usted destituyó cuando me designó sumo sacerdote, ha juntado un ejército y está comandando a los judíos en una sublevación contra usted. Se ha apoderado de Jerusalén y del templo. Apenas pude escapar con vida.

Durante la hora siguiente, Menelao describió los detalles de la rebelión mientras Antíoco escuchaba atentamente. Cuando había escuchado suficiente, ordenó que le dieran a Menelao algo de comer y un lugar donde dormir.

Con los ojos encendidos de furia, Antíoco se volvió a su general.

—Gudea, retrasaremos nuestro regreso a Babilonia. Por la mañana, marcharemos hacia Jerusalén. Debemos aplastar a esos judíos como los rebeldes que son.

Mientras Gudea y Demetrio abandonaban la tienda de Antíoco, el general se volvió a Demetrio.

—Este Menelao nos ha hecho un gran favor: ha logrado que la atención del rey se aparte de Roma. No sé cuánto tiempo más hubiera aguantado su desvarío. ¡Está loco! Puede llamarse a sí mismo Epífanes, dios sobre la tierra, pero en realidad es un *epimanes*, un loco total.

* * *

Diez días después, Antíoco estaba montado sobre su caballo en la cima del monte de Olivos, observando la ciudad de Jerusalén. El general Gudea y el ejército esperaban órdenes detrás de él.

—Quiero que esta ciudad sea completamente devastada. Maten a todos los judíos que puedan: jóvenes o viejos, hombres o mujeres, vírgenes o casados. No les permitan esconderse. Si corren hacia el templo, persíganlos y mátenlos donde estén.

—¿Quiere que aniquilemos a toda la población?

—No, quiero que dejen un remanente que pase por los sufrimientos que pienso infligirles. Derramen sangre judía sin restricciones durante tres días. Después de eso, todos lo que queden serán perdonados; sin embargo, pronto desearán haber muerto también.

Gudea obedeció al rey. Durante tres días se escuchaban por toda la ciudad los gritos de los que eran asesinados, de los que trataban de huir, de los heridos y de los que se lamentaban. Cuando terminó la matanza, más de cuarenta mil judíos habían sido masacrados.

Cuando Gudea le informó el número, Antíoco golpeó el suelo con el pie.

—¡No es suficiente! Ve y captura la misma cantidad, y envíalos al exilio como esclavos por todo nuestro territorio.

Luego de que Gudea hubo completado la tarea, Antíoco reunió a los judíos que quedaban y les habló desde los escalones del templo.

—Mi padre, Antíoco III, los trató bien a ustedes los judíos. Les permitió que retuvieran su religión, su adoración, sus sacrificios, su Torá y sus rituales. Sin embargo, ustedes han respondido a su generosidad rebelándose contra su imperio.

»Como castigo, ahora dejo sin efecto la política de mi padre. Desde ahora en adelante, se les prohíbe rendir culto al Dios que llaman Yahveh. Todas las copias de la Torá serán destruidas. Dejarán de presentar sacrificios en el templo. No guardarán el día de descanso. Se les prohíbe circuncidar a sus hijos varones. No llamarán impuras a ciertas carnes. Adoptarán la cultura griega del Imperio seléucida y rendirán culto al gran dios Zeus como el resto de mis naciones.

»He restablecido a Menelao como su sumo sacerdote, y él tiene la responsabilidad de hacer cumplir mis decretos al pie de la letra. Tengan la seguridad que quienes no los cumplan serán castigados con severidad. Como ustedes saben muy bien ahora, tengo el poder y la voluntad para hacerlo.

Antíoco ordenó que un pequeño ejército permaneciera en Jerusalén, y él regresó a Babilonia, dejando atrás un contingente de judíos desolados. Muchos de los que sobrevivieron a la masacre adoptaron la cultura griega e incluso comenzaron a rendirle culto al panteón de dioses griegos. Aquellos que no lo harían abandonaron la ciudad o practicaban su religión judía clandestinamente.

Menelao y los soldados sirios buscaron y mataron a tantos de estos disidentes como pudieron, pero rápidamente se puso de manifiesto que los supervisores no podían controlar a la gran cantidad de judíos que seguían practicando su religión en secreto.

Menelao informó sobre esta oleada de resistencia a Antíoco, cuya aversión por los judíos había llegado a convertirse en odio puro. De nuevo regresó con su ejército a Jerusalén; esta vez, prácticamente destruyó el interior de la ciudad. Sin embargo, dejó el templo en pie, pero solamente para servir a sus fines diabólicos.

Cuando se completó la devastación de Jerusalén, Antíoco llamó a Demetrio.

—Ahora es el momento para que prepares el templo como se te ha indicado. Cuando hayas terminado la tarea, reúne al pueblo aquí.

—Considérelo hecho, mi rey.

* * *

Dos días después, todos los judíos que habían quedado en Jerusalén se reunieron en el templo, llenando los patios externos y extendiéndose hasta las calles. Los soldados llegaron y separaron a la multitud mientras Antíoco y su séquito, vestidos con togas griegas, llegaban en sus corceles. Subieron con sus cabalgaduras los escalones del templo, pasaron por el patio de los gentiles y desmontaron en el gran altar que se encontraba delante del lugar santísimo del templo. Antíoco subió los escalones hasta la plataforma que rodeaba el altar, donde se dio la vuelta y se dirigió al pueblo.

—Ustedes judíos obstinados son lentos para aprender. Matamos y deportamos a ochenta mil de ustedes; sin embargo, no aprendieron nada. Tenían instrucciones de abandonar su religión judía y adoptar las costumbres del resto de mi imperio. Pero me desafiaron y continuaron adorando a un Dios que no pudo salvar a su país de la invasión, a su pueblo de la masacre ni a su ciudad de la destrucción. Ni siquiera pudo evitar que lo desalojáramos de su propio templo. Por lo tanto, debo completar la enseñanza de ustedes con tres lecciones adicionales.

Hizo una señal, y cuatro sirvientes entraron al patio, llevando un cerdo grande atado. Se escucharon alaridos entre la multitud estupefacta cuando subieron al cerdo por las escaleras y lo izaron al altar. Los sirvientes sostuvieron al animal que daba chirridos mientras Antíoco desenvainaba su espada y le cortaba la garganta. Los sirvientes recibieron la sangre en un tazón de oro del templo, y luego encendieron la leña. Una nube de humo negro comenzó a elevarse, contaminando los cielos.

—Esta es su primera lección —dijo Antíoco—. Ahora verán la segunda.

Descendió por los escalones del altar y se dirigió directamente al lugar santo cerrado. Un sirviente que cargaba el tazón con la sangre del cerdo lo seguía. El rey tomó el tazón y salpicó el templo por todos lados con la sangre. Luego arrojó el tazón, que retumbó sobre el piso y, a grandes zancadas, se dirigió a la cortina que cubría el lugar santísimo. Este era el cuarto más sagrado del templo: el lugar donde los judíos creían que habitaba la presencia de Yahveh. Solamente al sumo sacerdote se le permitía ingresar a esa habitación, y solamente una vez al año, durante el sacrificio para la expiación del pecado.

Con un movimiento violento, Antíoco corrió la cortina. Los judíos que podían mirar el interior del cuarto jadearon horrorizados. Allí, en el lugar donde debía estar el arca del pacto de Moisés, se levantaba una estatua de dos metros y medio del dios griego Zeus, cuyo rostro se parecía a la cara de Antíoco.

—¡Este es su Dios ahora! —gritó Antíoco—. De hoy en adelante le rendirán culto a él y solamente a él. —Mientras hablaba, una joven hermosa ataviada con una túnica semitransparente se acercó a su costado—. Cuarenta de estas prostitutas de culto han sido instaladas en su templo para que ustedes puedan participar en los rituales de su nueva religión. De ahora en adelante, ya no existe la religión judía. Le rendirán culto solamente a Zeus, el gran dios de los griegos.

Los mozos de cuadra de Antíoco le trajeron su corcel, y los judíos horrorizados se quedaron conmocionados mientras él salía del templo montado en su caballo.

Uno de los presentes era un anciano sacerdote judío llamado Matatías. Había huido de Jerusalén meses atrás para mantener los rituales judíos que Antíoco ya había prohibido. Ahora, doblemente indignado, regresó a su hogar en Modein, informó lo que había visto y animó a los judíos de su pueblo a mantenerse firmes contra el decreto de rendirle culto a Zeus. Los hizo jurar que ninguno de ellos se postraría ante los dioses griegos. Muy pronto, ese juramento sería probado.

Matatías estaba orando en su casa cuando entró su hijo Judas.

—Padre, debe venir rápidamente —gritó—. Ha llegado un emisario de Antíoco. Y lo ha convocado a la plaza del pueblo.

El anciano sacerdote caminó rápidamente hasta la plaza, apoyado en el brazo de su hijo. Lo saludó un joven griego que estaba parado al lado de un altar tosco. Un chivo estaba atado de costado sobre el altar, vivo y balando.

—Saludos, Matatías —dijo el hombre—. Soy Apelles, designado para supervisar la adoración al gran dios Zeus en todos los pueblos de Judea. Según me dijeron, tú eres el ciudadano más influyente de Modein. Por lo tanto, te ordeno que sacrifiques este chivo según la orden del rey.

—No haré tal cosa. —La voz de Matatías fue terminante—. Aunque todas las ciudades de todas las naciones bajo el dominio de Antíoco obedezcan esta orden, yo rendiré culto solamente al Dios verdadero; y también lo harán así mis hijos y mis hermanos en este pueblo.

—Entonces, tengo la orden de matarte, como hicimos en Jerusalén con los que no acataron el mandato. —Apelles le hizo una seña a su comandante, quien estiró la mano hacia su espada.

De repente, un hombre se adelantó de entre la multitud y cayó de rodillas ante Apelles.

—¡No! Por favor no nos mate. Yo ofreceré el sacrificio por el bien de nuestro pueblo.

En ese momento, Matatías sacó su espada y le atravesó el cuello al hombre. Luego, giró y le clavó la espada en el vientre a Apelles. Ambos hombres cayeron al piso, muertos.

En un abrir y cerrar de ojos, Judas sacó su espada y se abalanzó sobre el comandante de Apelles, sorprendiéndolo, y lo derribó con dos golpes potentes. Los otros hijos de Matatías ya habían sacado sus espadas cuando los cinco soldados que quedaban se lanzaron contra ellos. Luego de un breve enfrentamiento, los cinco seléucidas yacían muertos.

Matatías sabía que habían llevado a cabo un acto irreversible que causaría la ira de Antíoco. Convocó a los ciudadanos:

—Debemos huir, o nos espera una muerte segura. Todos los que tengan celo por la ley de nuestro Dios y por la tierra que él nos ha dado, vengan con nosotros.

La población de Modein abandonó sus posesiones; se llevaron solamente sus armas y la cantidad de comida y ropa que sus animales podían cargar. Siguieron a Matatías y a sus hijos, y encontraron lugares donde esconderse en las montañas. La noticia de su resistencia se propagó con rapidez, y los de Judea que estaban en otras ciudades, motivados por las acciones valientes del sacerdote, se les unieron, juntando armas y buscando refugio en las montañas, en los valles y en lugares desiertos. En poco tiempo, los hijos de Matatías reunieron un ejército numeroso y lo prepararon para enfrentar a las tropas de Antíoco cuando estas regresaran.

La revolución había comenzado: una revolución que quebraría el yugo del tirano más despiadado que había sometido a los judíos, y lograría la independencia del pueblo judío por primera vez en cuatrocientos años.

Antíoco IV estaba sofocando revueltas en la parte oriental de su imperio cuando comenzó la revolución judía. Le ordenó a su vasallo, el rey de Siria, que sofocara la rebelión. Cuando el rey fracasó, Antíoco se dirigió a Israel con la intención de hacerse cargo de la guerra. Pero en el camino fue atacado por una enfermedad espantosa. Su cuerpo era comido vivo por gusanos parásitos y úlceras, las cuales lo afectaban tan severamente que no podía soportar el hedor de su propio cuerpo.

Antíoco IV tuvo una muerte rápida en el 164 a. C., y con su muerte concluyó la carrera perversa del cuerno pequeño de la visión de Daniel.

* * *

LAS ESCRITURAS DETRÁS DE LA HISTORIA

La segunda visión de Daniel, registrada para nosotros en Daniel 8, está organizada en torno a la vida extraordinaria de tres personajes. En el capítulo anterior descubrimos la profecía concerniente a uno de los generales más grandes de la historia: Alejandro Magno (Daniel 8:1-8, 15-22). Pero los versículos restantes de Daniel 8 nos cuentan sobre dos de los dictadores más malvados de la historia: Antíoco Epífanes, quien vivió desde el 215 a. C. hasta el 164 a. C., y el Anticristo, cuyo reino todavía está en el futuro (Daniel 8:9-14, 23-27).

El primer capítulo del libro apócrifo de 1 Macabeos explica la transición entre Alejandro, conquistador y gobernante del Imperio griego, y Antíoco, gobernante subsiguiente de la porción seléucida de ese imperio:

> [Alejandro] cayó enfermo; y presintiendo que iba a morir, llamó a sus generales más ilustres, [...] y antes de morir les repartió su reino. Después de un reinado de doce

años, Alejandro murió. Entonces sus generales tomaron el poder, cada uno en su propia región, y tras la muerte de Alejandro fueron coronados como reyes, lo mismo que sus descendientes después de ellos, durante muchos años, y así llenaron de calamidades la tierra.

De esa raíz salió un retoño, el malvado Antíoco Epífanes, hijo del rey Antíoco [de Siria], [...] y empezó a reinar el año [175 a. C.].

Al ver Antíoco que su reino estaba firme, decidió apoderarse de Egipto para ser rey de los dos países. [...] Antíoco ocupó las ciudades fortificadas de Egipto y saqueó el país.

Después de esta victoria sobre Egipto, en el año [169 a. C.], Antíoco se puso en marcha con un poderoso ejército contra Israel, y llegó a Jerusalén[1].

Antíoco y su trato despiadado de los judíos proveen una profética y espantosa visión anticipada del Anticristo y de la persecución a la cual él someterá a los creyentes durante la Tribulación venidera. En Daniel 8 vemos los asombrosos paralelos entre estos dos gobernantes despiadados. Las profecías de Daniel concernientes a Antíoco se han cumplido claramente, mientras que las atrocidades del Anticristo, espeluznantemente similares pero amplificadas, todavía están por suceder.

Los paralelos entre estos dos tiranos son tan impresionantes que algunos eruditos han llamado a Antíoco «el Anticristo del Antiguo Testamento». Examinemos esos paralelos y determinemos lo que significan para nosotros.

La crueldad de Antíoco y del Anticristo

Y de uno de ellos salió un cuerno pequeño, que creció mucho al sur, y al oriente, y hacia la tierra gloriosa.
DANIEL 8:9 (RVR60)

La profecía del «cuerno pequeño» se cumplió en Antíoco Epífanes. Su nombre significa «Dios manifiesto».

El Imperio seléucida en una época abarcó gran parte del imperio de Alejandro, pero para cuando Antíoco asumió el trono, se había reducido notablemente. Por lo tanto, se embarcó en la misión de recuperar los territorios perdidos del imperio.

Antíoco se levantó de la nada y se convirtió en una gran potencia. Mientras era rey, hizo notables conquistas en el sur (Egipto), en el oriente (Persia) y también en «la Tierra Gloriosa» (Israel).

LA DESCRIPCIÓN DE SU DEPRAVACIÓN

Según el historiador Solomon Zeitlin, Antíoco tiene la distinción de haber sido «la primera persona en la historia que persiguió a un pueblo exclusivamente por su fe religiosa. La persecución religiosa antes de Antíoco era desconocida en la historia de la civilización»[2]. Como nos lo muestra la historia, Antíoco hizo todo lo posible para erradicar por completo a la religión judía:

> Por medio de mensajeros, el rey envió a Jerusalén y demás ciudades de Judea decretos que obligaban a seguir costumbres extrañas en el país y que prohibían ofrecer holocaustos, sacrificios y ofrendas en el santuario, que hacían profanar el sábado, las fiestas, el santuario y todo lo que era sagrado; que mandaban construir altares, templos y capillas para el culto idolátrico, así como sacrificar cerdos y otros animales impuros, dejar sin circuncidar a los niños y mancharse con toda clase de cosas impuras y profanas, olvidando la ley y cambiando todos los mandamientos. Aquel que no obedeciera las órdenes del rey, sería condenado a muerte[3].

Mucho antes de que Antíoco llegara al escenario del mundo, Daniel profetizó acerca de él y de su obra perversa. Casi trescientos cincuenta años antes de que Antíoco naciera, Daniel tuvo la visión de que él vencería a los santos, profanaría el templo y destruiría las Escrituras. He aquí como se cumplieron esas profecías.

Venció a los santos

[El] poder [del cuerno pequeño] llegó hasta los cielos, donde atacó al ejército de los cielos y arrojó a la tierra a algunos de los seres celestiales y a algunas de las estrellas y los pisoteó.

DANIEL 8:10

Leon Wood nos explica el simbolismo de este versículo: «El ejército de los cielos, o estrellas, se refiere al pueblo de Dios (cf. [Daniel] 12:3; Génesis 15:5; 22:17; Éxodo 12:41), y el simbolismo es que Antíoco oprimiría al pueblo de Dios, a los judíos, en su propia tierra»[4].

Los libros de 1 y 2 Macabeos cuentan una historia atroz de dos madres judías profundamente comprometidas que decidieron circuncidar a sus pequeños niños. Cuando Antíoco se enteró de esto, asesinó a los bebés y colgó los cuerpos muertos alrededor del cuello de cada madre. Luego, hizo marchar a las madres, a todos los miembros de su familia y a cualquiera que había ayudado con la circuncisión por la calles de Jerusalén, hasta el muro más alto de la ciudad. Entonces los lanzó contra las rocas de abajo[5].

Una de las historias más horribles sobre Antíoco se encuentra en 2 Macabeos 7:

Sucedió también que siete hermanos con su madre fueron detenidos. El rey quería obligarlos, azotándolos con látigos y nervios de buey, a comer carne de cerdo, prohibida por la ley. Uno de ellos, en nombre de todos, habló así: «¿Qué quieres saber al interrogarnos? Estamos dispuestos a

morir, antes que faltar a las leyes de nuestros antepasados».
Enfurecido, el rey mandó poner al fuego grandes sartenes
y calderas. Cuando estuvieron calientes, ordenó que al que
había hablado en nombre de todos le cortaran la lengua,
y que le arrancaran el cuero cabelludo y le cortaran los
pies y las manos, en presencia de su madre y de los demás
hermanos. Cuando ya estaba completamente mutilado, el
rey mandó acercarlo al fuego y, todavía con vida, echarlo a
la sartén. Mientras el humo de la sartén se esparcía por todas
partes, los otros hermanos se animaban entre sí, y con su
madre, a morir valientemente. Decían: «Dios el Señor está
mirando, y en verdad tiene compasión de nosotros»[6].

Los historiadores cuentan que durante su ataque a Jerusalén,
Antíoco Epífanes asesinó a aproximadamente ochenta mil judíos y
vendió a otros cuarenta mil como esclavos.

Profanó el santuario

> Se engrandeció hasta igualarse con el Jefe del ejército, le
> quitó su sacrificio continuo y fue derribado el lugar de su
> santuario.
>
> DANIEL 8:11 (LBLA)

Antíoco no pensaba solamente que él era igual al Dios
Todopoderoso; creía que él y los dioses griegos eran superiores al
Dios vivo de Israel. Estaba decidido a erradicar la religión judía para
siempre y a reemplazarla con los cultos y la cultura griega.

Antíoco Epífanes prohibió todas las celebraciones judías y, en
lugar de ellas, ordenó que todos los judíos celebraran las festividades
griegas. Una de estas eran las bacanales, las cuales involucraban la
adoración a Baco, el dios del placer y del vino. También obligó a

los judíos a observar la saturnalia, una festividad romana antigua dedicada a la adoración a Saturno. Para estas celebraciones, ponía prostitutas en el templo y prohibía la observancia del día de descanso. Obligó a los judíos a observar todos los días de sus festividades paganas y prohibió la práctica de la circuncisión.

Cuando las Escrituras hacen referencia al santuario de Dios «derribado» (Daniel 8:11, LBLA), no significa que el templo fue destruido, sino que fue profanado. Primera Macabeos 1:21-24 registra cómo sucedió: «Entró con arrogancia en el santuario y se apoderó del altar de oro, del candelabro con todos sus accesorios, de la mesa para los panes sagrados, de las copas, las tazas, los cucharones de oro, el velo y las coronas, y arrancó todo el enchapado de oro que adornaba la fachada del templo. Se apoderó también de la plata, el oro, los utensilios preciosos y los tesoros escondidos, los cuales logró encontrar. Con todas esas cosas se fue a su país. También mató a mucha gente y habló con grandísima insolencia»[7].

En otra ocasión, Antíoco llevó a un cerdo al templo y, cortándole el cuello, lo sacrificó sobre el altar sagrado. Recogió la sangre del cerdo y salpicó todo el interior del templo con ella. Este sacrificio pagano de un animal impuro en el altar del templo sagrado es «la abominación desoladora» (RVR60), profetizada primero por Daniel y posteriormente por Jesús (Daniel 11:31; 12:11; Marcos 13:14). El sacrificio de Antíoco fue el cumplimiento inicial de la profecía de Daniel. El cumplimiento final sucederá cuando el Anticristo quiebre su pacto con Israel, se entrone a sí mismo en el templo, levante una imagen profana en el lugar santo y viole el altar del templo con un sacrificio impuro.

En su sermón en el monte de Olivos, Jesús usa el sacrificio impuro de Antíoco para simbolizar un evento similar que sucederá en el futuro: «Pero cuando veáis la abominación desoladora de que habló el profeta Daniel, puesta donde no debe estar (el que lee, entienda), entonces los que estén en Judea huyan a los montes» (Marcos 13:14, RVR60).

Destruyó las Escrituras

Y a causa de la prevaricación le fue entregado el ejército
junto con el continuo sacrificio; y echó por tierra la verdad, e
hizo cuanto quiso, y prosperó.

DANIEL 8:12 (RVR60)

Antíoco «echó por tierra la verdad» al prohibir la lectura de
las Escrituras y quemar todas las copias de la Torá que encontró:
«Destrozaron y quemaron los libros de la ley que encontraron, y si
a alguien se le encontraba un libro de la alianza de Dios, o alguno
simpatizaba con la ley, se le condenaba a muerte, según el decreto
del rey»[8].

Estos son solamente algunos ejemplos de la larga historia de tribulación que los judíos sufrieron bajo Antíoco Epífanes. ¿Es de extrañar
que aborrecieran tanto a este gobernante griego, a quien en secreto
llamaban «Antíoco Epimanes», lo cual significa «Antíoco el Loco»?

LA DURACIÓN DE LA DESTRUCCIÓN

Después de haber tenido la visión del reino de terror de Antíoco,
Daniel preguntó: «¿Cuánto tiempo durarán los sucesos de esta visión?
¿Por cuánto tiempo la rebelión que causa profanación detendrá los
sacrificios diarios? ¿Por cuánto tiempo pisotearán el templo y al ejército celestial?» (Daniel 8:13).

Si usted fuera un judío a quien le fue revelada en una visión la
devastación de todo lo que su pueblo considera santo, ¿no es esa la
pregunta que haría? «¿Por cuánto tiempo permitirá Dios que esto
ocurra?». ¿Cuánto tiempo permitiría el Señor que una cosa tan
horrenda como esa le suceda a su pueblo y a su lugar santo?

En la visión de Daniel, uno de los santos respondió esa pregunta
de una manera muy específica: el santuario sería purificado luego
de dos mil trescientos días (Daniel 8:14). En su comentario sobre

Daniel, Lehman Strauss señala que «la expresión literal para "días" es "tardes-mañanas"; por lo tanto, la interpretación más sencilla y viable sería un período de veinticuatro horas. Esto significa que habrían dos mil trescientas repeticiones de los sacrificios de las tardes y las mañanas que serían profanadas por el cuerno pequeño»[9].

La fecha establecida para la restauración y purificación del templo bajo el liderazgo de Judas Macabeo fue el 14 de diciembre del 164 a. C. Si contamos hacia atrás los dos mil trescientos días a partir de ese evento, llegamos al otoño del 170 a. C.: la fecha en que Antíoco comenzó a oprimir a los judíos.

Ahora veamos cómo terminó esta profecía sobre los dos mil trescientos días de persecución. La resistencia judía al reinado despiadado de Antíoco comenzó en el pueblo de Modein, ubicado entre Jerusalén y Jope. Este pueblo era el hogar de un anciano profeta llamado Matatías. Cuando el emisario de Antíoco le ordenó a Matatías que fuera el primero en ofrecer un sacrificio pagano, le respondió con estas palabras: «Pues aunque todas las naciones que viven bajo el dominio del rey le obedezcan y renieguen de la religión de sus antepasados, y aunque acepten sus órdenes, yo y mis hijos y mis hermanos seguiremos fieles la alianza que Dios hizo con nuestros antepasados. ¡Dios nos libre de abandonar la ley y los mandamientos! ¡Nosotros no obedeceremos las órdenes del rey, ni nos apartaremos de nuestra religión en lo más mínimo!»[10].

Luego de esto, Matatías mató al emisario, derribó el altar y huyó con sus cinco hijos a las montañas. Se hicieron conocidos como los macabeos, un término que aparentemente proviene de la palabra aramea que significa «martillo», un símbolo de la fiereza de los hijos de Matatías. Numerosos judíos se unieron a los macabeos en la guerra sin cuartel contra Antíoco.

En el 164 a. C., luego de más de dos años de luchas, los guerreros macabeos finalmente recapturaron el templo y lo purificaron de la abominación desoladora.

Cuando recuperaron el templo, los macabeos quisieron encender la menorá, el candelabro sagrado del templo, pero solamente pudieron encontrar una pequeña botella del aceite especial que se requería para el uso en el templo: apenas lo suficiente para mantener la menorá encendida por un día. Según la tradición, el aceite milagrosamente duró ocho días, lo cual les dio el tiempo que necesitaban para obtener una nueva provisión del aceite purificado para mantener la menorá encendida.

Para conmemorar esta liberación y la nueva dedicación del templo, los judíos instituyeron la fiesta perpetua de Januká, una palabra que significa «dedicación». A veces se hace referencia a la celebración como Festival de la Dedicación o Festival de las Luces.

En la actualidad, los judíos comienzan a celebrar Januká en el día veinticinco de kislev (en noviembre o diciembre de nuestro calendario), colocando la menorá en una ventana o en una entrada donde sea visible desde afuera. Cada día durante los ocho días que dura la festividad, se enciende una vela al final de la tarde, hasta que finalmente, en la octava noche, las ocho velas están encendidas[11].

Un comentario sobre el libro de Daniel ofrece esta historia sobre la provisión de Dios para su pueblo: «Un perseguidor de los judíos en Rusia le preguntó a un judío cuál pensaba que sería el resultado si la ola de persecución continuaba. El judío respondió: "¡El resultado será un festival! El faraón trató de destruir a los judíos, pero el resultado fue la Pascua. Amán intentó destruir a los judíos, pero el resultado fue el Festival de Purim. Antíoco Epífanes trató de destruir a los judíos, pero el resultado fue el Festival de la Dedicación"»[12].

Las características de Antíoco y del Anticristo

Al final de Daniel 8:22, llegamos a un punto de transición. Los primeros veintidós versículos han predicho el surgimiento del Imperio griego, la división que seguiría y la cruel opresión de los judíos bajo Antíoco.

En el versículo 23, el capítulo ingresa a una etapa nueva. Louis T. Talbot comenta:

Cuando Daniel recibió la visión que se registra aquí, toda ella estaba relacionada con los acontecimientos proféticos; mientras que nosotros, en la actualidad, podemos mirar hacia atrás y ver que todo en los versículos 1-22 se refería a hombres e imperios que vinieron y se fueron. Leemos acerca de ellos en las páginas de la historia secular. Pero los versículos 23-27 del capítulo que estamos tratando tienen que ver con un rey «de rostro adusto» quien aparecerá «hacia el final de esos reinos» (versículo 23, NVI); y ese no es otro que el Anticristo que vendrá. De nuevo, aunque los versículos 1-22 tienen que ver con la historia, los hombres a los que hace referencia fueron sombras del «hombre de pecado» que vendrá, a quien se describe con mayores detalles en los versículos finales del capítulo[13].

En su libro *Cashless* (Sin efectivo), Mark Hitchcock escribe: «Hay más de cien pasajes de las Escrituras que describen al [...] Anticristo. Dios no quiere que nos preocupemos acerca de este individuo de una manera dañina y desequilibrada, pero está claro que Dios quiere que conozcamos algunas cosas acerca de este príncipe de las tinieblas que vendrá»[14].

En la segunda mitad de Daniel 8, Dios nos presenta al Anticristo describiendo ocho características que definen a este hombre de maldad, quien se presentará en el escenario mundial durante el tiempo de Tribulación venidero.

TENDRÁ UNA PERSONALIDAD DINÁMICA

Hacia el final de esos reinos, cuando los rebeldes lleguen al colmo de su maldad, surgirá un rey de rostro adusto.

DANIEL 8:23 (NVI)

Este versículo retrata a un individuo con rostro adusto que se presentará de una manera arrogante.

John Phillips se imagina cómo será cuando el Anticristo entre en escena: «El mundo se volverá loco de placer cuando se manifieste. Él será la aparente respuesta a todas sus necesidades. Estará lleno de toda la plenitud de Satanás. Será bien parecido, con una personalidad encantadora, desenfrenada, despreocupada; será un genio, magníficamente cómodo en todas las disciplinas científicas, valiente como un león, y con un aire de misterio que tentará a la imaginación o congelará la sangre según la ocasión, un conversador brillante en numerosas lenguas. [...] Será el ídolo de toda la humanidad»[15].

La Biblia confirma lo que Phillips insinúa: el Anticristo será un comunicador dotado.

- Tiene «una boca que hablaba grandes cosas» (Daniel 7:8, RVR60).
- Tiene «boca que hablaba grandes cosas» (Daniel 7:20, RVR60).
- «Se le dio boca que hablaba grandes cosas y blasfemias» (Apocalipsis 13:5, RVR60).

En uno de mis otros libros comparé al Anticristo con algunos de los comunicadores más grandes de la historia: «Oradores como Abraham Lincoln, Winston Churchill, John F. Kennedy, Martin Luther King Jr. y, sí, incluso Adolf Hitler, eran especialistas en cautivar y conmover a grandes audiencias. Pero incluso sus mejores y más apasionados discursos serán aburridos comparados con la retórica del Anticristo»[16].

SU PLAN SERÁ DEMONÍACO

...entendido en enigmas.
DANIEL 8:23 (RVR60)

La frase «entendido en enigmas» se refiere a la capacidad para resolver problemas. «Enigmas» se podría traducir más literalmente como «dichos oscuros». Algunos comentaristas creen que hace referencia a lo oculto. Las Escrituras dicen que este hombre de rostro adusto se presentará como un líder con capacidades sobrenaturales para resolver los problemas de su época. Pero su poder vendrá del reino invisible de las tinieblas.

TENDRÁ PODER DIABÓLICO

Se volverá muy fuerte, pero no por su propio poder.

DANIEL 8:24

Cuando leo sobre las atrocidades de Antíoco Epífanes, me doy cuenta de que no podría haber sido tan malvado a menos que tuviera una relación especial con Satanás, lo cual sin duda es el significado del versículo mencionado arriba. Indudablemente, ¡este hombre estaba poseído por un demonio!

El reino de Antíoco fue un ensayo general del reino del Anticristo, quien también contará con el poder de Satanás:

- «Ese hombre vendrá a hacer la obra de Satanás con poder, señales y milagros falsos» (2 Tesalonicenses 2:9).
- «Y el dragón [Satanás] le dio a la bestia su propio poder y trono y gran autoridad» (Apocalipsis 13:2).

SU PERSECUCIÓN SERÁ DEVASTADORA

Provocará una tremenda cantidad de destrucción. [...]
Destruirá a líderes poderosos y arrasará al pueblo santo.

DANIEL 8:24

La ira de Antíoco hacia «el pueblo santo» es una imagen de la persecución que el Anticristo llevará a cabo contra los creyentes en el futuro: «Se le permitió a la bestia hacer guerra contra el pueblo santo de Dios y conquistarlo» (Apocalipsis 13:7).

Todo lo que he descubierto sobre Antíoco Epífanes me hace estremecer, pero cuando considero que el Anticristo será considerablemente más malvado de lo que fue Antíoco, entiendo por qué Daniel quedó «abrumado y [...] enfermo durante varios días» luego de que tuvo la visión y escuchó la explicación de Gabriel (Daniel 8:27). ¿Cuán terrible será el reinado del Anticristo? Jesús dijo: «A menos que se acorte ese tiempo de calamidad, ni una sola persona sobrevivirá; pero se acortará por el bien de los elegidos de Dios» (Mateo 24:22).

SUS PRÁCTICAS SERÁN ENGAÑOSAS

Con su sagacidad hará prosperar el engaño en su mano.
DANIEL 8:25 (RVR60)

Antíoco Epífanes fue el modelo de la sagacidad y el engaño. El libro apócrifo de 1 Macabeos provee esta ilustración: «Dos años más tarde, el rey envió a las ciudades de Judea a un funcionario encargado de cobrar los impuestos, el cual llegó a Jerusalén con un poderoso ejército; con intención de engañar a los habitantes les habló en son de paz, y ellos le creyeron. Pero de repente se lanzó sobre la ciudad, descargó sobre ella un terrible golpe, matando a muchos israelitas, y después de saquearla la incendió y destruyó las casas y la muralla que la rodeaba. Sus hombres se llevaron cautivos a las mujeres y a los niños, y se apoderaron del ganado»[17].

Esto nos provee un anticipo de lo que será el engaño del Anticristo. Para hacer la paz con los judíos, hará un pacto de siete años con ellos al principio del tiempo de la Tribulación. Se ganará su confianza prometiéndoles que tendrán libertad para adorar y para observar los días de sus festivales según sus leyes y tradiciones. Luego, después de tres años y medio, quebrará el pacto: «Y por otra semana confirmará el pacto con muchos; a la mitad de la semana hará cesar el sacrificio y la ofrenda. Después con la muchedumbre de las abominaciones vendrá el desolador hasta que venga la consumación, y lo que está determinado se derrame sobre el desolador» (Daniel 9:27, rvr60).

En su segunda carta a los Tesalonicenses, Pablo provee más datos sobre ese hombre engañoso: «Ese hombre vendrá a hacer la obra de Satanás con poder, señales y milagros falsos. Se valdrá de toda clase de mentiras malignas para engañar a los que van rumbo a la destrucción, porque se niegan a amar y a aceptar la verdad que los salvaría» (2 Tesalonicenses 2:9-10).

SERÁ DESAFIANTE EN SUS DECLARACIONES

Se volverá arrogante; destruirá a muchos de golpe. Hasta entrará en batalla con el Príncipe de príncipes.

DANIEL 8:25

Antíoco proclamó que él mismo era Dios. Las monedas acuñadas durante su reinado llevaban grabadas estas palabras: *Antiochus, Theos Epiphanes*, que significan: «Antíoco, Dios manifiesto». Antíoco afirmaba ser Dios; esto también es como una figura del Anticristo venidero, quien hará la misma afirmación.

Pablo describe el alcance de esta afirmación desvergonzada, llamando al Anticristo el «hombre de pecado» y el «hijo de perdición, el cual se opone y se levanta contra todo lo que se llama Dios o es objeto de culto; tanto que se sienta en el templo de Dios como Dios, haciéndose pasar por Dios» (2 Tesalonicenses 2:3-4, rvr60).

NO LOGRARÁ SU PROPÓSITO

> Será quebrantado, aunque no por poder humano.
>
> DANIEL 8:25

Antíoco estaba decidido a obligar a las naciones bajo su dominio a adoptar la religión y la cultura griega. Reservó su mayor ira para los judíos, quienes con determinación se resistían a la idolatría que les imponía. Pero la revolución de los macabeos evitó que lograra su propósito.

Otra vez Antíoco nos da un retrato en miniatura del Anticristo que vendrá, quien tampoco llegará a cumplir su objetivo final de someter a toda la tierra bajo su control demoníaco.

ESTARÁ DESTINADO AL CASTIGO

> Seguí mirando hasta que mataron a la cuarta bestia y su cuerpo fue destruido por el fuego. [...] Será quebrantado, aunque no por poder humano.
>
> DANIEL 7:11; 8:25

Incluso en su final vergonzoso, Antíoco Epífanes ilustró el destino del Anticristo. Cuando los judíos arrojaron la imagen de Júpiter afuera del templo, Antíoco se encolerizó. Juró que transformaría la ciudad de Jerusalén en un cementerio. Cuando se dirigía a Jerusalén, lo atacó de repente una enfermedad horrenda que causó que su cuerpo fuera comido vivo por gusanos y úlceras. Su sufrimiento era insoportable, y la hediondez de su propio cuerpo era tan nauseabunda que ni él mismo podía soportar el olor.

Al darse cuenta de que le era imposible cumplir su amenaza, confesó que sabía que estaba sufriendo por causa de lo que les había hecho a los judíos y a su culto. Murió atribulado, un hombre necio que pensó que podía oponerse a Dios y salir victorioso. Cayó sobrenaturalmente sin que ninguna mano humana lo tocara[18].

Así como Antíoco cayó por medios no humanos, así encontrará su fin el Anticristo. Y así como Antíoco recibió un castigo severo por hacer guerra contra Dios, también lo recibirá el Anticristo. Será lanzado vivo «al lago de fuego que arde con azufre» (Apocalipsis 19:20). Compartirá con Satanás el castigo eterno en el «fuego eterno preparado para el diablo y sus demonios» (Mateo 25:41).

El fin de Antíoco y del Anticristo

Esta visión sobre las dos mil trescientas noches y mañanas es verdadera, pero ninguna de esas cosas sucederá sino hasta dentro de mucho tiempo, de modo que mantén esta visión en secreto.

DANIEL 8:26

En Daniel 8, Dios nos da una imagen del futuro usando al Antíoco histórico como un anticipo de los horrores que vendrán bajo el gobierno del Anticristo. El alcance histórico de la visión es sorprendente, ofreciendo detalles de los reinos que aún vendrían bajo los reinados de Alejandro, Antíoco y el Anticristo: un lapso de miles de años.

Las palabras finales del ángel a Daniel en el versículo 26 han causado que algunas personas piensen que la intención era que Daniel guardara la visión para sí mismo. En otras palabras: «No le cuentes a nadie sobre esto; simplemente ponlas en una caja y escóndelas». Sin embargo, ese no fue el mensaje del ángel. Dios le estaba ordenando a Daniel que resguardara la visión y su mensaje para que se pudiera comunicar a otras personas. Lehman Strauss comenta: «Daniel debía tomar tantas precauciones sobre la conservación y la multiplicación del manuscrito como fueran necesarias para que el documento pudiera conservarse por mucho tiempo. Nada de lo que estaba escrito debía mantenerse en secreto»[19].

Se comprobó que la visión era verdadera cuando se cumplió en la época de Antíoco. Eso nos da la certeza absoluta de que también se pondrá de manifiesto que es verdadera al final de los tiempos, con la venida del Anticristo.

Cuando Daniel vio esta imagen nefasta del futuro, se sintió abrumado, conmovido hasta lo más profundo de su ser. En Daniel 8, dice: «Yo, Daniel, quedé abrumado y estuve enfermo durante varios días. Después me levanté y cumplí con mis deberes para con el rey. Sin embargo, la visión me dejó angustiado y no podía entenderla» (versículo 27).

Cada vez que leo Daniel 8 no puedo evitar preguntarme por qué no nos sentimos emocionalmente más conmovidos cuando escuchamos del juicio venidero que caerá sobre el mundo. El pensamiento de los apóstoles estaba muy influenciado por su conocimiento del juicio que vendría en los últimos días. Como alguien dijo acertadamente, vivían con una perspectiva del mundo basada en el fin de los tiempos. Sus actividades en el presente eran moldeadas por su clara consciencia del futuro.

Las predicciones del libro de Daniel que ya se cumplieron deberían servirnos como recordatorios de que las que todavía deben cumplirse sin duda lo harán. Y eso debería imprimir en nosotros la necesidad de vivir cada día como si el fin de los tiempos fuera a comenzar mañana.

Durante su mandato como presidente de los Estados Unidos, Dwight D. Eisenhower estaba de vacaciones en Denver cuando se enteró que Paul Haley, un niño de seis años que vivía en Denver, estaba muriendo de cáncer. La ambición más grande del niño era conocer a su héroe, el presidente.

El presidente Eisenhower le pidió a un asistente que consiguiera la dirección del niño, y el domingo siguiente, se dirigió en la limusina presidencial a la casa del niño moribundo para visitarlo sin previo aviso. Personalmente golpeó la puerta y lo recibió Donald Haley, el estupefacto padre de Paul, quien estaba sin afeitarse y tenía puesto unos *jeans* viejos y una camisa sucia.

El presidente pidió ver al hijo del hombre, y trató al niño como si fuera un rey. Le estrechó la mano, charlaron un poco y luego llevó a Paul de paseo en la limusina presidencial. Después de abrazar al niño y estrechar su mano nuevamente, Eisenhower se fue.

La visita fue el tema de conversación del vecindario por semanas. Todos se ponían eufóricos al escuchar que el presidente de los Estados Unidos había visitado a un vecino del barrio. Es decir, todos menos uno: el padre de Paul, Donald. Él dijo: «¿Cómo podré olvidar jamás que recibí al presidente de los Estados Unidos vestido con esos *jeans* y una camisa vieja y sucia y sin haberme afeitado?»[20].

Donald Haley no estaba preparado. Podemos perdonarlo fácilmente porque él no tenía idea de que el líder del mundo libre estaba por visitarlo. Pero usted y yo no podemos recurrir a una excusa como esa. Sabemos que está por venir el Nombre sobre todo nombre. No solamente Daniel profetiza sobre su venida, sino que profecías como esa abundan en toda la Biblia, desde Génesis hasta Apocalipsis. Y sabemos, con base en la lectura de los paralelismos entre la profecía cumplida y la todavía no cumplida, como las que se encuentran en Daniel 8, que los eventos que se predicen para el futuro sucederán sin lugar a dudas. Sabemos que Jesucristo viene; simplemente no sabemos cuándo.

* * *

DANIEL HOY

El Señor viene; por lo tanto, ¡deberíamos ponernos en movimiento! Nuestro estudio de Daniel 8 me ha motivado a servir al Señor con mayor intensidad, y espero que lo haya estimulado a usted también.

1. ¡Emociónese! La vida de los creyentes está marcada por un sentido de expectativa que no comparte nadie más en la tierra: solamente quienes esperan el regreso inminente de Cristo. Esa es una razón para estar alegres. «Por lo tanto, cuando todas estas cosas comiencen a suceder, pónganse de pie y levanten la mirada, ¡porque la salvación está cerca!» (Lucas 21:28).

2. ¡Manténgase ocupado! Jesús tiene una asignación diaria de trabajo para cada uno de nosotros. Tenemos un mundo que alcanzar, y cada uno de nosotros tiene un papel para cumplir. No hay tiempo para desperdiciar. Cuanto más nos acercamos a su regreso, más ocupados debemos estar haciendo su labor; ¡y es un gozo hacerlo! «Bienaventurado aquel siervo al cual, cuando su señor venga, le halle haciendo así» (Mateo 24:46, RVR60).

3. ¡Prepárese! Los libros de Daniel y Apocalipsis, junto con las otras promesas proféticas de Dios, nos impulsan a vivir con un sentido de alerta. Camine con él hoy. Manténgase puro. Ore constantemente. Si él viene antes de que usted termine de leer esta página, esté preparado para reunirse con él con una conciencia limpia y un espíritu gozoso. «Miren, ¡yo vendré como un ladrón, cuando nadie lo espere! Benditos son todos los que me esperan y tienen su ropa lista para no tener que andar desnudos y avergonzados» (Apocalipsis 16:15).

Capítulo 10

EL HERALDO

Daniel 9:1-27

Era el día de descanso judío y Daniel acababa de regresar de su culto habitual con otros exiliados en Babilonia. Estaba agradecido porque el rey Darío, quien gobernaba el Imperio persa bajo Ciro el Grande, le permitía que guardara este día de descanso semanal según los mandatos de las Escrituras. Ahora estaba sentado a la mesa en su casa y, como había sido su costumbre por siete décadas, leía atentamente uno de los rollos de los profetas judíos, el cual había comprado de unos mercaderes ambulantes.

Durante los últimos varios días de descanso, Daniel había estado revisando las profecías de Jeremías. Aunque había leído las palabras de Jeremías muchas veces, lloró mientras recordaba cómo el pueblo de Dios había ignorado las advertencias del profeta de que la cautividad sería el resultado de su decisión de no obedecer la ley de Dios.

Ahora el Señor de los Ejércitos Celestiales dice: «Como ustedes no me han escuchado, reuniré a todos los ejércitos

del norte bajo el mando de Nabucodonosor, rey de
Babilonia, a quien nombré mi representante. Los traeré
contra esta tierra, contra su gente y contra las naciones
vecinas. A ustedes los destruiré por completo y los convertiré
en objeto de horror, desprecio y ruina para siempre. Quitaré
de ustedes la risa y las canciones alegres. No se oirán más las
voces felices de los novios ni de las novias. Las piedras de
molino se acallarán y las luces de las casas se apagarán»[1].

Daniel suspiró profundamente. Todo había sucedido tal como
Jeremías lo había predicho. Ahora los judíos vivían como cautivos en
Babilonia, su hermosa tierra estaba desolada, el grandioso templo arrasado y su esplendorosa ciudad destruida, ahora era el escondrijo de chacales y aves de rapiña. Mientras leía, Daniel pensó, como lo había hecho en
muchas ocasiones anteriores: *¿Cómo pudo haber sido tan necio mi pueblo?*

Pero a medida que Daniel continuaba pasando sus dedos sobre
las palabras del rollo, su corazón comenzó a latir más rápidamente.
Le echó una nueva mirada al pasaje y luego una tercera mientras el
júbilo comenzaba a llenar su alma. Las palabras del rollo de repente
cobraron vida:

Israel y las naciones vecinas servirán al rey de Babilonia por
setenta años.

«Entonces, después que hayan pasado los setenta años de
cautiverio, castigaré al rey de Babilonia y a su pueblo por sus
pecados —dice el Señor—. Haré del país de los babilonios
una tierra baldía para siempre. Traeré sobre ellos todos los
terrores que prometí en este libro, todos los castigos contra
las naciones anunciados por Jeremías. Muchas naciones y
grandes reyes esclavizarán a los babilonios, así como ellos
esclavizaron a mi pueblo. Los castigaré en proporción al
sufrimiento que le ocasionaron a mi pueblo»[2].

«Nuestro Dios fiel nos ha prometido un futuro y una esperanza», dijo Daniel con un nudo en la garganta. Sus lágrimas de tristeza se estaban convirtiendo en lágrimas de un gozo arrollador.

Sí, Dios había castigado a su pueblo, tal como Jeremías había advertido. Pero aquí en la profecía de Jeremías estaba el recordatorio de Dios de que luego de setenta años, los haría volver a su tierra. Daniel hizo una pausa y calculó los reinados de los reyes que había servido. ¡Sesenta y siete años! El tiempo del regreso que Jeremías había predicho estaba muy cerca. Ocurriría en tres cortos años. Con entusiasmo, Daniel continuó leyendo:

«En esos días, cuando oren, los escucharé. Si me buscan
de todo corazón, podrán encontrarme. Sí, me encontrarán
—dice el Señor—. Pondré fin a su cautiverio y restableceré
su bienestar. Los reuniré de las naciones adonde los envié y
los llevaré a casa, de regreso a su propia tierra»[3].

El significado del pasaje estaba claro para Daniel: la clave del cumplimiento de esta profecía, de que Israel regresaría a su tierra, eran las oraciones del pueblo. Daniel siempre había sido un hombre de oración. Durante sus largos años en Babilonia, oraba formalmente tres veces por día, sobre sus rodillas, mirando hacia Jerusalén. Y entre esos momentos, oraba continuamente, haciendo de Dios su compañero constante.

¿Los judíos de Babilonia habían estado confesando sus pecados y orando por su retorno a Judá? Daniel tenía la sospecha de que la mayoría no lo había hecho. De todos modos, él oraría por ellos. Él tomaría la carga de los pecados de los judíos y los presentaría delante de su Dios. Inmediatamente, cayó sobre sus rodillas y comenzó a orar.

Daniel alabó a Dios por su misericordia. Enumeró los pecados de su pueblo, el cual se había apartado de su ley. Confesó que no habían prestado atención a las advertencias de los profetas. Reconoció que habían causado que las naciones se burlaran del nombre de Dios. Reconoció que merecían el castigo que Dios había traído sobre ellos, y que su juicio, aunque severo, era justo. Recordó el poder de Dios cuando liberó a su pueblo de la esclavitud de Egipto y oró para que repitiera una hazaña tan gloriosa como esa, sacando a los judíos cautivos de Babilonia y llevándolos de regreso a su tierra.

Suplicó para que perdonara los pecados del pueblo y rogó para que Dios mostrara misericordia; no porque la merecieran, porque verdaderamente no la merecían, sino por el gran amor de Dios por su pueblo. Terminó su oración diciendo: «Oh Señor, óyenos. Oh Señor, perdónanos. ¡Oh Señor, escúchanos y actúa! Por amor a tu nombre, no te demores, oh mi Dios, porque tu pueblo y tu ciudad llevan tu nombre»[4].

* * *

Mientras Daniel comenzaba su oración, el gran ángel Gabriel estaba en su lugar de costumbre en el cielo cerca del trono de Dios. Un resplandor indescriptible emanaba del trono y bañaba todo en el cielo con calor y luz.

De repente, una voz, poderosa y estruendosa, resonó desde el trono:

—Gabriel, mensajero fiel, por favor acércate a mi trono. Tengo una tarea para ti.

La adrenalina recorrió todo el ser de Gabriel. Dio un paso adelante, expectante.

—Aquí estoy, mi Señor, listo para hacer lo que usted me pida.

La voz gloriosa respondió:

—Tu prójimo y mi amado siervo Daniel, el judío fiel de Babilonia, ha comenzado a elevar en este instante una oración profunda y sincera hacia mí. Ya tengo preparada una respuesta, y quiero que se la entregues de inmediato.

—Lo haré con mucho gusto, mi Señor —respondió Gabriel.

El ángel recibió la respuesta de Dios a la oración de Daniel, y sin dudar, se marchó volando a una velocidad increíble a través de la vasta extensión del espacio. La experiencia le había enseñado a tener cuidado de los seres demoníacos que acechaban continuamente, empeñados en interrumpir toda la ayuda angelical dirigida hacia el caído planeta Tierra.

Gabriel había comenzado a descender sobre Babilonia cuando, de repente, vio a un grupo de seres oscuros que revoloteaban sobre Persia. Incluso desde la distancia, podía ver que eran demonios. *Parece que han incrementado su presencia en la zona,* pensó. *Debe haber llegado a sus oídos que Dios está preparando algo para Israel.* Viró para evitar el contacto con las repugnantes criaturas, manteniendo la distancia, y finalmente llegó a Babilonia. En un instante, estuvo en la presencia de Daniel, justo en el momento en que el hombre de Dios terminaba de orar.

Daniel levantó la vista, sorprendido. De inmediato reconoció al majestuoso Gabriel como el ángel que años atrás le había entregado el mensaje relacionado con el fallecido rey Nabucodonosor. Sin embargo, de nuevo se sintió abrumado por la gloria de la presencia de este ser.

Gabriel hizo lo mejor que pudo para calmar al hombre tembloroso.

—Daniel, Dios me ha enviado a decirte que eres muy amado. Él ha escuchado tu oración sincera y me ha enviado a entregarte una respuesta. Debido a que has sido tan diligente en orar por tu pueblo, él desea darte una descripción de lo que le sucederá en el futuro.

Gabriel delineó para Daniel los eventos que experimentaría la nación judía en los 490 años futuros. El castigo por su pecado terminaría, volverían a su ciudad y a su templo y su Mesías vendría. Pero le quitarían la vida al Mesías, y Jerusalén y el templo serían destruidos de nuevo. En un futuro muy lejano, se levantaría un nuevo perseguidor como ningún otro que el mundo hubiera visto. Causaría un sufrimiento terrible hasta la consumación del futuro glorioso que le espera al pueblo de Dios.

Luego de completar su misión con éxito, Gabriel desapareció de la presencia de Daniel y regresó a su lugar delante del trono de Dios, ansioso por advertirles a los otros ángeles sobre la reunión del enemigo alrededor de Persia.

* * *

LAS ESCRITURAS DETRÁS DE LA HISTORIA

En su libro *Daniel: God's Man in a Secular Society* (Daniel: el hombre de Dios en una sociedad no religiosa), Donald Campbell comparte este relato para ilustrar la permanencia del pueblo de Dios a lo largo de la historia:

Hace algunos años, un área suburbana cerca de una de nuestras ciudades más importantes se estaba desarrollando como una comunidad residencial muy exclusiva. Al principio, solamente unos cuantos judíos compraron propiedades en ese lugar; luego, más y más compraron lotes. Los otros miembros de la comunidad comenzaron a manifestarse para obligar a los judíos a que se fueran.

El ministro de una iglesia cercana anunció que el tema del sermón para el próximo domingo sería: «Cómo deshacerse de los judíos». Esto provocó un escándalo. Todos en la zona hablaron sobre eso durante toda la semana, y algunos judíos incluso presentaron su queja ante el gobernador del estado.

Cuando llegó el domingo, la iglesia estaba abarrotada de gente. Un rabino judío y dos reporteros se presentaron y se pusieron en la primera fila. El pastor leyó este texto: «Así ha dicho Jehová, que da el sol para luz del día, las leyes de la luna y de las estrellas para luz de la noche, que parte el mar, y braman sus ondas. [...] Si faltaren estas leyes delante de mí, [...] también la descendencia de Israel faltará para no ser nación delante de mí eternamente» (Jeremías 31:35-36 [RVR60])[5].

Este sabio pastor estaba mostrándole al pueblo el inmenso valor que el pueblo judío tiene para Dios. El que maltrata a los judíos camina sobre arena movediza porque es el pueblo al cual Dios ha bendecido y le ha prometido un plan glorioso y trascendental para el futuro.

Ya hemos visto el plan de Dios para las naciones gentiles (Daniel 2, 7). Ahora, Daniel 9 revela el plan profético de Dios para los judíos. Ninguna persona que lea este capítulo cuidadosamente podrá llegar a la conclusión de que Dios ha terminado con su pueblo, Israel. Este plan profético, que Daniel recibió de Gabriel, forma la columna vertebral de la profecía mesiánica: la profecía de las setenta semanas.

Los eruditos bíblicos a lo largo de los siglos han notado cuán extraordinario es este capítulo en términos de profecía bíblica. Muchos lo han llamado «la columna vertebral de la profecía». H. A. Ironside dice que es «la mejor profecía de todos los tiempos»[6]. H. C. Leupold escribe que algunos versículos de este capítulo «despliegan un panorama de la historia que no tiene paralelo incluso en las sagradas Escrituras»[7]. Philip R. Newell lo llama «el mejor capítulo del libro de Daniel y uno de los mejores de toda la Biblia»[8]. Sir Isaac Newton creía que se podía establecer la verdad del cristianismo sobre esta sola profecía[9].

Clarence Larkin aclara por qué Daniel 9 es fundamental para todas las profecías bíblicas:

La septuagésima semana de Daniel (Daniel 9:24-27), el sermón de Jesús en el monte de Olivos (Mateo 24) y los sellos, las trompetas y las copas de Juan (Apocalipsis 6:1–18:24) abarcan el mismo período, y son judíos y no tienen referencia con la iglesia cristiana. Daniel traza el contorno en su septuagésima semana, Jesús bosqueja la imagen en su Sermón del monte y Juan provee los detalles en el libro del Apocalipsis[10].

¿Por qué le reveló Dios a Daniel estas profecías fundamentales y profundas? Todo comenzó con la oración que Daniel se sintió motivado a hacer luego de tener un descubrimiento en el libro de Jeremías.

La oración

Yo seguí orando y confesando mi pecado y el pecado de mi pueblo, rogándole al SEÑOR mi Dios por Jerusalén, su monte santo.

DANIEL 9:20

Como todos los profetas verdaderos del Antiguo Testamento, Daniel era un hombre de oración y que estudiaba la Biblia: «Hay tres capítulos novenos significativos en el Antiguo Testamento que contienen una oración de una naturaleza similar: Esdras 9, Nehemías 9 y Daniel 9. En cada ocasión, un siervo de Dios estaba de rodillas delante de la Palabra de Dios, intercediendo celosamente por el pueblo de Dios. Los profetas del Antiguo Testamento no se sentaban en un estado pasivo esperando que Dios les enviara una revelación por medio de un sueño, una visión o una voz. Ellos [...] pasaban tiempo en oración, buscando el mensaje y el significado de la profecía (1 Pedro 1:10-12)»[11].

La oración que se encuentra en Daniel 9:4-19 es una de las mejores oraciones de todo el Antiguo Testamento porque preparó el camino para que Daniel recibiera una de las profecías más importantes de la

Biblia. Y tengamos en cuenta el hecho importante que la oración que llevó a la profecía estaba fundamentada en el estudio personal que Daniel mismo había hecho de la Biblia: «El primer año del reinado de Darío [...] yo, Daniel, al estudiar la palabra del Señor, según fue revelada al profeta Jeremías, aprendí que Jerusalén debía quedar en desolación durante setenta años» (Daniel 9:1-2).

Daniel estaba leyendo el pasaje donde Jeremías predice que la cautividad del pueblo judío duraría setenta años. Podemos señalar con exactitud dónde estaba leyendo Daniel porque Jeremías menciona solamente tres veces los setenta años en su profecía:

- «Toda la tierra se convertirá en una desolada tierra baldía. Israel y las naciones vecinas servirán al rey de Babilonia por *setenta años*. Entonces, después que hayan pasado los *setenta años* de cautiverio, castigaré al rey de Babilonia y a su pueblo por sus pecados —dice el Señor—. Haré del país de los babilonios una tierra baldía para siempre» (Jeremías 25:11-12, énfasis añadido).
- «Esto dice el Señor: "Ustedes permanecerán en Babilonia durante *setenta años*; pero luego vendré y cumpliré todas las cosas buenas que les prometí, y los llevaré de regreso a casa"» (Jeremías 29:10, énfasis añadido).

No sabemos cuánto tiempo había tenido Daniel estas profecías en su posesión, pero como dice John F. Walvoord: «La inferencia es que Daniel ahora había llegado a tener una comprensión plena de la predicción de Jeremías y se dio cuenta de que los setenta años profetizados prácticamente habían llegado a su fin. La fecha de la visión que aparece en Daniel 9 fue el 538 a. C., casi 67 años después de que Jerusalén fuera capturada por primera vez y Daniel fuera llevado cautivo a Babilonia (605 a. C.)»[12].

Mientras el anciano Daniel leía la profecía de Jeremías y repasaba el calendario, llegó a la conclusión de que el período de setenta años estaba llegando a su fin. Prácticamente había llegado el tiempo de la liberación de su pueblo, y el conocimiento de ese cumplimiento inminente lo llevó a postrarse de rodillas en oración.

Aunque le preocupaba el regreso de su pueblo a su tierra, Daniel enfocó la mayor parte de su oración en el arrepentimiento y la confesión. En ayuno, con ropa de tela áspera y con cenizas, le presentó sus preocupaciones a Dios. Se dirigió a Dios usando su nombre personal, Yahveh. Este es el único capítulo del libro de Daniel en donde se encuentra este nombre sagrado, y lo usa ocho veces. *Yahveh* es el nombre de pacto de Dios y por eso fue el nombre apropiado para el uso de Daniel teniendo en cuenta el caso por el cual estaba rogando.

La oración de Daniel, una de las más largas de la Biblia, es un modelo para la confesión pública del orgullo y del pecado nacionales. Daniel confesó los pecados de los «reyes, príncipes, antepasados y a todo el pueblo de la tierra» (Daniel 9:6). Nadie, empezando por el más importante y terminando con el más insignificante, estuvo exento de cargar con la culpa por la caída de Israel.

Donald Campbell escribe: «No parece una coincidencia que dos tercios de este pasaje tengan que ver con la oración intercesora de Daniel por su pueblo, mientras que solamente algunos versículos revelan el programa de los eventos del fin de la historia de la humanidad. Este gran capítulo es más que un vistazo del futuro; ¡es un llamado al arrepentimiento y la oración!»[13].

Daniel terminó su oración con este ruego: «Oh Señor, óyenos. Oh Señor, perdónanos. ¡Oh Señor, escúchanos y actúa! Por amor a tu nombre, no te demores, oh mi Dios, porque tu pueblo y tu ciudad llevan tu nombre» (Daniel 9:19). *Óyenos, perdónanos, escúchanos, actúa, no te demores.* «Los verbos surgen con rapidez, como golpes insistentes de martillo. Sin embargo, tienen un tono de respeto que reafirma el espíritu humilde de Daniel, pero su gran sinceridad se ve con claridad. Él quería que Dios "escuchara" su ruego»[14].

Aunque Dios había prometido terminar con el cautiverio de su pueblo, también les había indicado que debían orar para ese fin: «Cuando oren, los escucharé. Si me buscan de todo corazón, podrán encontrarme. Sí, me encontrarán —dice el SEÑOR—. Pondré fin a su cautiverio» (Jeremías 29:12-14).

Mientras Daniel terminaba su oración, tenía expectativas de recibir una respuesta relacionada con los setenta años de cautiverio que su pueblo había sufrido. Recuerde que en el estudio del capítulo uno hablamos de que esos setenta años representaban los 490 años que Israel no había observado la ley del descanso, la cual requería que la tierra no se cultivara cada siete años: un año de cautiverio por cada año que no cumplieron con la ley (2 Crónicas 36:21).

UNA INESPERADA RESPUESTA A LA ORACIÓN

Daniel le preguntó a Dios acerca del pasado		Dios le respondió a Daniel acerca del futuro
70 x 7 años sabáticos violados	70 años en cautiverio	70 x 7 años declarados restantes
490 años antes del tiempo de Daniel	El tiempo de Daniel	490 años después del del tiempo de Daniel
(2 Crónicas 36:21)	(Jeremías 25:11; 29:10)	(Daniel 9:24-27)

Pero el anciano profeta estaba por llevarse la mayor sorpresa de toda su vida. En lugar de tratar el tema de los 490 años que habían quedado atrás, Dios le dio a Daniel una visión sobre los 490 años que estaban por delante. Daniel le preguntó a Dios sobre el pasado; ¡Dios estaba por contarle sobre el futuro!

La profecía

EL MENSAJERO

> Mientras oraba, Gabriel, a quien había visto en la visión anterior, se me acercó con rapidez a la hora del sacrificio vespertino.
>
> DANIEL 9:21

Gabriel es el mensajero de Dios que probablemente ganaría el premio al «ángel más admirado». Siempre parece estar llevando noticias importantes que, por lo general, también son buenas. Quinientos años después de Daniel, fue Gabriel quien le dijo a María que había sido elegida para ser la madre de Jesús, el Mesías (Lucas 1:26-27). Fue Gabriel quien se apareció a Zacarías en el templo y le dijo que sus oraciones por un hijo serían respondidas (Lucas 1:11-17). Gabriel se presentó a Zacarías, diciendo: «¡Yo soy Gabriel! Estoy en la presencia misma de Dios» (Lucas 1:19). Gabriel obviamente se encuentra en el lugar correcto para ser considerado un enlace seguro entre Dios y los seres humanos.

Aun antes de que Daniel terminara su oración, Gabriel estaba allí con la respuesta. Llegó a la hora del sacrificio vespertino. Esto sería a media tarde, alrededor de las 3:00 p.m.

Alguien recitó una vez la oración de Daniel en hebreo y calculó el tiempo que le llevó: aproximadamente tres minutos. Eso significa que a Gabriel le llevó cerca de tres minutos llegar desde el trono de Dios hasta la residencia de Daniel en Babilonia. ¡Con razón Daniel dijo que Gabriel se «acercó con rapidez» (versículo 21)!

El gran erudito judío cristiano Arno Gaebelein nos recuerda: «El cielo no está lejos. No hay espacio ni distancia para Dios. Qué aliento para orar debería ser esto para el pueblo de Dios. En el momento en que oramos en el Espíritu y en su nombre, nuestras voces son escuchadas en los cielos más altos»[15].

Encontramos una clara explicación del propósito del encuentro de Gabriel con Daniel en los siguientes versículos: «Daniel, ahora he salido para darte sabiduría y entendimiento. Al principio de tus ruegos fue dada la orden, y yo he venido para enseñártela, porque tú eres muy amado. Entiende, pues, la orden, y entiende la visión» (Daniel 9:22-23, RVR60).

Gabriel vino a *enseñarle* a Daniel, a *hablar* con Daniel y a *darle sabiduría y entendimiento*. Una vez que Daniel escuchara la profecía que Gabriel estaba por revelarle, Daniel iba a necesitar toda la sabiduría que el ángel pudiera darle.

Gabriel se refirió a Daniel como «muy amado»; de esta misma forma se refirió Jesús al apóstol Juan: «el discípulo a quien Jesús amaba» (Juan 20:2; 21:7, 20). Daniel y Juan también tienen otra cosa en común: son las dos fuentes mayores de revelación profética de la Biblia. Debido a su fidelidad y obediencia, Dios les dio revelaciones que no le dio a nadie más.

EL MENSAJE

El tiempo oportuno del mensaje

Gabriel comenzó su mensaje presentando el tiempo programado para los eventos futuros que estaba por revelar. El lector de hoy necesita familiarizarse con la terminología que utiliza.

1. Las «semanas» de la profecía de Daniel

Setenta semanas están determinadas sobre tu pueblo y sobre tu santa ciudad.
DANIEL 9:24 (RVR60)

Es evidente que Gabriel no se estaba refiriendo a semanas como unidades de tiempo de siete días, que es la forma como comúnmente usamos el término. Esto significaría que toda la ciudad de Jerusalén y el santuario serían construidos en 490 días, lo cual habría sido imposible. La palabra para *semana* que se emplea aquí literalmente significa «sietes». Daniel recibe el mensaje que setenta «sietes» han sido determinados para su pueblo.

La pregunta entonces sería: «¿siete de qué?». Encontramos la respuesta en el contexto en el cual se usan las palabras. Basados en la referencia a «setenta años» de Daniel 9:2, sabemos que Daniel tiene años en mente, no días. Por lo tanto, los «setenta sietes» de Daniel 9:24 tienen que ser «setenta grupos de siete años». Los eruditos bíblicos están de acuerdo en esto casi por unanimidad.

Por lo tanto, el ángel le estaba diciendo a Daniel que se requerían setenta semanas de años, o setenta veces siete años (un período de cuatrocientos noventa años), para cumplir con el programa profético de Israel.

2. Los «años» de la profecía de Daniel

Hay evidencia concluyente que prueba que el año profético no estaba compuesto por 365 días, sino por 360 días, o 12 meses de 30 días. Según el registro de Génesis, el Diluvio comenzó el día diecisiete del segundo mes (7:11), y llegó a su fin el día diecisiete del séptimo mes (8:4). Un período de cinco meses exactos. En Génesis 7:24 y 8:3, encontramos que el Diluvio duró 150 días, lo cual corresponde a 5 meses exactos. Por lo tanto el mes más antiguo que se conoce en la historia de la Biblia era de 30 días, y 12 meses de esa longitud serían un período de 360 días, o un año de 360 días.

Luego de analizar una ilustración del primer libro de la Biblia, miremos una del último libro de la Biblia. En Apocalipsis 11:3 y 12:6, un período de tres años y medio se computa como 1260 días (1260 dividido por 3,5 es igual a 360). Por lo tanto, mientras el año solar es de 365 días, el año profético se contaba como 360 días.

Los términos del mensaje

> Setenta semanas están determinadas sobre tu pueblo y sobre
> tu santa ciudad, para terminar la prevaricación, y poner
> fin al pecado, y expiar la iniquidad, para traer la justicia
> perdurable, y sellar la visión y la profecía, y ungir al Santo de
> los santos.
>
> DANIEL 9:24 (RVR60)

Recuerde, toda la profecía tiene que ver con el pueblo de Daniel y con la ciudad de Daniel: la nación de Israel y la ciudad de Jerusalén. Es importante entender que esta profecía no tiene nada que ver con los gentiles. Según el ángel Gabriel, el futuro de Israel involucra seis acontecimientos importantes. Tres de ellos se presentan en forma negativa, y tres en forma positiva. Antes de que las setenta semanas de la profecía de Daniel se completen, deberán ocurrir estos seis eventos.

Algunos eruditos sostienen que los seis acontecimientos tuvieron lugar en la Cruz. Creen que todo lo que Dios planeó para el pueblo judío ya se cumplió; que Dios ya no tiene planes futuros para la nación de Israel. Sin embargo, a medida que analicemos estos seis acontecimientos, veremos que la nación de Israel todavía no ha experimentado el cumplimiento pleno de ninguno de ellos y, por lo tanto, debemos esperar que se cumplan en el futuro.

Los primeros tres sucesos de la lista tienen que ver con la extirpación del pecado, y los últimos tres tienen que ver con la restauración de la justicia.

1. «Terminar la prevaricación»

Este es el primer punto y el más importante de la lista de sucesos que se deben cumplir durante las setenta semanas de años. H. C. Leupold aclara que la expresión «terminar la prevaricación» significa: «el pecado será controlado y nunca más crecerá ni se multiplicará»[16].

Para todo el que cree, la prevaricación se terminó en la Cruz. Pero para Israel, que rechazó a Cristo, la consumación perfecta de la obra redentora del Mesías no se cumplirá hasta el fin de las setenta semanas. En relación con este tiempo, Dios dice: «Derramaré un espíritu de gracia y oración sobre la familia de David y sobre los habitantes de Jerusalén. [...] En aquel día brotará un manantial para la dinastía de David y para el pueblo de Jerusalén; una fuente que los limpiará de todos sus pecados e impurezas» (Zacarías 12:10; 13:1).

2. «Poner fin al pecado»

Esta frase apunta al tiempo cuando el pecado será eliminado; no solamente en principio, sino en la práctica. Esto no puede suceder hasta el reinado de Cristo durante el Milenio. En ese día, el pecado habrá seguido su curso en Israel, será encerrado y nunca más volverá a hacer su obra destructiva. «Nunca más se contaminarán con ídolos ni con imágenes repugnantes ni rebelión, porque los salvaré de su apostasía pecaminosa y los limpiaré. Entonces serán verdaderamente mi pueblo y yo seré su Dios» (Ezequiel 37:23).

3. «Expiar la iniquidad»

Esta es una declaración de expiación. Aunque en este versículo no se menciona específicamente a Cristo, él es quien hace la expiación (Daniel 9:26). El pecado termina gracias a la expiación del Mesías; sin embargo, la nación de Israel no se dará cuenta del efecto de esta expiación hasta el final de las setenta semanas.

4. «Traer la justicia perdurable»

La muerte del Mesías no solamente logra la expiación de los pecados; también tiene el poder para justificar a la nación de Israel delante de un Dios santo. Leon Wood escribe: «Cuando Cristo murió, no solamente consiguió erradicar el pecado, sino que también garantizó la justificación. [...] Pero otra vez hay que tener en cuenta que seremos verdaderamente justos [...] solo cuando [...] Israel como nación [...] [tome] posesión en la segunda venida de Cristo con poder»[17].

5. «Sellar la visión y la profecía»

Estas palabras se refieren al tiempo en el futuro cuando todas las profecías se cumplirán. El día que Cristo venga con poder y establezca su reino, todas las profecías acerca de él se convertirán en una realidad absoluta. De nuevo, esto requiere un tiempo que supera los límites de las primeras sesenta y nueve semanas de la profecía, las cuales, como veremos pronto, terminaron cuando Cristo entró triunfante a Jerusalén.

6. «Ungir al Santo de los santos»

El reino de Cristo solamente se puede establecer en el futuro, cuando el lugar santo del templo del Milenio sea ungido (o, en términos actuales, completado y dedicado). La frase el «Santo de los santos» nunca se usa para referirse a una persona en las Escrituras. Se refiere al lugar sagrado del templo que generalmente se conoce como el lugar santísimo, donde se llevará a cabo la restauración del servicio religioso en un templo futuro (Ezequiel 41–46).

El erudito bíblico G. H. Lang escribe: «En el lugar del tabernáculo y de los templos anteriores [...] se ungirá un nuevo lugar santísimo. [...] El santo de los santos de esta profecía, el santuario más íntimo del templo glorioso descrito por Ezequiel, ya no será una simple prolongación de los santuarios anteriores»[18].

Todos estos eventos que Gabriel predice en Daniel 9:24 deben ser finalmente cumplidos y experimentados por la nación de Israel. Esto no sucederá hasta el final de los 490 años de la profecía de Daniel. Debido a que ninguna de estas profecías se cumplió en las primeras sesenta y nueve semanas, debe haber un tiempo futuro en el cual se cumplirán.

LOS PARÁMETROS

El inicio de la profecía: «Desde la salida de la orden»

Sabe, pues, y entiende, que desde la salida de la orden para
restaurar y edificar a Jerusalén hasta el Mesías Príncipe, habrá
siete semanas, y sesenta y dos semanas; se volverá a edificar la
plaza y el muro en tiempos angustiosos.

DANIEL 9:25 (RVR60)

Gabriel le dijo a Daniel que los futuros 490 años de eventos proféticos comenzarían en un día específico. El decreto de restaurar y
construir a Jerusalén señalaría el comienzo de la profecía de las 70
semanas, o de los 490 años.

En realidad, se emitieron cuatro decretos relacionados con la restauración de Jerusalén y del templo. El primero fue de Ciro en el
538 a. C. (Esdras 1:1-4; 5:13-17), instigando a la reconstrucción del
templo pero no de la ciudad. Darío emitió el segundo decreto en el
517 a. C. (Esdras 6:1-12). Este decreto también estaba limitado a la
reconstrucción del templo. A veces se cree que el primer decreto de
Artajerjes en el 458 a. C. podría ser el punto de partida de las setenta
semanas de Daniel, pero este tampoco permitió la reconstrucción de
Jerusalén.

El Dr. Alva J. McClain, quien por veinticinco años fue el presidente de Grace Seminary en Winona Lake, Indiana, fue considerado
como uno de los eruditos bíblicos sobresalientes de su generación.
Con seguridad, identifica el decreto que da inicio al período profético
de las setenta semanas:

Hay solamente un decreto en la historia del Antiguo
Testamento que [...] se podría identificar como la «orden» a
la que se hace referencia en la profecía de Daniel. Ese decreto

se encuentra en el libro de Nehemías (1:1-4; 2:1-8). [...]
Nehemías, escribiendo por inspiración divina, registra la
fecha exacta de este decreto: «en el mes de *nisán*, durante el
año veinte del reinado de Artajerjes» (2:1).

Sucede que la fecha fijada por Nehemías es una de
las fechas más conocidas de la historia antigua. Incluso
la más reciente edición de la *Encyclopedia Britannica*
[...] establece la fecha de la ascensión de Artajerjes en el
465 a. C.; y, por lo tanto, su año veinte sería el 445 a. C.
El mes era *nisán*, y debido a que no se especifica un día,
según la costumbre judía, se entendería que es el primero
del mes[19].

Cuando pasamos el 1 de *nisán* del 445 a. C. a nuestro calendario,
llegamos al 14 de marzo del 445 a. C. como la fecha de la orden «para
restaurar y edificar a Jerusalén» (Daniel 9:25).

El fin de la profecía: «el Mesías Príncipe»

Desde la salida de la orden para restaurar y edificar a
Jerusalén hasta el Mesías Príncipe, habrá siete semanas, y
sesenta y dos semanas.

DANIEL 9:25 (RVR60)

¿Qué debía entender Daniel respecto al cumplimiento de esta
profecía? Así como hubo un tiempo específico para su inicio, debía
haber un tiempo específico para su fin. Ese tiempo, según Daniel
9:25, es el tiempo del Mesías Príncipe.

«El Mesías Príncipe» es una frase hebrea que significa «el Ungido,
el gobernante». El término *príncipe* es un título asociado con una
autoridad real, y se usa aquí para describir la llegada del Señor
Jesucristo como príncipe y gobernante.

¿Pero a qué evento de la vida de Jesucristo se refiere la profecía de Daniel? La respuesta que tiene más sentido es la entrada triunfal de Jesús a Jerusalén, debido a que en esa ocasión fue presentado al pueblo judío como su Príncipe mesiánico.

Zacarías 9:9 predijo el día cuando el rey de Israel entraría a Jerusalén «montado en un burro». En Lucas 19, vemos el cumplimiento de esa profecía cuando Jesucristo entra a Jerusalén para iniciar la semana de la Pasión. Los seguidores de Jesús que estaban en Jerusalén entendieron el significado de esa ocasión. Lo aclamaron con la alabanza mesiánica que se encuentra en el Salmo 118: «Bendito el que viene en el nombre de Jehová» (versículo 26, RVR60; vea también Lucas 19:38).

Sir Robert Anderson de Scotland Yard, quien hace más de 120 años escribió el clásico *The Coming Prince* (*El Príncipe que ha de venir*), dice: «Ningún estudioso de la narración del evangelio puede ignorar que la última visita del Señor a Jerusalén fue no solamente de hecho, sino en su mismo propósito, la crisis de su ministerio. [...] Ahora el doble testimonio de sus palabras y de sus obras había sido plenamente dado, y su entrada a la ciudad santa fue para proclamar su mesianismo y para recibir su sentencia»[20].

El Dr. Alva J. McClain explica cómo esta profecía pone de manifiesto la verdad de las Escrituras: «La profecía de las Setenta Semanas tiene un valor tangible incalculable como testimonio de la verdad de las Escrituras. La porción de la profecía que se relaciona con las primeras sesenta y nueve semanas ya se ha cumplido con exactitud. [...] Solo un Dios omnisciente podría haber predicho con más de quinientos años de anticipación el mismo día en el cual el Mesías entraría a Jerusalén y se presentaría como el "Príncipe" de Israel»[21].

El cálculo de la profecía: 69 x 7 x 360 = 173.880

Sir Robert Anderson calculó el tiempo existente entre el decreto para que se reconstruyeran los muros de Jerusalén y la venida del Mesías

Príncipe. La naturaleza exacta de su cálculo ha pasado las pruebas por más de un siglo y ha sido corroborada por numerosos eruditos bíblicos.

El resumen de su cálculo:

> Con base en el descubrimiento que las Semanas se componen de años, que la duración del año profético es de 360 días y que esos días comenzaron el 14 de marzo del 445 a. C., el terreno está despejado para el cálculo cronológico. [...] Para encontrar el fin de las Sesenta y nueve Semanas, primero debemos reducirlas a días. Como tenemos 69 Semanas de 7 años cada una, y cada año tiene 360 días, la ecuación sería la siguiente: 69 x 7 x 360 = 173.880 días. Comenzando el 14 de marzo del 445 a. C., este número de días nos lleva al 6 de abril del 32 d. C.[22].

Y este fue el día que nuestro Señor entró a Jerusalén.

Las categorías de la profecía

1. La subdivisión: «habrá siete semanas»

> Habrá siete semanas, y sesenta y dos semanas; se volverá a edificar la plaza y el muro en tiempos angustiosos.
> DANIEL 9:25 (RVR60)

Gabriel le explicó a Daniel que las setenta semanas de historia profética se dividirían en tres secciones o períodos:

- 7 semanas de años (49 años)
- 62 semanas de años (434 años)
- 1 semana de años (7 años)

Mientras que los eruditos se inclinan a enfatizar la profecía de las sesenta y dos semanas, que ya se ha cumplido, y la de una semana, que aún debe cumplirse, la primera categoría (las siete semanas) por lo general se pasa por alto. Gabriel le dijo a Daniel que durante las primeras siete semanas (cuarenta y nueve años), la ciudad sería reconstruida «en tiempos angustiosos» (Esdras 9–10; Nehemías 4, 6, 9, 13). No solamente se reconstruyó Jerusalén durante ese período de cuarenta y nueve años, sino que también se estableció el templo y se completó el canon del Antiguo Testamento.

Las siete semanas de años durante las cuales se restauró la ciudad concluyeron en el 396 a. C., cuarenta y nueve años después de que Artajerjes emitiera el edicto de la reconstrucción en el 445 a. C.

2. El aplazamiento de la profecía: «se quitará la vida al Mesías»

Y después de las sesenta y dos semanas se quitará la vida al Mesías, mas no por sí; y el pueblo de un príncipe que ha de venir destruirá la ciudad y el santuario; y su fin será con inundación, y hasta el fin de la guerra durarán las devastaciones.

DANIEL 9:26 (RVR60)

La continuidad de las setenta semanas fue interrumpida por el rechazo al Mesías Príncipe, quien «vino a los de su propio pueblo, y hasta ellos lo rechazaron» (Juan 1:11). Con este evento terminaron las sesenta y nueve semanas, y comenzó el período de lo que algunos han llamado «tiempo no calculado». Dios calcula el tiempo para los judíos solamente cuando está tratando con ellos como nación, y eso no volverá a suceder hasta el tiempo de la Tribulación, o hasta la semana setenta de la profecía de Daniel. Esto significa que hay un período de tiempo indefinido entre el final de la semana sesenta y nueve y el comienzo de la semana setenta. Hoy estamos viviendo en ese tiempo «no calculado», y ya ha estado en vigencia por más de dos mil años.

El hecho que el tiempo profético haya estado suspendido por más de dos mil años no debería hacernos dudar de que se reanudará en la semana setenta que aún está por venir. Los profetas normalmente veían los eventos en el futuro como una serie de picos de montañas en la distancia. Una perspectiva como esa dificulta el cálculo de la distancia entre un pico y el otro. Daniel vio las semanas sesenta y nueve y setenta como sucesos separados sin saber que habría un espacio de más de dos mil años entre ellos.

Isaías 9:6 nos ofrece un buen ejemplo de eventos proféticos mencionados en un versículo y que, sin embargo, están separados ampliamente en el tiempo: «Pues nos ha nacido un niño, un hijo se nos ha dado; el gobierno descansará sobre sus hombros». Ese niño, Cristo, nació en Belén hace más de dos mil años, pero el gobierno todavía no descansa sobre sus hombros; y no lo hará hasta que regrese. Ese versículo abarca más de dos mil años de historia. Así mismo, en Zacarías 9:9-10, podemos ver a Cristo entrando a Jerusalén montado en un burro y teniendo dominio de mar a mar. Estas dos declaraciones aparecen en versículos sucesivos, pero están separados por, de nuevo, más de dos mil años.

«Para el Señor, un día es como mil años y mil años son como un día» (2 Pedro 3:8), por lo tanto, nunca deberíamos dudar del cumplimiento invariable de la profecía basados en razones de tiempo. Confiamos en la seguridad de lo que Dios prometió, no en cuándo sucederá.

Hay muchas otras razones para el espacio entre las semanas sesenta y nueve y setenta de la profecía de Daniel. Pero permítame que le recuerde una categoría de evidencia que ya hemos visitado: los seis eventos que Gabriel dijo que tendrían lugar en el futuro de Israel. Estos incluyen: terminar la prevaricación, poner fin al pecado, expiar la iniquidad, traer la justicia perdurable, sellar la visión y la profecía y ungir al Santo de los santos (9:24). Estos eventos aún no han ocurrido, y no tendrán lugar hasta que el plan de Dios para Israel sea restablecido durante la semana setenta de la profecía de Daniel.

Durante los primeros días del paréntesis entre las semanas sesenta y nueve y setenta, tuvieron lugar dos eventos importantes. Primero, al Mesías Príncipe le «quitaron la vida» (Daniel 9:26). La traducción literal de esa frase es «cortar y no tener nada». Eso describe con exactitud la muerte de Jesucristo. Murió solo, abandonado por sus amigos, ridiculizado por sus enemigos y, aparentemente, abandonado por su Padre.

El segundo evento que, según la profecía, ocurriría durante el comienzo del período comprendido entre las semanas sesenta y nueve y setenta era la destrucción de la ciudad y del santuario. Jerusalén y el templo, los cuales fueron reconstruidos en la época de Esdras y Nehemías, serían destruidos de nuevo. Esto ocurriría en el 70 d. C. a manos del ejército romano, cuatro décadas después de la crucifixión de Cristo. Donald Campbell explica cómo se cumplió esta profecía:

> Tito Vespasiano comandó cuatro legiones romanas para sitiar y destruir Jerusalén. [...] Lo interesante es que el general Tito les ordenó a sus soldados que no destruyeran el templo, pero Jesús les había profetizado a sus discípulos: «Serán demolidos por completo. ¡No quedará ni una sola piedra sobre otra!» (Mateo 24:2). Se dice que cuando un soldado romano, movido por un impulso, arrojó una antorcha encendida por el arco del templo, los ricos tapices se prendieron fuego. El edificio pronto se convirtió en un infierno; el oro decorativo se derritió y corrió hacia abajo a las rajaduras del piso de piedra. Cuando los restos se enfriaron, los soldados en su avaricia literalmente le dieron vuelta a las piedras buscando el oro. La profecía de Cristo se cumplió funestamente[23].

Tanto la muerte de Cristo como la destrucción de Jerusalén ocurrieron luego de, no durante, las sesenta y nueve semanas. El templo fue destruido cuarenta años después de la muerte de Cristo. Estos eventos no tuvieron lugar en la semana setenta, porque esa semana no comenzará hasta que el Anticristo haga un pacto con la nación de Israel.

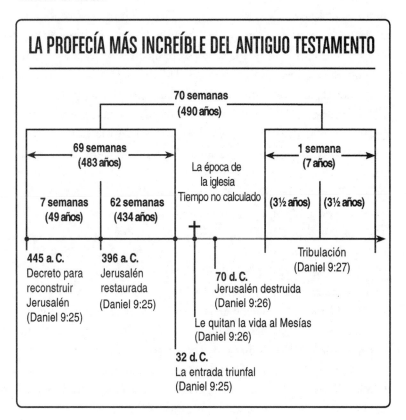

LA PROFECÍA MÁS INCREÍBLE DEL ANTIGUO TESTAMENTO

EL HOMBRE DE PECADO

Y por otra semana [el príncipe que ha de venir] confirmará el pacto con muchos; a la mitad de la semana hará cesar el sacrificio y la ofrenda. Después con la muchedumbre de las abominaciones vendrá el desolador, hasta que venga la consumación, y lo que está determinado se derrame sobre el desolador.

DANIEL 9:27 (RVR60)

En Daniel 9:26-27, Daniel menciona a dos príncipes. El primero es el Mesías, Jesucristo, a quien le quitaron la vida al final de la semana sesenta y nueve. El segundo es un príncipe «que ha de venir» (Daniel 9:26, RVR60). Las Escrituras se refieren a este segundo príncipe usando una variedad de términos: el «cuerno pequeño» (Daniel 8:9), un «rey de rostro adusto» (Daniel 8:23, NVI), el «hombre de pecado» (2 Tesalonicenses 2:3, RVR60), «la bestia» (cuarenta y cuatro veces en Apocalipsis) y el «Anticristo» (1 Juan 2:18; 4:3). Este príncipe se levantará contra los judíos durante la Tribulación, así como su «pueblo» (Daniel 9:26, RVR60), los que están de acuerdo con su meta de perseguir a los judíos, lo ha hecho a lo largo de la historia.

Si hay un acontecimiento que debemos esperar ver, el cual señalará el comienzo de la semana setenta de Daniel, o sea, la Tribulación, es el siguiente: el Anticristo, visto como un líder mundial, «por otra semana confirmará el pacto con muchos» (Daniel 9:27, RVR60). Este será un tratado con la nación de Israel, garantizando la protección de Israel contra las naciones que quieren aniquilarla, y asegurando un tiempo de seguridad y normalidad religiosa.

Pero este príncipe engañosamente benevolente romperá el pacto a la mitad de la semana setenta: «A la mitad de la semana hará cesar el sacrificio y la ofrenda. Después con la muchedumbre de las abominaciones vendrá el desolador, hasta que venga la consumación, y lo que está determinado se derrame sobre el desolador» (Daniel 9:27, RVR60).

Aunque la primera mitad de la semana setenta será relativamente tranquila, en la segunda mitad, el Anticristo desatará una ira sin precedentes. Los últimos tres años y medio de esta semana constituyen la Gran Tribulación de la que habló Jesús en Mateo 24:21 y sobre la que Apocalipsis 4–19 ofrece muchos detalles.

El rompimiento del pacto estará acompañado por lo que Daniel llama «la abominación desoladora» (Daniel 11:31; 12:11, RVR60). Según lo descrito en nuestro análisis de Daniel 8, esta profanación será la detracción completa de todo lo que es santo en Jerusalén. Este es el acontecimiento del que Jesús nos advirtió en el Sermón del monte de Olivos:

> Cuando veáis en el lugar santo la abominación desoladora de que habló el profeta Daniel (el que lee, entienda), entonces los que estén en Judea, huyan a los montes. El que esté en la azotea, no descienda para tomar algo de su casa; y el que esté en el campo, no vuelva atrás para tomar su capa. Mas ¡ay de las que estén encintas, y de las que críen en aquellos días! Orad, pues, que vuestra huida no sea en invierno ni en día de reposo; porque habrá entonces Gran Tribulación, cual no la ha habido desde el principio del mundo hasta ahora, ni la habrá. Y si aquellos días no fuesen acortados, nadie sería salvo; mas por causa de los escogidos, aquellos días serán acortados.
>
> MATEO 24:15-22 (RVR60)

Jesucristo mismo acortará esos días terribles regresando a la tierra a juzgar al Anticristo y a su ejército, y a apagar la rebelión contra Dios en la tierra (Apocalipsis 19:11-21). Este será el cierre de las setenta semanas de Daniel. La última semana termina con la segunda venida de Cristo a la tierra.

EL MESÍAS PRÍNCIPE

En esta visión, Daniel no recibió los detalles de lo que sucedería al final de la semana setenta. En ese momento, Cristo establecerá el reino de Dios en la tierra por mil años (Apocalipsis 20:1-3). Sin embargo, otros dos profetas del Antiguo Testamento, Isaías y Zacarías, tuvieron la visión de la venida de este reino (Isaías 11, 61; Zacarías 9–14). Pero no supieron la fecha exacta en que ocurriría.

Dios restablecerá la relación con su pueblo escogido luego del período de disciplina y purificación, y la justicia gobernará la tierra con Cristo, el Rey de reyes, por mil años. Un templo glorioso se construirá en Jerusalén, en el que se ofrecerán alabanzas al «Cordero de Dios, que quita el pecado del mundo» (Juan 1:29). «En aquellos días, diez hombres de naciones e idiomas diferentes agarrarán por la manga a un judío y le dirán: "Por favor, permítenos acompañarte, porque hemos oído que Dios está contigo"» (Zacarías 8:23). Y ciertamente lo estará.

Daniel había estado cautivo en Babilonia durante sesenta y nueve años, tal vez preguntándose todo el tiempo si Dios se había olvidado de su pueblo. Pero el recordatorio de la profecía de Jeremías de que el cautiverio de Israel terminaría en setenta años, acompañado por la revelación de Gabriel sobre las setenta semanas victoriosas, avivaron la confianza de Daniel en Dios. Se dio cuenta de que Dios aún estaba trabajando por su pueblo.

Leopold Cohn nació en una comunidad judía en Berezna, Hungría, en 1862. Luego de perder a sus padres a la edad de siete años, fue impulsado a buscar a Dios profundamente. Una vez que se convirtió en un «hijo del mandamiento» (bar mitzvah) a los trece años, Cohn comenzó a estudiar para ser rabino y maestro de su pueblo. A los dieciocho años, terminó sus estudios del Talmud con notas excelentes. Fue ordenado rabino, se casó y continuó estudiando fervientemente la ley de Moisés.

El enfoque de sus estudios, que rayaban en la obsesión, era el tema de la venida del Mesías. Quería saber cuándo vendría el Mesías y cuándo el pueblo esparcido de Israel sería reunido de nuevo en la Tierra Prometida. Su búsqueda lo llevó al capítulo nueve del libro del profeta Daniel. Fue evidente para Cohn que el Mesías debería haber venido cuatrocientos años después de que Gabriel le diera a Daniel el mensaje de las setenta semanas. ¡Eso significaba que el Mesías ya habría venido!

De repente, descubrió que el Talmud, el cual enseñaba que el Mesías no había venido, estaba en conflicto con los profetas. A medida que comenzó a hacerles preguntas sobre el tema a los otros rabinos, enfrentó exclusión y persecución. A los treinta años, tomó a su familia y huyó a los Estados Unidos, la tierra de la libertad de culto.

Mientras caminaba por las calles de la ciudad de Nueva York en la tarde de un día de descanso, Cohn se encontró con un edificio que tenía un mensaje escrito en hebreo: «Reuniones para judíos». Le sorprendió ver que esta iglesia cristiana con una cruz visible también ofrecía reuniones para personas con trasfondo judío. Asistió a la reunión, y la semana siguiente, se reunió con el ministro, quien le dio un Nuevo Testamento hebreo. Cohn comenzó a devorar el libro, comenzando con Mateo: «El siguiente es un registro de los antepasados de Jesús el Mesías, descendiente de David y de Abraham» (Mateo 1:1). Leyó desde las once de la mañana hasta la una de la mañana del día siguiente; a esa hora, se entregó a Jesús de Nazaret como el Mesías judío.

En 1894, el rabino Leopold Cohn fundó una misión en Brooklyn, Nueva York, para alcanzar al pueblo judío con el evangelio. En la actualidad, ese ministerio se conoce como Ministerio al Pueblo Elegido, y tiene misioneros en dieciséis países; todo porque un rabino judío leyó Daniel 9 y tuvo la certeza de que el Mesías de Israel tendría que haber venido cuatro siglos después de la revelación del profeta Daniel.

* * *

DANIEL HOY

Acabamos de estudiar uno de los pasajes proféticos más importantes y estimulantes de toda la Palabra de Dios. ¿Qué significado tiene para nosotros hoy? Creo que este pasaje nos provee por lo menos cinco gemas brillantes para iluminar nuestra perspectiva y aliviar nuestra preocupación acerca de los días venideros.

1. Esperanza para el futuro: Leer las profecías de Dios es como leer la última página de una novela romántica y descubrir que, después de todo, el muchacho se queda con la chica. La profecía nos dice que Cristo viene a gobernar y a reinar para siempre.

2. Confianza en el presente: Cuando no le tenemos temor al mañana, podemos tener confianza hoy. El corazón de muchas personas está desfalleciendo porque no conocen la historia profética de Dios.

3. Vivir en santidad: El conocimiento seguro de la venida de Cristo es un incentivo para que nos mantengamos puros. ¿Qué hijos no se portan lo mejor que pueden cuando saben que sus padres pronto llegarán a la casa?

4. Razones para compartir la Buena Noticia: Nuestro mundo está lleno de personas confundidas y desesperadas que se sienten agobiadas por la moral deteriorada de la sociedad y la naturaleza aparentemente fortuita de nuestro mundo caótico. Para los que piensan que todas las noticias son malas en la actualidad, las profecías nos proveen buenas noticias refrescantes y alentadoras.

5. Edificación, exhortación y estímulo: En 1 Corintios 14:3, el apóstol Pablo escribe que Dios le dio profetas a la iglesia para edificarnos, corregirnos y mantenernos en movimiento. No puedo pensar en otra cosa que el mundo necesite más que eso.

Capítulo 11

EL ARCÁNGEL

Daniel 10–11

DANIEL APENAS PODÍA CONTENER EL JÚBILO. Ciro el Grande había tomado el control del Imperio medo-persa y, no mucho tiempo después, emitió un decreto que les permitía a los judíos regresar a su propia tierra. Incluso más que eso, prometió dinero y ayuda para la reconstrucción de Jerusalén y del templo. Era el cumplimiento espectacular de la promesa que Daniel había descubierto en el rollo de Jeremías. Daniel anhelaba unirse a los patriotas que regresarían, pero ahora tenía más de ochenta años y estaba demasiado débil para resistir el viaje extenuante.

Pero conforme pasaban los meses posteriores al decreto, el gozo de Daniel comenzó a diluirse en una preocupación profunda. Los judíos de Babilonia no habían respondido a su liberación de la manera que él había esperado. Pensó que el decreto de Ciro generaría una explosión de gozo y alabanza de parte de su pueblo, y que habría un éxodo masivo de judíos a la Tierra Prometida así como lo hubo desde Egipto siglos atrás. Pero los que escogieron regresar a Israel fueron demasiado pocos. La mayoría de los exiliados se habían acostumbrado a la vida en Babilonia, y prefirieron permanecer en la comodidad y suntuosidad del lugar donde vivían en vez de soportar las dificultades del viaje de regreso a su tierra y el arduo trabajo que implicaría la reconstrucción de una ciudad en ruinas.

Para empeorar las cosas, las noticias de los que habían regresado a Jerusalén no eran muy alentadoras. La reconstrucción de la ciudad avanzaba muy despacio a causa del desinterés, el liderazgo inestable y los ataques de las tribus hostiles que se habían asentado en la tierra abandonada. Algunos de los líderes judíos se habían desanimado, contaminando al pueblo con su propia desesperanza. Uno de los líderes incluso ordenó a los trabajadores que abandonaran el proyecto y se fueran.

Lo peor de todo, en la mente de Daniel, era el informe de que muchos de los judíos que habían regresado se estaban casando con mujeres extranjeras. Daniel sintió que el peso de la tristeza se asentaba sobre él. Su pueblo estaba siguiendo el mismo camino que los había llevado al cautiverio en primer lugar.

Daniel tomó una licencia de sus obligaciones en la corte de Ciro y se recluyó. Ayunó y oró desde la mañana hasta la noche todos los días, rogándole a Dios que fortaleciera a su pueblo y les diera valor para aceptar el regalo que les ofrecía: la restauración de su tierra y su culto.

* * *

En el instante en que Daniel comenzó a orar, el ángel Gabriel respondió al llamado a presentarse delante del trono de Dios.

—Gabriel —la voz poderosa resonó—, mi amado siervo Daniel está orando de nuevo. Está viviendo una angustia tremenda: no por sí mismo, sino por su pueblo, porque están pasando por pruebas y están muy desanimados. Una vez más te encargo que le entregues mis palabras de ánimo en relación al futuro de su pueblo.

Gabriel se postró delante del trono.

—Como siempre, mi Señor, es mi mayor privilegio hacer lo que me ordena.

El ángel salió disparado instantáneamente. Le llevó solamente unos pocos minutos atravesar cientos de años luz y, en segundos, penetró la atmósfera de la tierra y voló como una flecha a través de los continentes y mares, dirigiéndose al occidente sobre Asia y girando hacia Babilonia.

Se detuvo de repente. Amenazante sobre la nación de Persia, directamente en su camino, revoloteaba una inmensa figura oscura; era parecida a un hombre pero con un rostro horrendo y piernas torcidas. La criatura tenía músculos abultados como los de un buey. Gabriel reconoció a la criatura de inmediato porque ya se habían encontrado antes. Era el príncipe demoníaco que Satanás había colocado sobre el reino de Persia. A ambos lados del demonio monstruoso había otros dos demonios acechantes, con una apariencia igualmente horrible.

—Muévete a un lado y déjame pasar —ordenó Gabriel.

—No lo haré —respondió el demonio con voz rasposa—. Sabemos lo que está sucediendo entre Babilonia e Israel. Tu Dios está tratando de que los judíos regresen a su tierra para que reconstruyan su ciudad santa y su templo, y sabemos por qué: todo es parte de su preparación para la venida del Mesías de los judíos. Eso no sucederá nunca; nosotros nos encargaremos de ello. Da la vuelta, Gabriel. Ninguna ayuda divina cruzará nuestros límites.

—No puedes detenerme —replicó Gabriel—. Seguramente recuerdas nuestro encuentro anterior.

El demonio principal de Persia irrumpió en una carcajada estrepitosa.

—Sí, pero no me vencerás de nuevo. Como puedes ver, ahora tengo ayuda: dos de los mejores guerreros del ejército de Satanás.

Gabriel desenfundó su espada, que resplandecía como brasas candentes. Se adelantó, y se desató una batalla titánica. El poder del ángel era extraordinario; dos veces superior al de su adversario demoníaco. Pero al enfrentarse con el monstruo de Persia y sus dos secuaces diabólicos, se dio cuenta de que igualaban su fuerza. Lluvias de chispas explotaban como estrellas con cada choque de sus espadas, enviando ecos estruendosos por los cielos.

Los golpes de Gabriel lentamente hicieron retroceder a los demonios, pero justo en el momento en que estaba por quebrar la resistencia, se recuperaron y resistieron. Trató de flanquearlos por la izquierda, pero la táctica lo dejó expuesto al ataque por la derecha. Y cuando se dio vuelta para defenderse por la derecha, lo obligaron a retroceder varios pasos.

Uno de los demonios se cansó, y sus golpes se volvieron lentos y torpes. El príncipe persa le ordenó que abandonara la batalla hasta que se recuperara, y en su ausencia, Gabriel pudo ganar mucho terreno. Pero cuando el demonio descansado se unió nuevamente al combate, Gabriel perdió la ventaja y cedió mucho del terreno que había ganado. Los demonios comenzaron a usar la estrategia de turnarse para salir de la batalla, descansar y luego entrar de nuevo, lo cual les daba la delantera.

La batalla continuó violentamente por un día, una semana, dos semanas. Luego de tres semanas de pelea continua, los guerreros seguían empatados sin que ninguno obtuviera victorias significativas.

* * *

Miguel, el arcángel, volaba por el espacio, regresando de una misión en el lado más lejano de la galaxia de Andrómeda. Se dirigía a la Tierra, en donde su siguiente misión ya le había sido asignada. Debía localizar y enfrentar al ángel demoníaco que Satanás había designado como príncipe de Grecia. Ansioso por cumplir con su tarea, Miguel se lanzó a realizarla, pasando disparado por los planetas, cometas y galaxias espirales.

Mediante la red de inteligencia angelical que había montado, Miguel sabía que se estaban fraguando conflictos en el Medio Oriente en las naciones que rodeaban a Israel. Y él sabía por qué. Los poderes demoníacos del aire tenían su propia red de inteligencia, y sabían que los judíos estaban planeando reconstruir Jerusalén y el templo. Esto desharía todo lo que Satanás y sus demonios habían logrado por medio de su influencia sobre el rey Nabucodonosor. Sabían que si permitían que los judíos revivieran como una nación de personas que adoran a Dios, se abriría el camino para la venida del Mesías.

Miguel sonrió mientras recordaba los aullidos desesperados de los demonios del Medio Oriente cuando se enteraron que habían perdido a Nabucodonosor, quien había sido uno de los seres humanos más útiles para ellos. Justo cuando pensaron que lo tenían seguro en sus garras, Nabucodonosor aprendió a ser humilde y, en sus últimos años, se volvió a Dios. Los demonios todavía estaban sufriendo por semejante pérdida.

¡Mi Dios haría lo que sea por Israel, la nación que ama! pensó Miguel. Por esa razón, Miguel también amaba a Israel, a pesar de su historia constante de apartarse del destino glorioso que Dios había planeado para ellos. La nación con frecuencia asediada había visto días oscuros, y él sabía que enfrentarían muchos más en el futuro. Pero Miguel haría todo lo que estuviera a su alcance para defender a esa pequeña nación amada de los enemigos que buscaban constantemente borrarla de la faz de la tierra.

Mientras Miguel se acercaba a la región del sol de la Tierra, un ángel inferior se apareció de repente y lo interceptó.

Miguel se detuvo y saludó al mensajero.

—Ariel, ¿qué haces por aquí?

—Gran príncipe, tengo un mensaje de nuestro Señor —respondió Ariel—. Le ordena que demore su encargo en Grecia y que vuele inmediatamente al límite de Persia, donde Gabriel está peleando con el príncipe de esa nación. Gabriel tiene la tarea de entregarle un mensaje crucial al siervo de Dios Daniel, y no lo dejan pasar. Debe unirse a él en la batalla, detener a los demonios persas y permitir que Gabriel continúe su viaje a Babilonia.

Sin dudarlo un instante, Miguel cambió de rumbo y salió disparado hacia Persia. Penetrando la atmósfera de la Tierra, se acercó a los límites de la nación. Inmediatamente, vio los destellos de luz y escuchó los choques estruendosos que provenían de la embravecida batalla angelical.

Gabriel sintió el viento de la aparición de Miguel y vio que una sombra de temor cruzaba por el rostro de los tres demonios. Repentinamente, el gran Miguel estaba a su lado. Gabriel sintió una explosión de fortaleza en todo su ser. Por fin había llegado la ayuda: y no ayuda cualquiera. Miguel era el más poderoso de los ángeles de Dios, el que había comandado los ejércitos de los cielos contra la rebelión de Satanás, el que en un duelo titánico personalmente había arrojado al líder rebelde de la esfera celestial. La historia de esta gran hazaña se contaba con frecuencia entre los ángeles.

Miguel sacó su espada, tan ardiente como la que sostuvo el ángel en el Edén, y se involucró en la batalla. Los tres demonios no podían mantenerse firmes contra la arremetida y trastabillaban con cada golpe que los dos ángeles poderosos les asestaban. En cuestión de minutos separaron a los demonios, abriendo una brecha entre ellos en dirección a Persia. Era lo único que necesitaban.

—¡Pasa, Gabriel! —gritó Miguel—. Vuela hasta Daniel y termina la misión que el Señor te encomendó. Estos demonios no te seguirán. Los detendré aquí hasta que regreses.

Gabriel hizo lo que el gran arcángel le ordenó. Pasó como una ráfaga por la brecha y voló directamente hacia Daniel en Babilonia.

* * *

Habían pasado veintiún días desde que Daniel comenzó la vigilia de oración y ayuno. Salió de su habitación y se fue a pasear por la orilla del río Tigris, orando mientras caminaba.

Se recostó bocabajo a la orilla del río, aún inmerso en la oración. Luego de algunos minutos, se durmió profundamente. Mientras dormía, sintió una presencia colosal que se cernía sobre él, y escuchó una voz poderosa que pronunciaba su nombre. Levantó la mirada y vio la silueta del glorioso ángel Gabriel resplandeciendo con el brillo del sol.

Daniel quedó sobre su rostro temblando hasta que el ángel lo tocó, produciendo una explosión de fortaleza en todo su cuerpo.

—No me temas, Daniel, muy amado de Dios, porque el Señor del cielo me ha enviado a entregarte un mensaje de profecía relacionado con los tiempos de un futuro muy lejano. Levántate y escucha.

Daniel se paró, y Gabriel le explicó a Daniel la razón de su demora. Cuando Gabriel terminó, le relató cada palabra que había salido de la boca de Dios.

—Nuestro Señor me dio este mensaje en el instante que comenzaste a orar. Mi intención era visitarte de inmediato, pero el príncipe demoníaco que está sobre el reino de Persia se interpuso en mi camino. Comenzamos a luchar y, con la ayuda de dos demonios guerreros, evitó que siguiera mi camino. Todavía estaría peleando si Dios no hubiera enviado a su arcángel, Miguel, para que mantuviera a los demonios a raya y me ayudara a cruzar.

»Ahora que he completado mi misión, debo regresar a la batalla y ayudar a Miguel a vencer a los demonios persas. No podemos permitir que tengan éxito en su intento de frustrar la restauración del pueblo de Dios. Me despido, Daniel, amigo de Dios, e invoco las bendiciones de Dios sobre tu vida mientras continúas sirviéndole con constancia y fidelidad.

Mientras Daniel miraba sorprendido, Gabriel se desvaneció en el aire.

En cuestión de segundos, el ángel mensajero regresó al sitio de la batalla con su espada desenvainada. Gabriel se unió a su jefe, y en minutos, los tres demonios estaban tambaleándose por causa de los violentos ataques. Ahora a la defensiva, sus golpes se volvían cada vez más débiles, hasta que finalmente estuvieron usando sus espadas como simples escudos, totalmente incapaces de contraatacar.

De repente, la voz de Miguel cortó el aire:

—¡Ahora, Gabriel!

Gabriel sabía exactamente lo que significaba esa orden. Se abalanzaron hacia adelante juntos, haciendo llover golpes como martillos potentes sobre sus adversarios. Los demonios se dieron la vuelta y huyeron. Miguel y Gabriel los persiguieron, y con una ráfaga de golpes refulgentes, arrojaron a los tres demonios al abismo reservado para Satanás y sus ángeles.

Miguel y Gabriel se bendijeron mutuamente y se separaron. Gabriel regresó al cielo a retomar su lugar delante de la presencia de Dios, listo para otra misión. Miguel reinició su vuelo hacia Grecia.

Por medio de su red de inteligencia, Miguel sabía que los espíritus demoníacos estaban generando conflictos y ambiciones profanas entre los líderes de las naciones griegas, preparando el escenario para una persecución masiva de los judíos. La tarea de Miguel no era detener la persecución: esta era parte del plan de Dios para continuar purificando a la nación judía. Pero haría todo lo posible para que no se prolongara por mucho tiempo y para preparar el escenario para la venida del Mesías.

* * *

LAS ESCRITURAS DETRÁS DE LA HISTORIA

Para entender Daniel 10–11, necesitamos considerar estos capítulos como uno. El capítulo 10 nos prepara para la visión que Daniel recibe en el capítulo 11.

Muchos eruditos y comentaristas que han escrito sobre el libro de Daniel prácticamente han ignorado el capítulo diez, tratándolo como secundario ante el tema general del libro. Sin embargo, cuanto más estudio Daniel, más convencido estoy que el capítulo diez provee el trasfondo necesario para entender todo el mensaje profético. Sin entender con claridad este capítulo y su referencia a la actividad demoníaca en el mundo invisible, las profecías presentadas en el capítulo 11, que abarcan la historia del mundo desde la época de Daniel hasta el período de la Tribulación, serán difíciles de entender.

Aunque el arcángel, Miguel, se mantiene en el trasfondo del relato bíblico de Daniel 10, es en realidad el héroe omitido de la historia. Sin su intervención militar, las profecías de Daniel 11 no habrían sido entregadas o protegidas. Cuando leemos acerca de las profecías ahora cumplidas de Daniel 11, leemos acerca de las mismas verdades por las cuales pelearon Miguel y el príncipe demoníaco. Sin la intervención de Miguel, no tendríamos esta sección de la Biblia porque Daniel nunca la habría recibido.

La preparación para la visión

En su libro *Daniel: God's Man in a Secular Society* (Daniel: el hombre de Dios en una sociedad no religiosa), Donald Campbell relata una historia acerca de la inspiradora vida de oración de Andrew Bonar, uno de los grandes predicadores y escritores del último siglo:

> Luego de su muerte, su hija llevó a un evangelista galés a la iglesia de su padre en Glasgow, Escocia. Ella señaló un banco en la parte trasera en donde, cuando era pequeña, su padre le había pedido que se sentara mientras él entraba al santuario vacío. Luego de esperar por largo tiempo, se paró y lo buscó. Lo encontró sentado en un banco, con su cabeza inclinada. Al poco tiempo, él se trasladó a otro banco, luego a otro y a otro. Ella vio que a veces él leía cuidadosamente las placas con los nombres para ubicar los bancos que deseaba. Cuando creció, entendió lo que su padre había estado haciendo ese día: había estado orando por cada uno

de los miembros de la iglesia en el mismo lugar donde ellos adoraban a Dios[1].

Lo mismo hacía Daniel. Era un hombre de oración, y sentía el peso de la carga de su pueblo, como pudimos ver en la oración que se encuentra en el capítulo anterior (Daniel 9:4-19). Daniel emitió esa oración luego de leer las palabras de Jeremías relacionadas con la liberación del pueblo judío del cautiverio en Babilonia. La profecía de Jeremías se cumplió cuando Ciro, el rey de Persia, les dio permiso a los judíos cautivos para que regresaran a su tierra y reconstruyeran el templo.

Lo que más le preocupaba a Daniel era que muy pocos judíos babilonios, menos de cincuenta mil, regresaron a Jerusalén (Esdras 2). El resto prefirió quedarse en Babilonia como extranjeros en una tierra idólatra. Daniel también estaba angustiado por la difícil situación de los valientes peregrinos que habían regresado: «Como deja en claro el libro de Esdras, los hijos de Israel habían encontrado grandes dificultades para instalarse en la tierra. A pesar de que el altar había sido establecido y habían puesto el fundamento del templo (Esdras 3), el trabajo se había suspendido debido a la oposición del pueblo de la tierra (Esdras 4:1-5, 24). Todo esto le causaba mucha preocupación a Daniel porque su propósito principal al promover el regreso había sido la restauración del templo y de la ciudad de Jerusalén»[2].

LA ANGUSTIA PREVIA A LA VISIÓN

En el tercer año del reinado de Ciro de Persia, Daniel [...] tuvo otra visión. Comprendió que la visión tenía que ver con sucesos que ciertamente ocurrirían en el futuro. [...] Cuando recibí esta visión, yo, Daniel, había estado de luto durante tres semanas enteras. En todo ese tiempo no comí nada pesado. No probé carne ni vino, ni me puse lociones perfumadas hasta que pasaron esas tres semanas.

DANIEL 10:1-3

Daniel se sentía tan angustiado por las dificultades de su pueblo que ayunó durante tres semanas, haciendo luto y orando para que Dios le mostrara su voluntad para la nación. Dios respondió a su oración con otra visión: la cuarta que se encuentra en el libro de Daniel. Recibió la visión durante el tercer año del reinado de Ciro sobre Persia. Daniel en esa época tenía ochenta años y había estado cautivo por casi setenta años.

La visión se describe como «sucesos que ciertamente ocurrirían en el futuro». Muchos eruditos plantean que esta frase idiomática hebrea debería traducirse como «grandes conflictos» o «grandes sufrimientos». La visión refleja tiempos difíciles y oscuros para el pueblo de Daniel, los cuales se extienden hasta un futuro muy lejano.

Es una situación muy similar a la que aparece en Daniel 9. Daniel oró a Dios sobre los cuatrocientos noventa años del pasado que resultaron en el cautiverio de setenta años, y Dios le dio una profecía acerca de los cuatrocientos noventa años que todavía estaban en el futuro.

En el capítulo 10, Daniel ora a Dios en relación con la incapacidad de los judíos para cumplir con su responsabilidad, y Dios responde dándole uno de los mensajes acerca del futuro más completos en toda la Biblia.

LA DESCRIPCIÓN QUE PERSONIFICÓ A LA VISIÓN

El 23 de abril, mientras estaba de pie en la ribera del gran río Tigris, levanté los ojos y vi a un hombre vestido con ropas de lino y un cinto de oro puro alrededor de la cintura. Su cuerpo tenía el aspecto de una piedra preciosa. Su cara destellaba como un rayo y sus ojos ardían como antorchas.

Sus brazos y sus pies brillaban como el bronce pulido y su voz era como el bramido de una enorme multitud.

DANIEL 10:4-6

Mientras Daniel caminaba por la orilla del río Tigris con algunos de sus amigos, fue sobrecogido por la visión de un hombre glorioso del cielo. Aunque no se identifica al «hombre», muchos estudiosos piensan que es una *teofanía*: una aparición preencarnada del Señor Jesucristo. Se le describe casi exactamente como se describe a Cristo en Apocalipsis 1:13-15, y la reacción de Daniel es similar a la del apóstol Juan (Apocalipsis 1:17).

Sin embargo, no todos los estudiosos están de acuerdo. H. C. Leupold explica por qué cree que no es una teofanía. Llega a la conclusión que «parece muy extraño que Miguel (versículo 13) "vino a ayudarlo". Aunque probablemente los ángeles y los hombres compartan el servicio a Dios, nunca se especifica que ellos ayuden a Dios. Todo esto nos lleva a la conclusión que el personaje en cuestión es uno de los poderosos ángeles de Dios»[3].

Es probable que ese «hombre» sea Gabriel, el mismo ángel que se le apareció a Daniel en los capítulos 8 y 9. Un indicativo sería que en Daniel 9:23, Gabriel le dice a Daniel que es «muy precioso», lo mismo que le dice el ángel en este capítulo (Daniel 10:11).

La reacción de Daniel ante la visión celestial se presenta con muchos detalles. El ayuno y el luto sumados a la visión lo dejaron sin fuerzas. Se quedó inconsciente con el rostro contra el suelo (Daniel 10:8-9).

LA DEMORA QUE POSPUSO LA VISIÓN

En ese momento, una mano me tocó y, aún temblando, me levantó y me puso sobre las manos y las rodillas. Entonces el hombre me dijo: «Daniel, eres muy precioso para Dios, así que presta mucha atención a lo que tengo que decirte. Ponte

de pie, porque me enviaron a ti». Cuando me dijo esto, me
levanté, todavía temblando. Entonces dijo: «No tengas miedo,
Daniel. Desde el primer día que comenzaste a orar para recibir
entendimiento y a humillarte delante de tu Dios, tu petición
fue escuchada en el cielo. He venido en respuesta a tu oración.

DANIEL 10:10-12

El ángel le dijo al abrumado Daniel que no temiera, y le dio fuerzas para que se pusiera de pie y pudiera, en la plenitud de sus sentidos, recibir el mensaje que pronto le comunicaría. Le dijo a Daniel
que desde el mismo instante en que había comenzado a orar, sus
palabras habían sido escuchadas en el cielo. Alguien ha escrito: «La
respuesta que se *demora* no se debe interpretar como una *negativa*»[4].

El Dr. Roy L. Laurin dice: «Desde la perspectiva del *hecho en sí*,
la respuesta puede tardar en llegar, pero desde la perspectiva de la *fe*,
es nuestra a partir del momento en que pedimos»[5].

EL DEMONIO QUE DETUVO LA VISIÓN

Durante veintiún días el espíritu príncipe del reino de Persia
me impidió el paso. Entonces vino a ayudarme Miguel, uno
de los arcángeles, y lo dejé allí con el espíritu príncipe del
reino de Persia. [...]
—¿Sabes por qué he venido? —respondió él—. Pronto
debo regresar a luchar contra el espíritu príncipe del reino de
Persia y después de eso vendrá el espíritu príncipe del reino
de Grecia. Mientras tanto, te diré lo que está escrito en el
libro de la verdad.

DANIEL 10:13, 20-21

Estos tres versículos revelan una verdad que con frecuencia no
se tiene en cuenta. En los reinos invisibles se pelea ferozmente una

batalla que influye fuertemente en los eventos de nuestro mundo. Como dice el apóstol Pablo: «Pues no luchamos contra enemigos de carne y hueso, sino contra gobernadores malignos y autoridades del mundo invisible, contra fuerzas poderosas de este mundo tenebroso y contra espíritus malignos de los lugares celestiales» (Efesios 6:12).

Cuando Gabriel partió del cielo para entregarle la respuesta de Dios a Daniel, Satanás envió a su propio «ángel», al que ejercía el control demoníaco sobre Persia, a interceptar la respuesta y a tratar de desbaratar la obra de Dios. Cuando los dos ángeles colisionaron, se desató una batalla titánica, la cual se extendió por tres semanas.

Es evidente que el príncipe de Persia no era un hombre, porque ningún ser humano podría oponerse a un mensajero de Dios. Era uno de los demonios de Satanás. La maldad no es un concepto abstracto; cada maldad tiene su origen en una personalidad. Satanás le ordenó al príncipe de Persia que hiciera lo que fuera necesario para evitar que avanzara el plan de Dios en Persia.

Este relato pone en evidencia que Satanás posiciona a sus demonios geográficamente. Es probable que designe a un príncipe demoníaco como jefe de la actividad satánica de cada principado o gobierno sobre la faz de la tierra. Si hay un demonio asignado a Persia, es muy posible que haya un demonio asignado a los territorios donde usted y yo vivimos. Nuestro conflicto diario es contra este ejército de príncipes malvados.

¿Cómo se logró finalmente la victoria en esta batalla contra el príncipe de Persia? Gabriel le cuenta a Daniel que Miguel, uno de los príncipes más importantes de Dios, fue enviado para ayudarlo.

El nombre de Miguel significa «¿Quién es como Dios?». Mientras que la función de Gabriel parece estar relacionada en esencia con la proclamación y la prédica, Miguel, por lo general, se dedica a la protección y a la lucha. Miguel es un campeón real del pueblo de Dios, Israel. En Daniel, se hace referencia a él tres veces, y en cada vez se le identifica con Israel de una forma progresivamente más honorable y personal:

- Lo llaman «uno de los principales príncipes» (Daniel 10:13, RVR60).
- Se refieren a él como «vuestro príncipe» (Daniel 10:21, RVR60).
- Finalmente, recibe el nombre «el gran príncipe que está de parte de los hijos de tu pueblo» (Daniel 12:1, RVR60).

Miguel aparece dos veces en el Nuevo Testamento. En Apocalipsis 12:7, es el líder guerrero en la gran batalla celestial contra Satanás: «Entonces hubo guerra en el cielo. Miguel y sus ángeles lucharon contra el dragón y sus ángeles». En Judas 1:9, aparece como «el arcángel Miguel» (RVR60). El término *arcángel* significa el ángel que es primero, principal o jefe. Solo a Miguel se le da ese título en las Escrituras.

Pablo probablemente se refiere a Miguel cuando escribe «arcángel» en 1 Tesalonicenses 4:16: «Pues el Señor mismo descenderá del cielo con un grito de mando, con voz de arcángel y con el llamado de trompeta de Dios. Primero, los creyentes que hayan muerto se levantarán de sus tumbas».

La inferencia de esta historia es que, sin la ayuda de Miguel, Gabriel no habría podido resistir al príncipe de Persia y esta profecía dirigida a Daniel nunca habría sido entregada. Al parecer, Dios le asigna a Miguel las tareas relacionadas con situaciones más difíciles que involucran a príncipes demoníacos. Daniel 10:20 dice que luego de terminar con el príncipe de Persia, Gabriel se enfrentaría al príncipe de Grecia.

LOS DETALLES QUE PREDIJERON LA VISIÓN

[El ángel] dijo: [...] «Ahora estoy aquí para explicar lo que le sucederá en el futuro a tu pueblo [...]». Mientras me hablaba, bajé la vista al suelo, sin poder decir una palabra.

DANIEL 10:12, 14-15

Cuando el ángel le dijo a Daniel que todavía quedaban más años difíciles en el futuro de su nación, Israel, Daniel se quedó sin poder decir ni una palabra, mirando al piso. La historia de Israel estaba plagada de desastres sucesivos. Se estaría preguntando cuánto más sufrimiento podrían soportar.

Cuando visité el museo del Holocausto Yad Vashem en Israel y vi por primera vez, de cerca, el sufrimiento y la tristeza del pueblo judío a lo largo de la historia, lloré. De alguna manera, el Señor Dios permitió que su profeta Daniel viera este sufrimiento mucho antes de que sucediera, y la visión fue tan real que Daniel reaccionó como si esas cosas horrendas estuvieran sucediendo mientras él miraba.

Esta noticia profética fue tan traumática que Daniel sintió tres veces la necesidad de ser fortalecido (Daniel 10:10-11, 15-16, 17-18). Ahora, debido a la administración paciente de Gabriel, Daniel estaba listo para que el ángel le entregara las profecías.

La presentación de la visión

Daniel 11 nos ofrece un vistazo de los eventos que aún le acontecerían a Israel, predichos por la declaración profética de Dios y dados al ángel para que se los entregara a Daniel en respuesta a su oración. Un estudioso ha calculado que hay aproximadamente 135 profecías cumplidas en estos versículos[6].

John Phillips resume el amplio alcance de este capítulo: «Esta profecía [...] trata sobre el levantamiento y la caída de imperios, con alianzas e intrigas, con marchas de ejércitos, con ambiciones imperiales y conspiraciones de palacio. Daniel predijo los años turbulentos cuando Siria y Egipto lucharon por la preeminencia en el Cercano Oriente y cuando la desdichada Palestina fue despedazada por los reyes que querían apoderarse de ella. La profecía abarca desde el apogeo del Imperio persa hasta los días de Antíoco Epífanes y hasta el despliegue del ejército romano en el escenario del mundo. Luego da un salto gigante a través de los siglos hasta el fin de los tiempos y nos provee los detalles del reino venidero del Anticristo»[7].

En este mensaje, Dios despliega las revelaciones detalladas de lo que le sucedería a la nación de Israel en los siglos venideros. «Daniel 11:1-2 ofrece la historia profética de Persia. Daniel 11:3-20 predice la historia de Grecia. Daniel 11:21-35 describe la historia de Israel y al feroz enemigo de Israel durante la época de los macabeos. Daniel 11:36-45 advierte al pueblo de Dios sobre el último gran monstruo y asesino, el Anticristo»[8].

Las profecías de Daniel 11 se escribieron en el 536 a. C. Su cumplimiento comenzó en el 530 a. C., cuando el primero de los «otros tres reyes» se levantó en Persia (versículo 2), y los versículos 21-35 se cumplieron en el 150 a. C. El final del capítulo 11 y el principio del capítulo 12 no se cumplirán hasta alguna fecha en el futuro: un año desconocido para nosotros.

Las profecías de este capítulo son tan detalladas que muchos escépticos rechazan el libro de Daniel afirmando que es imposible que alguien pudiera haber sabido los eventos futuros con tantos detalles. John Phillips resume lo que hay en juego en este debate: «Las profecías de Daniel se presentan con tantos detalles, y tantas de ellas se han cumplido de manera tan meticulosa en la historia, que los críticos no creyentes han optado por sugerir una fecha posterior para el libro. Según ellos, el libro de Daniel se escribió después de que se cumplieron las profecías a las que hace referencia. Eso significaría que el libro es una falsificación, el autor un fraude y su inspiración divina una farsa»[9].

Las personas que han escogido no creer en la Biblia debido a que algunos aspectos solo se pueden explicar mediante la lógica sobrenatural tendrán mucha dificultad en entender este capítulo. Las evidencias no dejan lugar a dudas que el libro de Daniel fue escrito antes de los eventos que predice. Los escépticos no saben qué hacer con estas pruebas porque ponen en la Biblia el sello ineludible de lo sobrenatural.

John F. Walvoord escribe: «El tema se reduce a la pregunta de si Dios es omnisciente sobre el futuro. Si lo es, la revelación puede ser tan detallada como Dios quiera que sea; y las profecías detalladas no son más complicadas o increíbles que las predicciones generales»[10]. Si escogemos creer que la Biblia es la Palabra de Dios, aceptamos el hecho de que Dios puede revelar detalles de la historia a su pueblo antes de que los sucesos tengan lugar.

Las profecías de Daniel 11 hacen referencia a cinco gobernantes que todavía debían venir en la época de Daniel. Casualmente, los nombres de los cinco reyes comienzan con la letra *A*. Observando los reinados de estos hombres, develaremos la esencia de las predicciones que se describen en Daniel 11.

LOS REYES "A" DE DANIEL 11

Asuero	486–465 a. C.	Daniel 11:2
Alejandro	336–323 a. C.	Daniel 11:3-4
Antíoco III (el Grande)	223–187 a. C.	Daniel 11:10-20
Antíoco IV Epífanes	175–164 a. C.	Daniel 11:21-35
Anticristo	desconocido	Daniel 11:36-45

ASUERO

Ahora te daré a conocer la verdad. Reinarán otros tres reyes persas y seguirá un cuarto rey, mucho más rico que los otros. Usará su riqueza para incitar a todos a luchar contra el reino de Grecia.

DANIEL 11:2

La primera profecía que el ángel le trajo a Daniel tenía que ver con el futuro del gobierno persa. La profecía pasó rápidamente sobre tres reyes que sucedieron a Ciro. Estos reyes fueron Cambises (su hijo), Pseudo-Esmerdis y Darío el Grande. Luego vino el destacado cuarto rey, Jerjes, también conocido como Asuero (486–465 a. C.). El libro de Ester, en el que él es un personaje principal, nos cuenta que Asuero «reinó sobre ciento veintisiete provincias, desde la India hasta Etiopía» y señala el alcance de sus riquezas mediante el registro de un magnífico banquete de ciento ochenta días que el rey organizó para todos sus funcionarios y sirvientes (Ester 1:1-7). También comandó uno de los ejércitos más numerosos de la historia antigua. En una ocasión, partió para invadir Grecia con 2.641.000 hombres. Pero ocho meses después, regresó a su país, quebrado y vencido.

ALEJANDRO

Su dominio

> Entonces surgirá un rey poderoso que gobernará con gran autoridad y logrará todo lo que se proponga.
>
> DANIEL 11:3

La descripción de un rey poderoso en Daniel 11:3-4 concuerda con Alejandro Magno hasta en los mínimos detalles. Conocimos a Alejandro anteriormente en nuestro estudio de Daniel. Gobernó el reino representado por la sección de bronce en el gran coloso de Daniel 2, y es el gran cuerno del chivo en Daniel 8.

Alejandro fue uno de los hombres más extraordinarios de la historia. En efecto, gobernó «con gran autoridad» y logró «todo lo que se propuso». A los treinta y dos años, ya había conquistado todo el mundo conocido, desde Europa hasta la India. Cerca del final de su vida, estaba llorando en su tienda porque no había nada más para conquistar. Se convirtió en un borracho y juerguista, y aunque la causa de su muerte es un misterio, es probable que haya muerto de alcoholismo agudo o que haya sido envenenado.

Su derrota

> Pero cuando esté en la cumbre de su poder, su reino será quebrado y dividido en cuatro partes. Este reino no será gobernado por los descendientes del rey, ni tendrá el poder que tuvo antes. Pues su imperio será arrancado de raíz y entregado a otros.
>
> DANIEL 11:4

Cuando Alejandro estaba «en la cumbre de su poder», murió. Los únicos herederos posibles eran un hermano con incapacidades mentales, un hijo ilegítimo y el hijo que su esposa tenía en su vientre. Todos fueron asesinados en cuestión de meses, dejándolo sin posteridad. Daniel nos cuenta que el glorioso imperio de este líder fue «quebrado y dividido en cuatro partes» (Daniel 11:4). La historia confirma esta profecía, contándonos que fue dividido en cuatro partes, cada una gobernada por uno de sus generales.

Sus descendientes

Luego de una caótica lucha por el poder, llena de intrigas, asesinatos y una sucesión de guerras, dos de las cuatro divisiones del imperio de Alejandro lograron el dominio: Egipto y Siria. Eran importantes para la profecía debido a su ubicación en relación con Israel. Egipto está directamente al sur y Siria al norte, y las luchas entre estos dos imperios bélicos afectarían a Israel por años.

Daniel 11:5-20 profetiza años de luchas entre estas dos naciones, y es sorprendente ver con cuánta exactitud se cumplieron estas profecías. Por ejemplo, mire Daniel 11:6: «Algunos años después, se formará una alianza entre el rey del norte y el rey del sur. El rey del sur dará a su hija en matrimonio al rey del norte para asegurar la alianza, pero [...] será abandonada junto con todos sus partidarios».

La historia registra que el rey Tolomeo II de Egipto dio a su hija Berenice a Antíoco II de Siria para asegurar la alianza entre las dos naciones. Pero pasado el tiempo, la primera esposa de Antíoco, una mujer malvada y hambrienta de poder llamada Laodice, envenenó a Antíoco y asesinó a Berenice y a su hijo. La profecía del versículo 6 se cumplió explícitamente.

A medida que continuamos leyendo, descubrimos que hay profecías adicionales que se cumplieron en la historia: «No obstante, cuando uno de sus parientes llegue a ser el rey del sur, este levantará un ejército, entrará en la fortaleza del rey del norte y lo derrotará. Cuando regrese a Egipto, se llevará consigo los ídolos de ellos, junto con objetos de oro y de plata de incalculable valor. Después de esto, dejará al rey del norte en paz por algunos años» (Daniel 11:7-8). Para vengar la muerte de su hermana Berenice, Tolomeo III de Egipto atacó y derrotó a Siria, llevó sus dioses y otros tesoros a Egipto, y ejecutó a Laodice.

ANTÍOCO EL GRANDE (ANTÍOCO III)

Daniel 11:10 nos presenta a Antíoco III de Siria, cuyas guerras contra Egipto estuvieron marcadas primero por una sucesión de derrotas, seguidas por una serie de victorias (versículos 10-16).

Si usted sabe de historia, reconocerá la historia de Cleopatra en el versículo 17: «Hará planes para avanzar con la fuerza de su reino y formará una alianza con el rey del sur. Le dará en matrimonio a su hija, con la intención de derrotar al reino desde adentro, pero su plan fracasará».

John Phillips aclara que «Antíoco III dio a su propia hija Cleopatra, quien entonces tenía solamente once años de edad, en matrimonio engañoso a Tolomeo V de Egipto, un niño de doce años. Esperaba que su hija le ayudara a lograr un control total sobre Egipto. Sin embargo, ella se puso del lado de su esposo y desbarató los planes de su padre»[11].

La historia también relata que Antíoco III intentó atacar las ciudades costeras de Egipto, pero fue rechazado por el creciente ejército romano. Furioso, regresó a su país y saqueó su propia tierra. Cuando atacó el templo de Júpiter para robar sus tesoros, el pueblo se levantó y lo asesinó. Nunca se encontró su cuerpo. Tenga en cuenta cómo esta situación cumple perfectamente la profecía de Daniel: «Volverá después su rostro a las costas, y tomará muchas; más un príncipe hará cesar su afrenta, y aun hará volver sobre él su oprobio. Luego volverá su rostro a las fortalezas de su tierra; mas tropezará y caerá, y no será hallado» (Daniel 11:18-19, RVR60).

Seleuco IV, el hijo de Antíoco III, heredó las deudas de guerra de su padre; por lo tanto, envió a un recolector de impuestos a saquear el templo de Jerusalén. Tenga en cuenta de nuevo cómo la historia confirma la profecía de Daniel: «Y se levantará en su lugar uno que hará pasar un cobrador de tributos por la gloria del reino» (Daniel 11:20, RVR60).

ANTÍOCO EPÍFANES (ANTÍOCO IV)

El siguiente en subir al poder será un hombre despreciable, quien no está en la línea de sucesión al trono. Cuando menos lo esperen, tomará el control del reino, mediante adulación e intrigas.

DANIEL 11:21

El período que acabamos de cubrir en Daniel 11:5-20 abarca casi 150 años e involucra una larga sucesión de gobernantes. Pero en los versículos 21-35, comienza a disminuir el ritmo y vemos solamente una década, desde el 175 hasta algún momento alrededor del 164 a. C., y se concentra en un solo gobernante.

Conocimos a Antíoco Epífanes en un capítulo anterior. Él es el «anticristo del Antiguo Testamento» y una imagen del Anticristo futuro del tiempo de la Tribulación.

Antíoco Epífanes fue uno de los hombres más perversos que haya vivido. No tenía derecho al trono de Siria, pero consiguió llegar al poder por medio de engaños y trampas, usando sobornos y regalos, tal como Daniel había predicho: «De improviso, invadirá los lugares más ricos del territorio. Luego repartirá entre sus seguidores el botín y las fortunas de los ricos, algo que sus antecesores nunca habían hecho. Hará planes para conquistar las ciudades fortificadas, pero esto durará poco tiempo» (Daniel 11:24).

Entonces, como Daniel había profetizado, Antíoco instigó una batalla contra «el sur» (Egipto), pero no prevaleció en el campo de batalla: «Entonces sin otro propósito que dañarse el uno al otro, estos reyes se sentarán a la mesa de negociaciones y conspirarán el uno contra el otro con el propósito de engañarse mutuamente; pero esto no cambiará nada, porque el fin llegará a la hora señalada» (Daniel 11:27).

Los dos reyes llegaron a un estancamiento tal que decidieron acordar un tratado de paz, el cual ambos quebraron con prontitud. Luego de otro fracaso más, Antíoco descargó su ira contra Israel: «Y se levantarán de su parte tropas que profanarán el santuario y la fortaleza, y quitarán el continuo sacrificio, y pondrán la abominación desoladora» (Daniel 11:31, RVR60).

Antíoco IV invadió Jerusalén, violando y asesinando a las mujeres y masacrando a los niños que se encontraba a su paso. Levantó una imagen de Zeus en el templo judío y ordenó que los judíos le rindieran culto. Detuvo todos los sacrificios judíos y sacrificó un cerdo en el altar. Roció el templo con la sangre del cerdo y obligó a los sacerdotes a que se lo comieran. El templo quedó desolado; ningún judío podía entrar porque Antíoco Epífanes lo había convertido en una abominación.

Pero como lo profetizó Daniel, un pequeño grupo de judíos patriotas motivaron una rebelión y cambiaron las cosas completamente: «Capturará con adulaciones a quienes desobedecen el pacto.

Sin embargo, el pueblo que conoce a su Dios se mantendrá fuerte y lo resistirá» (Daniel 11:32).

El libro apócrifo de 1 Macabeos cuenta la historia de una familia de judíos valientes que encabezó una revuelta contra Antíoco IV, y finalmente le puso fin a su reino. (Analizamos los detalles de su levantamiento en el capítulo 9 de este libro).

En este punto, las acciones de Daniel 11 hacen una pausa. John Phillips aclara: «Hay un corte claro en esta profecía extraordinaria entre Daniel 11:35 y 11:36. La historia profética es continua hasta los días de Antíoco Epífanes (Antíoco el dios). Luego da un salto a través de los siglos (como lo hace la profecía de Daniel 9:25-26) y vuelve a fijar la atención en el tiempo del Anticristo, de quien Antíoco fue una imagen»[12].

EL ANTICRISTO

Una vez más, la descripción de Antíoco Epífanes (Daniel 11:21-35) es muy similar a la del Anticristo (Daniel 11:36-39). Numerosos estudiosos piensan que la segunda mitad del libro de Daniel es simplemente un preámbulo de estos versículos. Todos los gobernantes malvados que hemos estudiado en Daniel 11 nos dicen que el máximo gobernante malvado está por levantarse. Este último gobernante no puede ser Antíoco Epífanes, como algunos quieren que creamos. Tenga en cuenta las palabras al final del versículo 35: «el tiempo del fin». Hay una pausa a partir del estudio de Antíoco Epífanes, cuyas atrocidades ya han sido registradas. Lo que vamos a estudiar a continuación tiene que ver con otro déspota, más perverso que Antíoco.

Escribí extensamente acerca del Anticristo en tres libros anteriores: *¿Qué le pasa al mundo?*[13], *El Armagedón económico venidero*[14] y *Agentes del Apocalipsis*[15]. También hemos hablado acerca de este último gobernante gentil en los capítulos 9–10 de este libro. A medida que nos acercamos al final de la profecía de Daniel, se nos ofrece una nueva mirada al hombre de pecado.

Nuestro estudio previo del Anticristo se centró en sus características, mientras que el capítulo 11 de Daniel trata más sobre su carrera. En lugar de analizar todos los versículos de este largo pasaje, pondré a su disposición esta lista, la descripción final del Anticristo que el Antiguo Testamento ofrece:

1. **Hará lo que quiera:** «El rey hará lo que le venga en gana» (Daniel 11:36).

2. **Se deificará a sí mismo:** «Se exaltará a sí mismo y afirmará ser más grande que todos los dioses» (Daniel 11:36).

3. **Desafiará al Dios verdadero:** «Blasfemará contra el Dios de dioses» (Daniel 11:36).

4. **No respetará ninguna religión:** «No tendrá ningún respeto por los dioses de sus antepasados, ni por el dios querido por las mujeres, ni por ningún otro dios, porque se jactará de ser más grande que todos ellos» (Daniel 11:37).

5. **Se entregará a las fuerzas armadas:** «Rendirá culto al dios de las fortalezas» (Daniel 11:38).

6. **Declarará la guerra a las potencias extranjeras:** «Atacará las fortalezas más resistentes, afirmando que cuenta con la ayuda de este dios extranjero. Honrará a quienes se sometan a él, al ponerlos en puestos de autoridad y al repartir la tierra entre ellos como recompensa» (Daniel 11:39).

7. **Se defenderá contra las otras naciones:** «El rey del sur atacará al rey del norte. El rey del norte saldrá precipitadamente en carros de guerra con sus conductores y una enorme armada. Invadirá varios territorios y los arrasará como una inundación» (Daniel 11:40).

8. **Derrotará a los enemigos antiguos:** «Entrará en la gloriosa tierra de Israel y muchas naciones caerán, pero Moab, Edom y la mayor parte de Amón escaparán de sus manos» (Daniel 11:41).

9. **Acumulará una gran riqueza:** «Se apoderará del oro, de la plata y de los tesoros de Egipto; los libios y los etíopes serán sus sirvientes» (Daniel 11:43).

10. **Será derrotado, y nadie lo ayudará:** «Terminará su tiempo de repente y no habrá quien lo ayude» (Daniel 11:45).

Para finalizar nuestro estudio del Anticristo, John Walvoord nos ofrece un resumen de este pasaje de las Escrituras: «Considerado como un todo, Daniel 11:36-45 es una descripción de los días finales del tiempo de los gentiles; concretamente, de la Gran Tribulación con su gobernante mundial, religión mundial y filosofía materialista. A pesar del apoyo satánico que tuvo, el gobierno mundial se divide por los conflictos regionales y estalla una gran guerra mundial, la cual llega a su punto culminante con la segunda venida de Cristo. Esto trae el fin del tiempo de los gentiles con la destrucción de los gobernantes malvados que encabezaron la guerra»[16].

En un solo capítulo de la Biblia, acabamos de cubrir una época entera de la historia que se predijo con detalles precisos mucho antes de que sucediera. Un escritor ha dicho: «El libro de Daniel es particularmente apropiado para ser un campo de batalla entre la fe y la incredulidad»[17]. No permite una posición neutral; o es divino o es fraudulento, escrito después de que sus predicciones presumiblemente proféticas ya eran historia.

Hay considerable evidencia que demuestra que Daniel no es fraudulento. Entre esas pruebas se encuentra el hecho que se sabe que el libro ya existía mucho antes de la destrucción del templo en el 70 d. C.: un evento que Daniel predijo. Los judíos nunca habrían aceptado en las Escrituras un libro fraudulento. El respaldo más acreditado que tiene Daniel es el de Jesús mismo, donde Jesús dice: «el profeta Daniel» (Mateo 24:15), poniéndole su sello de aprobación a la veracidad del libro.

Si Dios puede crear todo el universo, seguramente no tendría ningún problema para darnos imágenes precisas de los eventos mucho antes de que sucedan. No tenemos ninguna razón para dudar de que el futuro es tan accesible para Dios como el pasado lo es para nosotros.

Sí, podemos escoger creer o no creer, pero lo que decidamos no afecta la realidad. La verdad no hace ajustes para adecuarse a nuestras preferencias. Daniel es verdadero sea que lo creamos o no. Dios nos dio Daniel 11 para mostrarnos en una sección pequeña de profecía que cuando él dice que algo sucederá, sucederá exactamente como él dice.

El erudito bíblico Dr. E. Schuyler English cuenta la historia de un hombre de Long Island quien cumplió un sueño de toda su vida al comprar un barómetro de alta calidad:

> Cuando sacó el instrumento de la caja, se sintió consternado al descubrir que la aguja parecía estar atascada, apuntando a la sección que marcaba «huracán». Luego de agitar el barómetro enérgicamente, el hombre escribió una carta airada al negocio donde lo había comprado y, cuando se dirigía a su oficina en Nueva York a la mañana siguiente, envió la protesta por correo. Esa noche, regresó a Long Island y descubrió que no solamente faltaba el barómetro, sino también su casa. La aguja del barómetro había estado en lo cierto; ¡había habido un huracán![18].

La verdad es verdad, sea que escojamos creerla o no.

* * *

DANIEL HOY

1. **Descubra el poder de orar las promesas de Dios.** Daniel oró las promesas de Dios que había escrito Jeremías, y Dios escuchó y le respondió su oración. Según el Dr. Everek R. Storms, a lo largo de

la Biblia hay 7487 promesas de Dios a las personas. ¿Cómo lo supo? En su lectura número veintisiete de la Biblia, las contó una por una, un proyecto que le llevó un año y medio terminar[19].

Cuando yo era niño, mis padres solían tener sobre la mesa de la cocina una caja llena con promesas de Dios tomadas de las Escrituras. Todas las noches, antes de comer, cada uno de nosotros extraía una promesa de la caja y la leía en voz alta.

El Dios Todopoderoso les ha dado muchas promesas a sus hijos, y se deleita cuando le recordamos las promesas, tal como lo hizo Daniel. ¿Cuáles son sus necesidades? ¿Cuáles son sus metas y sueños? Si explora la Palabra de Dios, encontrará la promesa de Dios para usted. ¿Por qué no comienza la búsqueda hoy?

2. Recuerde, las demoras de Dios no son negaciones. Por veintiún días, Daniel derramó su corazón ante Dios en oración y ayuno. Durante esos veintiún días, seguramente le parecía que Dios no escuchaba. Daniel ni se imaginaba que Dios había escuchado su oración desde el mismo instante en que comenzó a orar: «Desde el primer día que comenzaste a orar para recibir entendimiento y a humillarte delante de tu Dios, tu petición fue escuchada en el cielo» (Daniel 10:12).

Podemos desanimarnos con mucha facilidad cuando todo parece indicar que nuestras oraciones no son escuchadas, pero Daniel nos recuerda que debemos orar con insistencia. De la misma manera, Jesús mismo nos animó a orar «y nunca [darnos] por vencidos» (Lucas 18:1), y el apóstol Pablo nos enseña a ser «persistentes en [nuestras] oraciones» (Efesios 6:18).

Acepte el desafío a orar con perseverancia. No abandone, desmaye ni se rinda en presentar sus peticiones a Dios. Él lo está escuchando; y la respuesta a su oración puede estar más cerca de lo que se imagina.

3. Nunca subestime o sobrestime el poder de Satanás. Daniel, más que cualquier otro libro de la Biblia, nos muestra la actividad que nuestro adversario, el diablo, realiza tras bastidores. En Daniel 10, descubrimos que Satanás está organizado geográficamente, que tiene demonios apostados en las diferentes regiones. Estos demonios eran tan poderosos que retrasaron la respuesta a la oración de Daniel por veintiún días.

No entendemos todo lo que sucedió en las esferas celestiales durante ese tiempo, pero esta escena sí nos permite tener una noción de la batalla en la que está involucrado cada cristiano: una batalla no «contra enemigos de carne y hueso, sino contra gobernadores malignos y autoridades del mundo invisible, contra fuerzas poderosas de este mundo tenebroso y contra espíritus malignos de los lugares celestiales» (Efesios 6:12).

Aunque no debemos subestimar el poder de Satanás, tampoco debemos sobrestimarlo. En Cristo, Dios nos ha dado la fortaleza y los recursos que necesitamos para vencer a nuestro adversario:

> Sean fuertes en el Señor y en su gran poder. Pónganse toda la armadura de Dios. [...] Defiendan su posición, poniéndose el cinturón de la verdad y la coraza de la justicia de Dios. Pónganse como calzado la paz que proviene de la Buena Noticia a fin de estar completamente preparados. Además de todo eso, levanten el escudo de la fe para detener las flechas encendidas del diablo. Pónganse la salvación como casco y tomen la espada del Espíritu, la cual es la palabra de Dios. Oren en el Espíritu en todo momento y en toda ocasión. Manténganse alerta y sean persistentes en sus oraciones por todos los creyentes en todas partes.
>
> EFESIOS 6:10-11, 14-18

Capítulo 12

EL FIN

Daniel 12

DANIEL SE ENCONTRABA a la orilla del río Tigris, escuchando con atención al ángel Gabriel, cuya altura se elevaba por encima del agua. La gloriosa criatura continuó revelándole el futuro del pueblo de Israel.

El corazón de Daniel se sentía cada vez más cargado a medida que Gabriel describía las espantosas conquistas que devastarían a Israel en los años venideros. El ángel le había dicho que se mantuviera firme y tuviera ánimo, pero ahora el futuro sombrío que le esperaba a su pueblo hacía que las rodillas del profeta temblaran, y sentía que estaba por derrumbarse.

Pero justo cuando Daniel pensó que no podría soportar más, el ángel comenzó a darle mejores noticias. Sí, Israel experimentaría una época de Gran Tribulación, pero el pueblo de Dios sería liberado. Debido a la crueldad de la persecución, se levantarían muchos maestros y evangelistas judíos valientes y sabios, quienes harían que muchas personas se volvieran a Dios.

Mientras Gabriel hablaba, Daniel comenzó a ver en su imaginación a uno de esos valientes judíos que trabajaría con diligencia para hacer volver a su pueblo a Dios.

* * *

El rabino Abel Ebrahim caminaba por las oscuras calles de Jerusalén. Evitaba las luces de la calle, buscaba el refugio de las penumbras y acortaba camino por los callejones, siempre alerta para que no lo encontraran los oficiales de policía del dictador Judas Christopher. Debajo de su abrigo llevaba una Biblia muy usada, una de las pocas que no habían sido confiscadas.

Caminar por la ciudad era difícil ahora, no importaba a qué hora del día. Incluso en pleno día, muy pocos se animaban a salir entre las 10:00 a.m. y las 6:00 p.m. El calor era mortal, y muchos habían muerto incluso por haberse expuesto apenas una hora. Y nadie se atrevía a salir por la noche debido al toque de queda rigurosamente impuesto por Christopher. Muchos de los que lo hicieron desaparecieron para siempre.

El calor y la fuerza policial despiadada no eran los únicos peligros. No había llovido en Israel por casi tres años. El calor abrasador había secado los ríos, y los lagos que quedaban no eran más que charcos estancados infestados de escoria. Los terremotos y las lluvias sulfúricas se habían vuelto frecuentes. Las cenizas volcánicas llenaban la atmósfera, convirtiendo al sol en una bola roja espeluznante, matando los cultivos, los árboles y la vegetación, y formando una cubierta que encerraba el calor despiadado.

Para empeorar las cosas, el mundo estaba saturado de revueltas políticas. Parte de la coalición de naciones de Christopher había comenzado a derrumbarse. Los ejércitos rebeldes habían comenzado a atacar a las fuerzas de Christopher en el norte de Israel y se dirigían hacia Jerusalén. El rabino Ebrahim podía escuchar en la distancia el retumbar de las bombas y el silbido de los misiles incluso en este momento.

Llegó al sector antiguo de la ciudad y dobló en la calle angosta que lo llevaría a su destino. Entró a un edificio de departamentos, subió las escaleras en silencio y se dirigió hacia la puerta del hogar de Yosef y Ana Matías. Eran judíos practicantes quienes habían sido miembros de la sinagoga de Abel antes de que los obligaran a dispersarse. La pareja hacía poco había perdido a su hijita que estaba enferma, y esta tragedia solamente era una prueba más para su fe. Desde que Judas Christopher había profanado el nuevo templo recién construido con una imagen de sí mismo, les costaba mucho entender por qué Dios permitiría que su pueblo experimentara una persecución tan cruel.

Abel tocó a la puerta, usando el código que tenían de dos golpes y una pausa seguida por tres golpes adicionales. La puerta se entreabrió un poquito antes de abrirse lo suficiente para permitir que Abel ingresara.

—*Shalom*, rabino —dijo Yosef con voz contenida—. No estábamos seguros de que pudiera llegar. La policía duplicó el control después de que encontraron a un pequeño grupo de cristianos que se reunía cerca de aquí.

—Lo sé. —El rostro de Abel se ensombreció—. Los conocía muy bien.

Ana sirvió café amargo, y los tres se sentaron alrededor de la mesa de la cocina.

—Lo llamamos porque nuestros amigos nos dijeron que usted sabe por qué estos horrores están asolando a nuestro pueblo.

—Créame, estamos listos para recibir respuestas —agregó Yosef.

—Por la gracia de Dios, encontré las respuestas en los libros de nuestros propios profetas: Jeremías, Ezequiel, Daniel y otros. Estoy ansioso por compartirlas con ustedes. Yosef, ¿traerías tu Tanaj por favor?

—Ya no tenemos uno. —Yosef miró a la mesa—. Lo... lo destruimos cuando murió nuestra pequeña Reva.

—Entiendo —dijo Abel amablemente—. Está bien; tengo lo que necesito. —Metió la mano en su abrigo y sacó su Biblia.

—¡Pero esa es una Biblia cristiana! —dijo Ana.

—Sí, pero incluye el Tanaj: lo que los cristianos llaman el Antiguo Testamento. Quiero que vean algo que encontré que los ayudará a entender. —Mientras buscaba el libro de Daniel, dijo—: Ustedes saben con cuánta precisión la profecía final de Daniel predijo los desastres que sobrevendrían a Israel, causados por una sucesión de reyes: Asuero, Alejandro, Antíoco el Grande y Antíoco Epífanes.

—Sí —respondió Yosef—. Todo sucedió exactamente como Daniel lo profetizó.

—No todo —dijo Abel—. Como bien saben, las últimas partes de la profecía de Daniel han estado veladas para nosotros los judíos. Nada acerca de ese último rey encaja con algo de la historia: la «abominación desoladora» en el templo, los tres años y medio de persecución sin precedentes a Israel, las batallas de los reyes del sur y del norte. Y el rey blasfemo que no honra a ningún dios, sino que se levanta a sí mismo como rey sobre todos los reyes. —Abel hizo una pausa y tomó un sorbo de café, haciendo gestos mientras tragaba.

—Lo sé, es horrible —dijo Ana.

—Pero es mejor que el agua —respondió Abel.

—Tiene razón —dijo Yosef—. No solamente sobre el café, sino también acerca de la profecía. Nunca entendimos las predicciones finales de Daniel, y supongo que nunca las entenderemos.

—No las entendíamos porque todavía no habían acontecido —dijo Abel—. El hecho es que estamos viviendo en esos tiempos profetizados ahora mismo. Permítanme mostrarles lo que quiero decir.

Durante las tres horas siguientes, el rabino comparó las profecías de Daniel con las del apóstol Juan escritas en el libro de Apocalipsis, demostrando cómo concordaban los dos libros y con cuánta precisión describían sus profecías los eventos que ahora estaban padeciendo.

Terminó con la lectura de la profecía del ángel sobre el triunfo final del pueblo judío:

En ese momento, cada uno de tu pueblo que tiene el nombre escrito en el libro será rescatado. Se levantarán muchos de los que están muertos y enterrados, algunos para vida eterna y otros para vergüenza y deshonra eterna. Los sabios resplandecerán tan brillantes como el cielo y quienes conducen a muchos a la justicia brillarán como estrellas para siempre[1].

—Ahora puedo ver todo con claridad. —Los ojos de Ana se abrieron con asombro—. Todo lo que dijo encaja como las piezas de un rompecabezas. Ahora estamos viviendo en los tiempos sobre los cuales escribió Daniel.

—¡No entiendo por qué no lo vimos antes! —exclamó Yosef—. Cuando miramos lo que está pasando a nuestro alrededor, parece obvio, ¿verdad?

En ese momento, un silbido distante llenó el aire, seguido por el estruendo del estallido de una bomba.

—La guerra se acerca —dijo Yosef—. Me temo que pronto llegará a Jerusalén.

—Pero recuerden lo que acabamos de leer —respondió Abel—. Los que sean fieles a Dios triunfarán al final. ¿No quieren pertenecer al grupo de los vencedores?

—¡Por supuesto que sí! —dijo Yosef—. ¿Qué debemos hacer?

—Lidero un pequeño grupo de judíos que han creído que Jesús, el que fue crucificado y se levantó de nuevo, es en verdad nuestro Mesías. Únanse a nosotros. Nos reunimos los sábados, tarde en la noche, en el sótano de la fábrica abandonada que está cerca de la Puerta Oriental.

La pareja prometió ir. Prepararon una cama para el rabino Ebrahim y, luego de una corta noche de descanso, se marchó muy temprano a la mañana siguiente.

* * *

Cuando la pequeña iglesia de judíos creyentes del rabino Ebrahim se reunió el sábado siguiente en la noche, la guerra se había acercado aún más a Jerusalén. Incluso algunos misiles habían caído sobre la ciudad, causando una destrucción generalizada y numerosas muertes.

Solamente doce personas llegaron a la reunión esa noche. El número del grupo variaba constantemente, debido a que los conversos tendían a desaparecer con tanta rapidez como llegaban a ser parte de la iglesia. Sin embargo, pocas de las pérdidas eran defecciones. A algunos creyentes los descubrían y los arrestaban, y otros morían por causa de los desastres naturales.

El rabino Ebrahim presentó a Yosef y a Ana a los otros creyentes, y luego de bautizarlos, comenzó su sermón de ánimo. Varias veces tuvo que levantar su voz debido al rugido de los aviones y a las explosiones de las bombas. Había llegado a la mitad de su mensaje cuando una explosión sacudió las paredes, soltando el revoque del techo. Siguieron más explosiones, y los aviones de guerra tronaron directamente por encima del edificio. La congregación podía oír gritos de terror que provenían de las calles.

—¡El enemigo está aquí! —gritó Abel—. Debemos abandonar este lugar de inmediato. Salgan por la Puerta Oriental y corran hacia las colinas que están cerca del mar Muerto. No lleven nada; solo salgan de la ciudad tan rápidamente como puedan.

El rabino destrabó la puerta, y el grupo salió disparado hacia la noche, que ahora estaba iluminada por las rápidas ráfagas de los tiroteos y las explosiones de las bombas. El grupo se unió a las personas que inundaban las calles; todos corrían hacia la Puerta Oriental.

Mientras corrían, oyeron un tiroteo intenso detrás de ellos. Abel, quien iba a la retaguardia del grupo, vio caer al piso a uno de los miembros de su congregación. Se detuvo y se inclinó sobre el hombre. Estaba muerto. Abel no tuvo otra opción más que apurarse y unirse al grupo nuevamente.

De repente, una mujer pasó corriendo a su lado; se dirigía de prisa de regreso a la ciudad. La miró con atención y vio que era Ana. Se dio vuelta y corrió detrás de ella.

—Ana, ¿qué estás haciendo? —gritó.

—¡Mi bebé! —gritó ella. En ese instante, tropezó con una piedra y se despatarró al piso.

Abel la alcanzó y la ayudó a levantarse. Sangraba abundantemente de una herida en la cabeza. Él la agarró con firmeza, y ella luchó por soltarse.

—Mi bebé —gritó de nuevo—. Su foto está en mi cartera. Es lo único que me queda de ella. ¡Por favor, déjeme ir! —Pero antes de que pudiera seguir luchando, se derrumbó al suelo.

Abel la levantó en sus brazos y comenzó a correr hacia las montañas con el resto del grupo. Justo cuando pensaba que no podría dar otro paso, escuchó una voz delante de ellos.

—¡Ana! ¡Ana! ¿Dónde estás? —Era Yosef.

—Estamos aquí —logró responder Abel entre jadeos.

Yosef apareció en la oscuridad y tomó a Ana en sus brazos, y corrieron hacia las montañas de nuevo. Abel, bamboleándose por el agotamiento, no podía mantener el ritmo. Finalmente, cayó de rodillas, respirando con dificultad.

Mientras luchaba para pararse, una serie de disparos resonó detrás de él. Cayó con el rostro a tierra, su cuerpo acribillado por las balas.

* * *

—Abel, despierta. Es tiempo de que te levantes. —Abel escuchó la voz, pura y llena de amor, que lo sacaba de la oscuridad.

—Levántate —el llamado vino de nuevo, más nítido esta vez.

—Abel. —Sintió una mano suave sobre sus hombros—. Levántate. Tengo una tarea para ti.

El rabino finalmente abrió los ojos y vio el rostro de un hombre a quien nunca antes había visto, pero a quien, de alguna manera, sabía que amaría para siempre.

Al instante se dio cuenta quién era el Hombre, y un gozo tan maravilloso embargó su ser que apenas podía hablar.

—Tú... tú eres...

El Hombre sonrió.

—Sí, soy Jesús, tu Mesías. Bienvenido al Milenio. Ahora, tengo trabajo para ti. —Tomó las manos del rabino y lo ayudó a ponerse de pie.

Abel miró todo a su alrededor. El mundo reseco y agobiado que había conocido ya no existía, y vio una tierra rica en praderas cubiertas con hierba verde y árboles florecientes cargados de pájaros. Delante de él corría un río, el cual desembocaba en un lago prístino.

—Ven, acompáñame.

Abel se puso en marcha con su Mesías, y comenzaron a caminar hacia una ciudad que se encontraba al otro lado del lago. Sus muros resplandecían con el sol como oro pulido.

—Eso se parece a...

—Sí, es Jerusalén; ya no es la ciudad desolada y afligida que conociste, sino que ha sido purificada y establecida como la capital de mi reino por los próximos mil años. Cuando lleguemos, te explicaré la tarea que tengo para ti.

—¿Qué quieres que haga?

—Te responderé esa pregunta después. Pero te encantará la tarea. Y mientras la cumples, resplandecerás entre mi pueblo como una estrella por siempre y para siempre.

* * *

La visión se desvaneció, y Daniel se encontró a sí mismo de nuevo a la orilla del río Tigris de Babilonia en la presencia del poderoso Gabriel.

Gabriel habló:

—Daniel, debes escribir todo lo que te he contado. Luego debes sellar el libro hasta el tiempo del fin.

—Pero, señor, ¿qué sentido tiene escribir estas palabras si deben ser selladas para que nadie las lea?

—Son selladas no para que nadie las lea, sino para conservarlas. Los creyentes del futuro encontrarán en este libro la sabiduría que los ayudará a superar las terribles pruebas que le sobrevendrán al pueblo de Dios en los últimos días.

En ese momento aparecieron dos ángeles de menor rango, uno a cada lado del río. El ángel que estaba más cerca habló:

—¿Cuándo se cumplirán todas estas profecías?

Gabriel levantó los brazos al cielo y juró en el nombre de Dios mismo que las palabras que había hablado eran tan duraderas y verdaderas como si estuvieran grabadas sobre una piedra eterna.

—Estos tiempos terribles durarán tres años y medio, y cuando la maldad de Israel haya sido completamente destrozada, todas las profecías que he pronunciado se cumplirán.

—Todavía no entiendo —dijo Daniel—. Por favor explíqueme cómo terminarán todos estos eventos.

—No son palabras que debes entender. Están reservadas para el pueblo de los últimos días. Alégrate de saber que los justos de Israel serán justificados y salvados luego de que termine su sufrimiento. Y nadie entenderá completamente las palabras de este libro hasta los últimos tiempos.

—Pero, señor...

—Continúa con tus obligaciones normales, Daniel. Sabes todo lo que necesitas saber, y todavía tienes que hacer algunas tareas antes de partir de la Tierra. No tengas dudas de que eres muy amado por Dios, porque has sido un siervo fiel a lo largo de los tiempos difíciles en una tierra pagana. Tu recompensa será grande en el nuevo reino venidero.

* * *

LAS ESCRITURAS DETRÁS DE LA HISTORIA

Leer el libro de Daniel hasta este punto ha sido como leer una novela de misterio y preguntarse cómo terminará. Con Daniel 12, ahora llegamos al fin. La primera parte del capítulo nos cuenta acerca de las profecías del fin, y la segunda parte nos cuenta sobre el fin de las profecías. Ambas tratan sobre el «tiempo del fin» o, como se le conoce popularmente, el fin de los tiempos.

Los tres primeros versículos del capítulo 12 continúan la visión dada a Daniel relacionada con el Anticristo y la llegada de un tiempo de Tribulación para Israel (Daniel 11:36-45).

John F. Walvoord resume los eventos que caracterizarán esa época:

La sección completa de Daniel 11:36 a 12:3 constituye una revelación de los factores más importantes del tiempo del fin, los cuales se pueden resumir de la siguiente manera: 1) un gobernante mundial, 2) una religión mundial, 3) una guerra mundial, 4) un tiempo de Gran Tribulación para Israel, 5) la liberación del pueblo de Dios al final de la Tribulación, 6) resurrección y juicio, y 7) la recompensa de los justos. Todos estos factores aparecen en esta sección. En otras partes, las Escrituras presentan datos adicionales que indican que este tiempo del fin comienza con el rompimiento del pacto por el «príncipe que ha de venir» (Daniel 9:26-27, rvr60); que el «tiempo del fin» durará tres años y medio (Daniel 7:25, nvi; 12:7, nvi; Apocalipsis 13:5); que el tiempo del fin es lo mismo que el tiempo de angustia para Jacob y la Gran Tribulación (Jeremías 30:7; Mateo 24:21, rvr60)[2].

Las profecías del fin

Los tres primeros versículos de Daniel 12 repasan y confirman cuatro profecías importantes relacionadas con el futuro de Israel.

ISRAEL SERÁ DEVASTADO

En ese tiempo se levantará Miguel, el arcángel que hace guardia sobre tu nación. Entonces habrá un tiempo de angustia, como no lo hubo desde que existen las naciones.

DANIEL 12:1

La frase «en ese tiempo» relaciona al capítulo 12 con los últimos versículos del capítulo 11: el período de tiempo marcado por el reinado de terror del Anticristo, el cual se conoce como la Gran Tribulación. Los últimos versículos de Daniel 11 son el preámbulo de este resumen de la Gran Tribulación de Daniel 12:1. Jeremías hace referencia a este período como «el tiempo de angustia para Jacob» (Jeremías 30:7, RVR60).

El versículo 1 conecta la Gran Tribulación con el levantamiento de Miguel, el arcángel de Dios. Para entender lo que esto significa, debemos pasar de Daniel 12 a Apocalipsis 12: «Entonces hubo guerra en el cielo. Miguel y sus ángeles lucharon contra el dragón y sus ángeles. El dragón perdió la batalla y él y sus ángeles fueron expulsados del cielo. Este gran dragón —la serpiente antigua llamada diablo o Satanás, el que engaña al mundo entero— fue lanzado a la tierra junto con todos sus ángeles» (versículos 7-9).

Cuando Satanás sea arrojado a la tierra, comenzará la Gran Tribulación para Israel. Nuevamente, el libro de Apocalipsis aclara: «Por lo tanto, ¡alégrense, oh cielos! ¡Y alégrense, ustedes, los que viven en los cielos! Pero el terror vendrá sobre la tierra y el mar, pues el diablo ha descendido a ustedes con gran furia, porque sabe que le queda poco tiempo» (Apocalipsis 12:12).

Hay muchos pasajes que describen lo que sucederá durante este tiempo de Tribulación para Israel:

- Del profeta Zacarías: «Reuniré a todas las naciones para que peleen contra Jerusalén. La ciudad será tomada, las casas saqueadas y las mujeres violadas. La mitad de la población será llevada al cautiverio y al resto la dejarán entre las ruinas de la ciudad» (Zacarías 14:2).

- Del profeta Jeremías: «Oigo gritos de temor; hay terror y no hay paz. Déjenme hacerles una pregunta: ¿Acaso los varones dan a luz? ¿Entonces por qué están parados allí con sus caras pálidas y con las manos apoyadas sobre el vientre como una mujer en parto? En toda la historia nunca ha habido un tiempo de terror como este. Será un tiempo de angustia para mi pueblo Israel» (Jeremías 30:5-7).

- Del Señor Jesucristo: «Pues habrá más angustia que en cualquier otro momento desde el principio del mundo. Y jamás habrá una angustia tan grande. De hecho, a menos que se acorte ese tiempo de calamidad, ni una sola persona sobrevivirá; pero se acortará por el bien de los elegidos de Dios» (Mateo 24:21-22).

Cuando el profeta Daniel dice «en ese tiempo», se refiere a este tiempo de guerras, hambruna, oscuridad, enfermedades y demonios. *En ese tiempo*, la tierra experimentará una matanza generalizada, el colapso de los cuerpos celestes, la destrucción de un tercio de la tierra y el mar, y un calor abrasador que quemará vivas a las personas. Será un tiempo como nunca antes se vio en el mundo y que no se podrá entender. Se desatará el terror sobre la tierra cuando se rompan los sellos, suenen las trompetas y se vacíen las copas de juicio como está escrito en Apocalipsis 6–19.

ISRAEL SERÁ RESCATADO

En ese momento, cada uno de tu pueblo que tiene el
nombre escrito en el libro será rescatado.

DANIEL 12:1

El libro de la vida aparece en numerosas ocasiones en la Biblia (por
ejemplo, en Éxodo 32:32-33; Salmo 69:28; Daniel 12:1; Filipenses
4:3; Apocalipsis 3:5; 13:8; 17:8; 21:27; 22:19). Un poco del trasfondo cultural del primer siglo nos ayudará a entender la naturaleza
de este libro.

Las ciudades de la época de Juan tenían un registro con los
nombres de cada uno de los ciudadanos de la ciudad. Si un ciudadano transgredía las leyes o mancillaba su posición en la ciudad de
cualquier otra manera, podía ser convocado ante un tribunal y su
nombre podía ser eliminado, literalmente borrado, de los registros
de la ciudad. Esa persona perdía la ciudadanía y estaba obligada a
trasladarse a otro lugar[3].

Creo que ese es el concepto que subyace en el libro de la vida. Es
un libro que en principio contiene el nombre de todas las personas
que han nacido en este mundo. Como lo expresa el autor Henry
Morris:

Se puede suponer que al lado del nombre de cada persona
registrada en el libro en el momento de la concepción se
anotará «la edad a partir de la cual empieza a rendir cuentas»,
la fecha de su conversión a Cristo como su Salvador y la
evidencia que demuestra la autenticidad de esa conversión.
Sin embargo, si no hay entradas para los dos últimos puntos
en el momento en que la persona muere, todo el registro será
borrado (Apocalipsis 3:5), y un horrible espacio en blanco
quedará en el libro donde debería haber estado su nombre.

La presencia de este espacio en blanco en el libro será la evidencia final y definitiva de que la persona bajo juicio debe ser enviada al lago de fuego[4].

En Daniel 12:1, los nombres escritos en el libro son de los judíos devotos, el remanente de creyentes que quedará en la tierra al final de la Tribulación. Estos judíos serán rescatados del tiempo de la Tribulación. En Ezequiel 20:33-38, Dios dice que él purgará a Israel de los judíos rebeldes y desobedientes, y dejará un remanente fiel. Zacarías 13:8-9 dice: «Dos tercios de los habitantes del país serán cortados y morirán. [...] Pero quedará un tercio en el país. A este último grupo lo pasaré por el fuego y los haré puros. Los refinaré como se refina la plata y los purificaré como se purifica el oro. Invocarán mi nombre».

En algunas de las últimas palabras del Antiguo Testamento, Malaquías se refiere al tiempo cuando el Señor preservará al remanente de judíos fieles: «En la presencia de él, escribieron un rollo de memorias para registrar los nombres de los que temían al Señor y siempre pensaban en el honor de su nombre. "Ellos serán mi pueblo —dice el Señor de los Ejércitos Celestiales—. El día en que yo venga para juzgar, serán mi tesoro especial. Les tendré compasión así como un padre le muestra compasión a un hijo obediente. Entonces de nuevo podrán ver la diferencia entre los justos y los perversos, entre los que sirven a Dios y los que no lo hacen"» (Malaquías 3:16-18).

Dios usará el tiempo de la Tribulación para separar a los judíos fieles de los que no lo son. Los que sobrevivan a la Tribulación constituirán la nación justa que reinará con él por mil años en su reino terrenal: «El reino será entregado al pueblo santo del Altísimo y los santos gobernarán por siempre y para siempre. [...] Entonces se dará al pueblo santo del Altísimo la soberanía, el poder y la grandeza de todos los reinos bajo el cielo. El reino del Altísimo permanecerá para siempre y todos los gobernantes le servirán y obedecerán» (Daniel 7:18, 27).

ISRAEL SERÁ RESUCITADO

Se levantarán muchos de los que están muertos y enterrados, algunos para vida eterna y otros para vergüenza y deshonra eterna.

DANIEL 12:2

Este versículo no es un texto que evidencie una resurrección general; no todos serán resucitados al mismo tiempo. Cuando termine el tiempo de la Tribulación, todos los justos que hayan muerto habrán sido resucitados a la vida. Pero la resurrección de los impíos no tendrá lugar hasta que hayan pasado mil años, al final del Milenio (Apocalipsis 20:5, 13-14).

En Daniel 12:2, entonces, podemos notar que hay un período de mil años entre la resurrección de los justos («Se levantarán muchos de los que están muertos y enterrados, algunos para vida eterna») y la resurrección de los impíos («otros para vergüenza y deshonra eterna»).

Sin embargo, lo que se quiere resaltar en Daniel 12 es la resurrección de los que murieron durante el tiempo de la Tribulación como consecuencia de su fidelidad al Señor. Juan nos dice en el libro de Apocalipsis que estos mártires serán levantados al final de la Tribulación y reinarán con Cristo por mil años: «Vi las almas de aquellos que habían sido decapitados por dar testimonio acerca de Jesús y proclamar la palabra de Dios. Ellos no habían adorado a la bestia ni a su estatua, ni habían aceptado su marca en la frente o en las manos. Volvieron a la vida, y reinaron con Cristo durante mil años. [...] Benditos y santos son aquellos que forman parte de la primera resurrección, porque la segunda muerte no tiene ningún poder sobre ellos, sino que serán sacerdotes de Dios y de Cristo, y reinarán con él durante mil años» (Apocalipsis 20:4, 6).

ISRAEL SERÁ RECOMPENSADO

Los sabios resplandecerán tan brillantes como el cielo y quienes conducen a muchos a la justicia brillarán como estrellas para siempre.

DANIEL 12:3

La palabra *sabios* en este pasaje describe a los maestros: individuos que entienden los tiempos e imparten su conocimiento a los demás. En el tiempo de la Tribulación, se levantarán algunas personas valientes que enseñarán la Palabra de Dios al pueblo. Ellos animarán y fortalecerán al pueblo de Dios durante esta época terrible.

La Tribulación también producirá evangelistas valientes, «quienes conducen a muchos a la justicia»; lo que será una parte clave de llevar a muchos a la fe en Jesús el Mesías.

Estos maestros y evangelistas fieles recibirán primero la recompensa de la «vida eterna» (Daniel 12:2). Esta es la primera vez que se usa este término en el Antiguo Testamento. En Daniel también dice que, además de la vida eterna, ellos «resplandecerán tan brillantes como el cielo [...] brillarán como estrellas para siempre» (Daniel 12:3).

Un dicho acerca del evangelio lo expresa de esta manera: «Si quieres plantar algo que dure un año, planta una flor. Si quieres plantar algo que dure toda la vida, planta un árbol. Pero si quieres plantar algo que dure para siempre, planta el evangelio en la vida de una persona».

El fin de las profecías

Ahora que hemos tratado las profecías del fin, llegamos al fin de las profecías. Daniel 12:5-13 es el fin del libro, y en estos versículos,

Daniel confiesa que no entiende mucho de lo que Dios ha dicho (Daniel 12:8). ¡Qué estímulo para nosotros! Si Daniel mismo no entendió todo, no debemos sentirnos torpes por tampoco poder hacerlo.

En realidad, es probable que entendamos este libro más que Daniel porque nosotros tenemos el punto de vista de la historia. Daniel no tuvo la ventaja de leer el Sermón del monte de Olivos, que salió de la boca de nuestro Señor. No tuvo la revelación de Juan, que podría haberle ofrecido más claridad respecto al fin de los tiempos. Daniel tenía las palabras de algunos de los profetas, pero no de todos ellos, como nosotros. Sin embargo, incluso con todos los recursos que tenemos, aún hay algunas cosas que no entendemos. ¡Pero no debemos desanimarnos!

Pedro dice:

> Incluso los profetas quisieron saber más cuando profetizaron acerca de esta salvación inmerecida que estaba preparada para ustedes. Se preguntaban a qué tiempo y en qué circunstancias se refería el Espíritu de Cristo, que estaba en ellos, cuando les dijo de antemano sobre los sufrimientos de Cristo y de la inmensa gloria que después vendría. Se les dijo que los mensajes que habían recibido no eran para ellos sino para ustedes. Y ahora esta Buena Noticia les fue anunciada a ustedes por medio de aquellos que la predicaron con el poder del Espíritu Santo, enviado del cielo. Todo es tan maravilloso que aun los ángeles observan con gran expectación cómo suceden estas cosas.
>
> I PEDRO 1:10-12

Pedro dice que aunque los profetas sabían que estaban escribiendo profecías que describían eventos futuros, no siempre entendían lo que el Espíritu Santo les daba para escribir. Los profetas estudiaban sus propias palabras para tratar de comprender lo que querían decir. Nosotros, por el contrario, tenemos el testimonio adicional de los escritores del Nuevo Testamento, el cual nos da luz para comprender mejor lo que confundía a Daniel.

LOS DIÁLOGOS FINALES CON LOS ÁNGELES

El diálogo sobre el tiempo

Mientras Daniel se encontraba a orillas del río Tigris, aparecieron tres ángeles. Uno se quedó en el mismo lado del río en que estaba Daniel, y el otro se quedó en el otro lado. El tercer ángel, quien estaba parado sobre las aguas del río y a quien Daniel describe como «un hombre vestido con ropas de lino», es muy probable que haya sido Gabriel, quien ya se había encontrado con Daniel anteriormente a orillas del Tigris (Daniel 10:4-18).

Uno de estos ángeles, probablemente el que estaba en el mismo lado que Daniel, le hizo una pregunta a Gabriel: «¿Cuánto tiempo pasará hasta que terminen estos espantosos sucesos?» (Daniel 12:6). En otras palabras, «¿Cuánto tiempo se le permitirá al Anticristo oprimir al pueblo de Dios durante el período de Tribulación?».

La respuesta:

El hombre vestido de lino —que estaba de pie sobre el río— levantó ambas manos hacia el cielo e hizo un juramento solemne por aquel que vive para siempre diciendo:
—Durará por un tiempo, tiempos y medio tiempo. Cuando finalmente termine el quebrantamiento del pueblo santo, todas estas cosas habrán sucedido. (Daniel 12:7)

Antes de responder la pregunta, Gabriel levantó ambas manos hacia el cielo e hizo un juramento «por aquel que vive para siempre». En la antigüedad, cuando se levantaba una mano al hacer un juramento se ponía de manifiesto la seriedad y la importancia de la promesa (Génesis 14:22; Deuteronomio 32:40). Cuando se levantaban ambas manos, la importancia de la promesa era aún mayor. Y debido a que Dios era el único que podía certificar este juramento, no se le podría atribuir una solemnidad mayor a lo que el ángel estaba por comunicar.

Gabriel respondió que el tiempo del reinado del Anticristo sería por «un tiempo, tiempos y medio tiempo». «Un tiempo» es igual a una unidad, «tiempos» es igual a dos unidades y «medio tiempo» es igual a media unidad. El tiempo de las atrocidades del Anticristo contra los judíos sería uno más dos más una mitad, o sea, tres años y medio, que es igual a la última mitad de los siete años de Tribulación para los judíos.

Joseph Seiss quita toda duda en cuanto a la duración del tiempo que Gabriel está señalando:

> En no menos de seis lugares diferentes, y en casi la misma cantidad de diferentes maneras, se declara esto en las profecías, incluyendo ambos Testamentos. Es por «*un tiempo, tiempos y medio tiempo*» (Dn vii. 25); «Durará *un tiempo, tiempos y medio tiempo*» (xii. 7); «Las cuales pisotearán la ciudad santa durante *cuarenta y dos meses*» (Ap xi. 2); «Y la mujer huyó al desierto [...] durante *1260 días*»; durante «*un tiempo, tiempos y la mitad de un tiempo*» (xii. 6, 14); «Y se le dio autoridad para hacer todo lo que quisiera durante *cuarenta y dos meses*» (xiii. 5). Todos estos pasajes se refieren al mismo período de opresión y dificultades bajo el Anticristo, y en cada ocasión la medida es tres años y medio. [...] Nuestro Señor sirvió en la tierra tres años y medio, y el Anticristo representará su ministerio satánico durante la misma cantidad de tiempo[5].

La última parte de la respuesta de Gabriel fue que todas estas profecías funestas se cumplirían «cuando finalmente termine el quebrantamiento del pueblo santo». No terminarán «estos espantosos sucesos» hasta que el pueblo santo no haya sido completamente quebrantado.

El diálogo sobre la Tribulación

La pregunta de Daniel fue diferente a la que hizo el ángel: «¿Cómo terminará todo esto?» (Daniel 12:8).

La pregunta del ángel estaba orientada hacia el «cuándo»; la de Daniel hacia el «cómo». Daniel anhelaba saber más; en esencia, lo que dijo fue: «¿Qué cosas pasarán antes de que todo termine? Por favor, necesito más detalles».

Pero Daniel no necesitaba saber los detalles. Gabriel le dijo: «Vete ya, Daniel, porque lo que he dicho se mantendrá en secreto y sellado hasta el tiempo del fin» (Daniel 12:9). Daniel no recibió la respuesta completa a esta pregunta específica, pero Gabriel sí alivió su ansiedad al añadir una nota de esperanza: «Mediante estas pruebas, muchos serán purificados, limpiados y refinados. Sin embargo, los perversos seguirán en su perversidad y ninguno de ellos entenderá. Solo los sabios comprenderán lo que significa. Desde el momento en que se detengan los sacrificios diarios y coloquen el objeto sacrílego que causa profanación para ser adorado, habrá 1290 días. ¡Benditos sean los que esperen y permanezcan hasta el fin de los 1335 días!» (Daniel 12:10-12).

Luego de estar horrorizado por causa de estas profecías calamitosas relacionadas con su pueblo, Daniel debe haberse sentido aliviado al escuchar esta declaración sobre el futuro final y glorioso de su pueblo. El ángel le explicó que aunque el sufrimiento causaría que la maldad de algunos se intensificara, las mismas aflicciones darían como resultado un remanente purificado y limpio.

La prohibición de los sacrificios diarios de los judíos en Daniel 12:11 hace referencia a la mitad del tiempo de Tribulación, cuando el Anticristo romperá su pacto con la nación de Israel y levantará un ídolo en el templo.

Los versículos 11 y 12 están llenos de misterio. Luego de manifestar en su profecía la importancia de 1260 como el número de días que marcarán la Gran Tribulación, ahora el ángel presenta dos números adicionales que parecen no tener punto de referencia. Primero, le dijo a Daniel que desde «la abominación desoladora, habrá mil doscientos noventa días» (Daniel 12:11, RVR60). Esos son treinta días más que el número establecido de 1260 días.

Antes de que podamos siquiera empezar a digerir la diferencia, presenta un número nuevo: «¡Benditos sean los que esperen y permanezcan hasta el fin de los 1335 días!» (Daniel 12:12).

Aquí el ángel anuncia la primera bendición en el libro de Daniel, y luego nos confunde añadiendo otros 45 días a los 30 días que ya había añadido a los 1260 días. Ahora debemos descifrar el significado de un total de 75 días sobre los cuales nunca se ha hablado en el resto de la profecía bíblica.

¿Por qué añadiría el ángel setenta y cinco días al final del tiempo de Tribulación y bendeciría a los que esperen que esos días se terminen? ¿Cuál es la importancia de esos días extra? Esta es la explicación de Leon Wood: «Tal vez sea el tiempo que se necesite para establecer la maquinaria gubernamental que pondrá en marcha el gobierno de Cristo. Se tendrán que establecer los límites completos y verdaderos de Israel (desde la frontera de Egipto hasta el gran río Éufrates, Génesis 15:18) y se tendrá que nombrar a los que servirán en el gobierno»[6].

La bendición para aquellos que esperen a que estas cosas sucedan será el privilegio de estar presentes en el mismo comienzo del Milenio, el reinado de Cristo de mil años.

LAS INDICACIONES FINALES PARA DANIEL

Esta sección de Daniel 12 dedica tres versículos a las instrucciones finales que el ángel le dio a Daniel.

Debía proteger la profecía

Tú, Daniel, mantén en secreto esta profecía; sella el libro hasta el tiempo del fin, cuando muchos correrán de aquí para allá y el conocimiento aumentará.

DANIEL 12:4

El ángel le dijo a Daniel que sellara la profecía, pero no para que nadie pudiera leerla. Le dijo que la profecía era para el final de los tiempos y que debía estar bien cuidada para que estuviera disponible cuando más la necesitaran. Aunque algunas de estas profecías no eran relevantes para Daniel en su época, ni lo son para nosotros en la nuestra, llegará el tiempo en que las palabras de este libro serán las palabras más importantes sobre la Tierra.

Joseph Seiss escribe: «Así como los documentos oficiales valiosos que tienen el propósito de dirigir e informar a las futuras generaciones son cuidadosamente copiados y guardados y preservados contra toda falsificación, con el objeto de conservarlos intactos y transmitirlos sin alteración a todos los interesados, así en este sentido y espíritu Daniel debía cerrar y sellar las palabras de este libro»[7].

La expresión del ángel «cuando muchos correrán de aquí para allá y el conocimiento aumentará» por lo general se interpreta erróneamente en el sentido de que los viajes internacionales aumentarán considerablemente y que el conocimiento será accesible mediante la tecnología al final de los tiempos. Pero la interpretación correcta no tiene nada que ver con el progreso material de los últimos días.

Cuando se relaciona la frase «correrán de aquí para allá» con un libro, significa «recorrer con la mirada»; es decir, leer detenidamente las palabras de la página. Según H. C. Leupold, los que estén vivos durante la Tribulación «leerán, releerán y verificarán lo que han leído, y luego meditarán sobre estas palabras con diligencia. [...] Y en el proceso de esa reflexión tan ferviente, "el conocimiento aumentará"».

A la luz de los avances de los últimos tiempos, el propósito del libro y su significado serán cada vez más claros»[8].

Mientras las naciones estén conspirando las unas contra las otras, mientras se esté derramando sangre descontroladamente en todo el mundo, las personas buscarán respuestas al por qué hay tantos sufrimientos y aflicciones.

Jesús dijo que en el tiempo de Tribulación, las personas estarán leyendo el libro de Daniel, y las exhorta a tomar lo que leen con mucha seriedad:

> Por tanto, cuando veáis en el lugar santo la abominación desoladora de que habló el profeta Daniel (el que lee, entienda), entonces los que estén en Judea, huyan a los montes. El que esté en la azotea, no descienda para tomar algo de su casa; y el que esté en el campo, no vuelva atrás para tomar su capa. Más ¡ay de las que estén encintas, y de las que críen en aquellos días! Orad, pues, que vuestra huida no sea en invierno ni en día de reposo; porque habrá entonces Gran Tribulación, cual no la ha habido desde el principio del mundo hasta ahora, ni la habrá.
>
> MATEO 24:15-21 (RVR60)

Daniel recibió la orden de asegurarse de que el libro estuviera disponible para quienes lo necesitarían posteriormente, en el período de Tribulación.

Debía continuar con su vida normalmente

> Pero él dijo:
> —Vete ya, Daniel, porque lo que he dicho se mantendrá en secreto y sellado hasta el tiempo del fin.
>
> DANIEL 12:9

El ángel le dijo a Daniel que no perdiera más tiempo indagando sobre las profecías; simplemente no se podrían entender por completo hasta el tiempo en que las cosas anunciadas comenzaran a suceder. Entre tanto, Daniel tenía sus propias tareas para hacer; debía aceptar el misterio de lo que había recibido y continuar con su vida.

Leon Wood aplica este principio a los cristianos de hoy en día: «También en la actualidad, con demasiada frecuencia los cristianos quieren más detalles acerca de determinadas doctrinas, especialmente relacionadas con las últimas cosas, de lo que Dios ha revelado en su Palabra; sin embargo, también deberían estar conformes con lo que Dios ha escogido revelar con claridad»[9].

Debía prepararse para el futuro

Sigue tu camino hasta el final. Descansarás y, entonces, al final de los días, te levantarás para recibir la herencia que ha sido guardada para ti.

DANIEL 12:13

Por tercera vez en solamente trece versículos, el ángel le habló a Daniel personalmente y le indicó que continuara con sus tareas y obligaciones. Le dijo que protegiera la profecía y continuara con su vida, y ahora le dice que se prepare para el futuro.

Un escritor ha parafraseado «sigue tu camino hasta el final» como «continúa con tu vida hasta el tiempo del fin». Si este es el significado de esas palabras, se vuelven todavía más motivadoras si tenemos en cuenta que Daniel en esa época tenía más de ochenta años.

El ángel le dijo a Daniel que en su tiempo descansaría (moriría), y que luego se levantaría (resucitaría). En ese momento, recibiría su herencia. Debido a que la resurrección de Daniel está planeada para el final del tiempo de la Tribulación, podemos suponer que parte de su herencia será reinar con Jesús durante el Milenio junto con los que sobrevivan al tiempo de sufrimiento, y con los que han sido martirizados y resucitados.

Daniel pasó la mayor parte de su vida en una cultura extranjera, lejos de su hogar en Palestina. En esta instancia, Dios le estaba prometiendo que algún día recibiría su parte en la redistribución de la tierra. La herencia de Daniel estaba segura.

Daniel vivió una vida larga y productiva. Pero a medida que llegamos al final de su historia, podemos notar con claridad que para él, como debería serlo para todos los seguidores de Cristo, lo mejor está por venir.

* * *

DANIEL HOY

Al llegar al final del libro de Daniel, nosotros también podemos seguir las tres indicaciones que Daniel recibió en el último capítulo de su profecía.

1. Proteja la profecía. Daniel debía sellar la profecía y preservarla para el tiempo futuro cuando sería necesaria. Daniel recibió esa instrucción hace más de 2500 años. Hemos sido bendecidos al poder estudiar el libro de Daniel porque ha sido preservado.

Y ahora es nuestro turno. ¿Cómo podemos preservar las palabras de la profecía de Daniel? Podemos leerlas, estudiarlas, intentar entenderlas y obedecerlas. Podemos enseñarles a nuestros hijos el valor de entender las secciones proféticas de las Escrituras, y podemos motivar a nuestros pastores y maestros a que nos expliquen estas verdades.

Un día no muy lejano, el Señor regresará por sus santos, e inmediatamente, las profecías que estudiamos en Daniel comenzarán a cumplirse al mismo tiempo que se inician los siete años de Tribulación.

Los eventos futuros crean un clima sombrío antes de hacerse

realidad. En otras palabras, los eventos de la Tribulación serán desatados después del Rapto, pero para los que leen la Biblia, el preámbulo de estos eventos será notorio. Por lo tanto, como pueblo de Dios, debemos estar alertas.

Esto es aún más urgente, porque ustedes saben que es muy tarde; el tiempo se acaba. Despierten, porque nuestra salvación ahora está más cerca que cuando recién creímos. La noche ya casi llega a su fin; el día de la salvación amanecerá pronto. Por eso, dejen de lado sus actos oscuros como si se quitaran ropa sucia, y pónganse la armadura resplandeciente de la vida recta. Ya que nosotros pertenecemos al día, vivamos con decencia a la vista de todos. No participen en la oscuridad de las fiestas desenfrenadas y de las borracheras, ni vivan en promiscuidad sexual e inmoralidad, ni se metan en peleas, ni tengan envidia. Más bien, vístanse con la presencia del Señor Jesucristo. Y no se permitan pensar en formas de complacer los malos deseos.

ROMANOS 13:11-14

2. Continúe con su vida. En respuesta a una de las preguntas de Daniel, Gabriel le dijo que la respuesta sería revelada en el tiempo señalado y que eso era lo único que debía saber. Daniel no debía perder tiempo buscando la respuesta, sino que debía continuar con su vida.

Aunque la profecía es importante y nunca debería descuidarse, tampoco debería transformarse en una obsesión al punto que dejemos de lado el servicio al Señor. Daniel no recibió la instrucción de sentarse y esperar el cumplimiento de las profecías, sino que el ángel le dijo que siguiera su camino y sirviera al Señor.

El ángel le dijo a Daniel que los que enseñan la Palabra y comparten el evangelio «brillarán como estrellas para siempre» (Daniel 12:3). Al leer este versículo, me acuerdo de algo que escribí en la introducción del libro de Daniel en *The Jeremiah Study Bible* (La Biblia de estudio de Jeremiah). Me motivó entonces, y todavía lo hace ahora:

> La cultura contemporánea ama la idea de «estrellas».
> Tenemos músicos, cantores, actores, atletas y otros
> que se convierten en estrellas simplemente porque son
> millonarios o glamorosos. Esta clase de estrellato pende
> del hilo más delgado; las «estrellas» del pasado son por lo
> general los artistas acabados del presente. Sin embargo, el
> libro de Daniel habla de la versión auténtica: «Los sabios
> resplandecerán tan brillantes como el cielo y quienes
> conducen a muchos a la justicia brillarán como estrellas
> para siempre» (12:3).
>
> La mayoría de nosotros probablemente no viviremos
> para ver nuestros nombres en carteles luminosos. Pero si
> buscamos la sabiduría de la Palabra de Dios y la ponemos
> en práctica y, como mejor sepamos hacerlo, vivimos nuestra
> vida para conducir a otros a Cristo, de alguna manera
> reflejaremos la gloria y la belleza de Dios, iluminando los
> cielos del nuevo cielo[10].

3. Prepárese para el futuro. El ángel le dijo a Daniel: «Sigue tu camino hasta el final. Descansarás y, entonces, al final de los días, te levantarás para recibir la herencia que ha sido guardada para ti». En otras palabras, recibió la promesa de algo mucho mejor en el futuro. Y nosotros también. Como Daniel, tenemos la promesa de un futuro glorioso si ponemos nuestra confianza en el Señor y somos perseverantes. Como los maestros y los evangelistas del fin de los tiempos, tenemos el potencial de resplandecer como estrellas en el nuevo reino de Jesucristo.

Al llegar al final de nuestro extenso estudio del libro de Daniel y los agentes de Babilonia, pienso que la mejor manera de resumir todo lo que hemos aprendido es citar a mi amigo Warren Wiersbe:

Cuando se menciona el nombre de Daniel entre personas que leen la Biblia, se obtienen una variedad de respuestas. Los estudiosos de las profecías dirán: «¡Un intérprete inspirado!». Los empresarios responderán: «También fue un administrador eficiente». Un pastor de jóvenes podría decir: «Un joven modelo», y los guerreros de oración añadirán: «Pero no se olviden que fue un intercesor fiel».

Estas valoraciones son verdaderas, pero detrás de ellas se encuentra la característica más importante de todas: Daniel fue un conquistador. De hecho, tenía la actitud de alguien que es «más que un conquistador»; era un hombre que le creía a Dios, y se convirtió en un vencedor. George Washington Carver dijo que el éxito no se mide solamente por hasta dónde llegan las personas en la vida, sino también por cuánto tuvieron que vencer para llegar allí. Daniel tuvo que enfrentar y vencer a muchos enemigos y obstáculos para sobrevivir y continuar sirviendo al Señor y a su pueblo en un reino pagano. «La historia de Daniel es fascinante —dijo G. Campbell Morgan—, porque revela lo que puede lograr la fidelidad en medio de circunstancias impías».

Daniel era un adolescente cuando fue llevado a Babilonia en el 605 a. C., y sirvió con éxito durante por lo menos sesenta años bajo cuatro gobernantes gentiles diferentes. Mientras Jeremías estaba ayudando al pobre remanente que había quedado en Judá y Ezequiel estaba animando a los exiliados en Babilonia, Daniel se encontraba en el centro del poder político, dando testimonio del único y verdadero Dios vivo. Estaba sirviendo al Señor mediante el testimonio a los perdidos, el consejo al rey y las Escrituras del libro que hoy le enseña al pueblo de Dios. Hizo su trabajo con fidelidad, y Dios lo honró[11].

MARCHANDO HACIA EL COMIENZO

CERCA DEL FINAL de la aclamada novela de C. S. Lewis *Perelandra*, el Dr. Elwin Ransom, un erudito británico que ha sido llevado al planeta Venus para cumplir con el propósito de Dios, está hablando con un perelandriano nativo, Tor, quien es el nuevo rey del planeta. Tor le acaba de explicar a Ransom acerca del tiempo venidero cuando todas las criaturas de Dios serán transformadas en seres celestiales con cuerpos eternos y dejarán los planetas donde viven para vivir con Dios.

—¿Y eso será el fin? —preguntó Ransom.

Tor el rey lo miró de hito en hito.

—¿El fin? ¿Quién habló del fin?

—El fin de tu mundo, quiero decir.

—¡Esplendor del cielo! —exclamó Tor—.

Tus pensamientos son diferentes de los nuestros. En ese momento no estaremos lejos del comienzo de las cosas»[1].

La mayoría de los cristianos usan el término «fin de los tiempos» cuando se refieren a los eventos proféticos que se describen en los libros de Daniel y Apocalipsis. No hay nada malo en esa frase; describe con exactitud el fin de la historia del mundo y el caos que precederá a ese fin. Pero el uso generalizado del término probablemente revele dónde tenemos puesto nuestro enfoque. «El fin de los tiempos» se centra en la tragedia, la pérdida y los horrores apocalípticos que acompañarán a la destrucción definitiva de los reinos terrenales. Tal enfoque puede llenar nuestro corazón de intranquilidad, ansiedad y temor. La perspectiva del fin de los tiempos no nos permite enfocar nuestra atención donde debería estar; es decir, en lo que sucederá después: lo que Tor, el rey de Lewis, llamó el «comienzo de las cosas». Este cambio de enfoque reemplaza el temor y la ansiedad con la esperanza y el gozo.

Este comienzo de las cosas merece nuestra atención porque en efecto es el propósito supremo de la historia del mundo. Desde el momento en que el hombre y la mujer cayeron de la perfección creada en el Edén, todo lo que Dios ha hecho en relación con la humanidad ha sido diseñado para provocar este nuevo comienzo. Es el propósito de la promesa de redención que Dios les hizo a Adán y a Eva en Génesis 3. Es el significado que subyace a la preparación de Israel para llevar la luz de Dios al mundo. Es el significado que subyace a la venida de Cristo y a la instauración del Espíritu Santo de Dios en el corazón de los que creen en él. Es el significado de la iglesia cristiana, una comunidad dedicada a preparar el corazón de hombres y mujeres para que deseen y esperen este nuevo comienzo.

El comienzo de todas las cosas también es el punto central del libro de Daniel. En Daniel 7:9-14, leemos acerca de la visión de

Dios que tuvo Daniel, el Anciano, sentado en majestad y gloria en su trono celestial. Está rodeado por un ejército de millones de ángeles, y la corte real del cielo está sentada delante de él. Daniel observa mientras Dios abre los libros del juicio y determina la sentencia final de los seres inspirados por Satanás que están causando caos y miseria sobre la tierra en el fin de los tiempos. Luego Daniel ve el evento culminante de la visión:

> Mientras continuó mi visión esa noche, vi a alguien parecido a un hijo de hombre descender con las nubes del cielo. Se acercó al Anciano y lo llevaron ante su presencia. Se le dio autoridad, honra y soberanía sobre todas las naciones del mundo, para que lo obedecieran los de toda raza, nación y lengua. Su gobierno es eterno, no tendrá fin. Su reino jamás será destruido.
>
> DANIEL 7:13-14

Este es el momento hacia donde apunta todo lo que está escrito en el libro de Daniel. Efectivamente, este es el momento hacia donde apunta todo lo que está escrito en la Biblia y toda la historia. Este es el comienzo de todas las cosas, el momento cuando Dios le entrega a su Hijo, Jesús el Mesías, la corona y el cetro del nuevo reino de Dios en la tierra, un reino donde «él les secará toda lágrima de los ojos, y no habrá más muerte ni tristeza ni llanto ni dolor. Todas esas cosas ya no existirán más» (Apocalipsis 21:4).

Como alguien ha dicho acertadamente, la historia es en realidad «la historia de Dios». A pesar de que con base en el relato del viaje de la humanidad desde el Edén hasta el fin de los tiempos pareciera que las fuerzas del mal son las que dominan la tierra constantemente y las que ganan la batalla contra la humanidad, al final de la historia, no quedará ninguna duda de que Dios estuvo en control todo el tiempo.

EL AGENTE INVISIBLE

En este libro he escrito acerca de los diferentes agentes de Babilonia que han estado moviendo la historia hacia el comienzo de todas las cosas. En realidad, siempre ha habido un solo Agente a lo largo de todo el proceso, un Agente invisible que en realidad es el Agente de los agentes: Dios mismo.

Es asombrosa la presencia de Dios en las profecías de Daniel. Su soberanía está presente en cada historia y en cada capítulo[2]. Aunque Dios parece estar fuera del escenario en el libro de Daniel, es la mente suprema que dirige a todos los otros agentes que usan su libre albedrío para lograr su propósito eterno.

Tal vez usted se pregunte cómo Dios puede usar agentes malvados tales como Antíoco Epífanes, personas que no conocen a Dios o que lo rechazan completamente. La respuesta es que todas las personas que están vivas finalmente sirven a Dios de alguna manera, sea deliberadamente o no. Dios nunca engendra maldad, pero la usa como una herramienta para lograr su propósito supremo. En el Antiguo Testamento, leemos cómo los hermanos celosos de José lo vendieron como esclavo a Egipto. Aproximadamente veinte años después, cuando los hermanos se encontraron inesperadamente con José, quien entonces era el regente de una nación poderosa, sintieron terror ante la posibilidad de que se vengara por la forma como lo habían tratado. Sin embargo, José les dijo lo siguiente:

> «Por favor, acérquense», les dijo. Entonces ellos se acercaron, y él volvió a decirles: «Soy José, su hermano, a quien ustedes vendieron como esclavo en Egipto. Pero no se inquieten ni se enojen con ustedes mismos por haberme vendido. Fue

Dios quien me envió a este lugar antes que ustedes, a fin de preservarles la vida. El hambre que ha azotado la tierra estos dos últimos años durará otros cinco años más, y no habrá ni siembra ni siega. Dios me hizo llegar antes que ustedes para salvarles la vida a ustedes y a sus familias, y preservar la vida de muchos más. Por lo tanto, fue Dios quien me envió a este lugar, ¡y no ustedes! Y fue él quien me hizo consejero del faraón, administrador de todo su palacio y gobernador de todo Egipto».

GÉNESIS 45:4-8

Los hermanos de José hicieron algo espantosamente malvado. Lo hicieron por voluntad propia; Dios no los obligó. Pero la providencia de Dios usa todas las situaciones, sean buenas o malas, para avanzar la historia hacia el fin que él desea: el comienzo de todas las cosas, cuando le entregará su reino a su Hijo amado. Nadie desbarata a Dios; todos sirven a su propósito final, sea consciente o inconscientemente. Esto explica cómo Dios, el Agente supremo que gobierna por sobre todos los otros agentes, pudo usar a quienes no lo reconocían, como Belsasar, Alejandro y Antíoco, para sus propósitos.

Aunque no parece ser así cuando el mal esté hundiendo nuestra vida, Dios indudablemente está al control. Ni un gorrión cae a tierra sin que él lo sepa.

* * *

EL AGENTE INVENCIBLE

Daniel, el apóstol Juan y el mismo Jesucristo predijeron que un último reino mundial se levantaría antes del fin. De alguna manera, ese reino será el renacimiento del antiguo Imperio romano, pero tendrá en el corazón el espíritu de Babilonia que se opone a Dios.

Aunque Roma y Babilonia fueron implacables en su persecución del pueblo de Dios, este reino futuro multiplicará esa maldad a proporciones sin precedentes. Como dijo Jesús: «De hecho, a menos que se acorte ese tiempo de calamidad, ni una sola persona sobrevivirá; pero se acortará por el bien de los elegidos de Dios» (Mateo 24:22).

En Daniel 7, el profeta Daniel manifiesta con toda claridad que este reino malvado se levantará y que Dios lo derribará en un juicio final a través del Cristo invencible, quien establecerá su reino eterno en la tierra (Daniel 7:13-14, 26-27). Indudablemente, un propósito principal del libro de Daniel es informarnos sobre la victoria definitiva de Cristo y el consiguiente comienzo de todas las cosas. Es como si Daniel estuviera diciendo: «Cuando miren la historia del mundo, tanto el pasado como el futuro, podrá parecer sombría y desalentadora. Pero les aseguro que estos dolores terminarán algún día, y a continuación nacerá un nuevo comienzo eterno lleno de bondad, verdad, justicia y rectitud».

Podemos ver las señales que indican que este profetizado fin de la historia bien podría estar en el horizonte. El rechazo de los valores bíblicos, basado en la gratificación personal y la promiscuidad, que vemos en el mundo occidental en la actualidad, junto con el aumento de la opresión contra los cristianos y el creciente paganismo y control autocrático de los gobiernos alrededor del mundo, son señales de que las nubes de la tormenta se están juntando y que las sombras de los eventos proféticos futuros están comenzando a oscurecer el presente. No se nos dice cuándo sucederá, pero las señales sugieren que podría ser muy pronto.

Aunque no sabemos *cuándo* este mundo así como lo conocemos llegará a su fin, sí sabemos, con base en las profecías de Daniel y otros, *qué* pasará: Cristo, el Agente invencible, aparecerá, limpiará al mundo de su maldad y establecerá su reino perfecto, el cual revertirá por completo la devastación que la Caída trajo sobre la tierra.

Lo importante que debemos recordar acerca de la venida de Cristo no es que marcará el fin de la historia del mundo —el fin de los tiempos— sino que será la señal del comienzo de todas las cosas. Es el tiempo hacia donde ha estado marchando toda la historia. Es el tiempo que Dios, siempre el Agente invisible en los asuntos de la humanidad, ha estado dirigiendo con amor, providencia, juicio y protección desde el mismo instante de la Caída. Será una mañana gloriosa cuando como seres humanos comprendamos en toda su dimensión el propósito de nuestro ser y lo cumplamos: cuando seamos totalmente todo lo que Dios siempre quiso que fuéramos y vivamos en gozo y armonía plenos con él y con la naturaleza por toda la eternidad.

Apéndice

EL AGENTE DE LOS AGENTES

El libro de Daniel está protagonizado por algunos de los personajes más fascinantes de la Biblia. Aunque Daniel, por lo general, recibe la mayor atención, es, en realidad, un actor de reparto del verdadero héroe del relato: el Dios Todopoderoso. Dios es el Agente que se eleva por encima de todos los otros agentes, y su presencia es indiscutible desde el primer versículo hasta el último, incluso a veces de las formas más inesperadas.

A continuación, encontrará más de cien ocasiones en las cuales el Dios Todopoderoso aparece en el libro de Daniel. ¡Léalas y anímese, porque tenemos un Dios maravilloso!

DANIEL 1

- Él es el Dios que entregó al rey Joacim en las manos del rey Nabucodonosor (Daniel 1:1-2).

- Él es el Dios que hizo que Daniel se ganara el afecto y el respeto del jefe de los eunucos (Daniel 1:9).
- Él es el Dios que le dio a Daniel y a sus amigos conocimiento y aptitudes excepcionales para comprender los aspectos de la literatura y la sabiduría (Daniel 1:17).

DANIEL 2

- Él es el Dios del cielo a quien Daniel y sus amigos le rogaron que, en su misericordia, les revelara el sueño del rey (Daniel 2:18).
- Él es el Dios que reveló el misterio del sueño del rey (Daniel 2:19).
- Él es el Dios cuyo nombre Daniel bendijo por siempre y para siempre (Daniel 2:20).
- Él es el Dios de la sabiduría y el poder (Daniel 2:20).
- Él es el Dios que controla el curso de los sucesos del mundo (Daniel 2:21).
- Él es el Dios que quita reyes y pone otros reyes (Daniel 2:21).
- Él es el Dios que da sabiduría a los sabios y conocimiento a los estudiosos (Daniel 2:21).
- Él es el Dios que revela cosas profundas y misteriosas (Daniel 2:22).
- Él es el Dios que conoce lo que se oculta en la oscuridad (Daniel 2:22).
- Él es el Dios que está rodeado de luz (Daniel 2:22).
- Él es el Dios de los antepasados de Daniel (Daniel 2:23).
- Él es el Dios quien dio a Daniel sabiduría y fortaleza (Daniel 2:23).
- Él es el Dios que reveló a Daniel lo que le había pedido (Daniel 2:23).
- Él es el Dios que reveló a Daniel lo que el rey Nabucodonosor exigía (Daniel 2:23).
- Él es el Dios del cielo quien le dio al rey Nabucodonosor soberanía, poder, fuerza y honra (Daniel 2:37).
- Él es el Dios que hizo al rey Nabucodonosor gobernante sobre

todo el mundo habitado y le dio dominio aun sobre las aves y los animales salvajes (Daniel 2:38).

- Él es el Dios del cielo que establecerá un reino que jamás será destruido o conquistado (Daniel 2:44).
- Él es la roca cortada de la montaña que hizo pedazos la estatua de hierro, bronce, barro, plata y oro (Daniel 2:45).
- Él es el Dios que dio a conocer al rey Nabucodonosor lo que sucedería en el futuro (Daniel 2:45).
- Él es el Dios más grande de todos los dioses, el Señor de los reyes y el que revela los misterios (Daniel 2:47).

DANIEL 3

- Él es el Dios a quien Sadrac, Mesac y Abed-nego servían (Daniel 3:17).
- Él es el Dios que fue capaz de rescatar a estos hombres del horno ardiente (Daniel 3:17).
- Él es el cuarto Hombre que camina en medio del fuego (Daniel 3:25).
- Él es el Dios de Sadrac, Mesac y Abed-nego (Daniel 3:29).

DANIEL 4

- Él es el Dios Altísimo que hizo señales milagrosas y maravillas para el rey Nabucodonosor (Daniel 4:2).
- Él es el Dios de las grandes señales y poderosas maravillas, cuyo reino durará para siempre (Daniel 4:3).
- Él es el Dios cuyo dominio durará por todas las generaciones (Daniel 4:3).
- Él es el Espíritu del Dios santo que vivía en Daniel (Daniel 4:8).
- Él es el Dios Altísimo que gobierna los reinos del mundo y los entrega a cualquiera que él elija (Daniel 4:17).

- Él es el Espíritu del Dios santo quien le dio a conocer al rey Nabucodonosor la interpretación de su sueño (Daniel 4:18).
- Él es el Dios Altísimo cuyo decreto cayó sobre el rey Nabucodonosor (Daniel 4:24).
- Él es el Dios Altísimo que vive para siempre (Daniel 4:34).
- Él es el Dios Altísimo a quien el rey Nabucodonosor alabó, adoró y honró (Daniel 4:34).
- Él es el Dios cuyo dominio es perpetuo (Daniel 4:34).
- Él es el Dios cuyo reino es eterno (Daniel 4:34).
- Él es el Dios con quien todos los hombres de la tierra no son nada comparados con él (Daniel 4:35).
- Él es el Dios que hace lo que quiere entre los ángeles del cielo y entre la gente de la tierra (Daniel 4:35).
- Él es el Dios a quien nadie puede detener ni decir: «¿Por qué haces estas cosas?» (Daniel 4:35).
- Él es el Rey del cielo, a quien Nabucodonosor alabó, glorificó y dio honra (Daniel 4:37).
- Él es el Dios cuyos actos son justos y verdaderos (Daniel 4:37).
- Él es el Dios que es capaz de humillar al soberbio (Daniel 4:37).

DANIEL 5

- Él es el Dios santo cuyo Espíritu vivía en Daniel (Daniel 5:11).
- Él es el Espíritu de Dios que vivía en Daniel, y le daba mucha percepción, entendimiento y sabiduría (Daniel 5:14).
- Él es el Dios Altísimo quien le dio al rey Nabucodonosor soberanía, majestad, gloria y honor (Daniel 5:18).
- Él es el Dios Altísimo que gobierna los reinos del mundo y designa a quien él quiere para que los gobierne (Daniel 5:21).
- Él es el Señor del cielo a quien Belsasar desafió con soberbia (Daniel 5:23).

- Él es el Dios quien dio el aliento de vida a Belsasar y a quien el rey no dio la honra (Daniel 5:23).
- Él es el Dios cuya mano escribió en la pared del salón del banquete de Belsasar (Daniel 5:24).
- Él es el Dios que contó los días del reinado de Belsasar y le puso fin (Daniel 5:26).
- Él es el Dios que pesó el reino de Belsasar en la balanza y encontró que no daba la medida (Daniel 5:27).
- Él es el Dios que entregó Babilonia a los medos y a los persas (Daniel 5:28).

DANIEL 6

- Él es el Dios ante quien Daniel se arrodillaba tres veces al día (Daniel 6:10).
- Él es el Dios a quien Daniel estaba orando cuando fue encontrado por los funcionarios del rey (Daniel 6:11).
- Él es el Dios viviente a quien Daniel servía fielmente (Daniel 6:20).
- Él es el Dios que envió a su ángel para cerrarles la boca a los leones, a fin de que no le hicieran daño a Daniel (Daniel 6:22).
- Él es el Dios de Daniel delante de quien todos los miembros del reino de Darío debían temblar con temor (Daniel 6:26).
- Él es el Dios viviente que permanecerá para siempre (Daniel 6:26).
- Él es el Dios cuyo reino jamás será destruido y cuyo dominio nunca tendrá fin (Daniel 6:26).
- Él es el Dios que rescata y salva (Daniel 6:27).
- Él es el Dios que realiza señales milagrosas y maravillas en los cielos y en la tierra (Daniel 6:27).

- Él es el Dios que rescató a Daniel del poder de los leones (Daniel 6:27).

DANIEL 7

- Él es el Anciano cuya ropa era blanca como la nieve (Daniel 7:9).
- Él es el Dios sentado sobre un trono ardiente (Daniel 7:9).
- Él es el Dios de cuya presencia brotaba un río de fuego (Daniel 7:10).
- Él es el Dios a quien millones de ángeles atendían y muchos millones se pusieron de pie para servirle (Daniel 7:10).
- Él es el Dios que tiene una apariencia de hijo de hombre (Daniel 7:13).
- Él es el Dios que es el Anciano (Daniel 7:13).
- Él es el Dios que tiene autoridad, honra y soberanía sobre todas las naciones del mundo, sobre toda raza, nación y lengua (Daniel 7:14).
- Él es el Dios cuyo gobierno es eterno, no tendrá fin, y cuyo reino jamás será destruido (Daniel 7:14).
- Él es el Dios que emitió un juicio en favor de su pueblo santo cuando llegó el tiempo para que los santos tomaran posesión del reino (Daniel 7:22).
- Él es el Dios a quien todos los reinos servirán y obedecerán (Daniel 7:27).

DANIEL 8

- Él es el Dios que envió a Gabriel para que ayudara a Daniel a entender su visión (Daniel 8:16).
- Él es el Dios que quebrantará al Anticristo, aunque no por poder humano (Daniel 8:25).

DANIEL 9

- Él es el Dios que puso a Darío como rey de los babilonios (Daniel 9:1).
- Él es el Dios que especificó a través del profeta Jeremías que Jerusalén debía quedar en desolación durante setenta años (Daniel 9:2).
- Él es el Dios, el Señor, a quien Daniel rogó con oración y ayuno, ropa de tela áspera y cenizas sobre su cabeza (Daniel 9:3).
- Él es el Dios que es el Señor (Daniel 9:4).
- Él es el Dios grande y temible que siempre cumple su pacto y sus promesas de amor inagotable con los que lo aman y obedecen sus mandatos (Daniel 9:4).
- Él es el Dios cuyos profetas hablaron a los reyes, príncipes, antepasados y a todo el pueblo de la tierra (Daniel 9:6).
- Él es el Dios que tiene la razón (Daniel 9:7).
- Él es el Dios que mandó al destierro a los habitantes de Jerusalén y a todo el pueblo de Israel por causa de su deslealtad (Daniel 9:7).
- Él es el Dios, el Señor, a quien le pertenecen la misericordia y el perdón (Daniel 9:9).
- Él es el Dios que le dio sus leyes a su pueblo (Daniel 9:10).
- Él es el Dios de la ley de Moisés, el siervo de Dios (Daniel 9:11).
- Él es el Dios que derramó sobre Israel las maldiciones solemnes y los juicios escritos en la ley de Moisés, por causa de su pecado (Daniel 9:11).
- Él es el Dios que cumplió su palabra, la cual había hablado contra Israel y sus gobernantes, enviando una calamidad muy grande sobre ellos (Daniel 9:12).
- Él es el Dios, el Señor, que preparó una calamidad y la envió sobre Israel (Daniel 9:14).

- Él es el Dios, el Señor, quien tuvo razón en todo lo que hizo (Daniel 9:14).
- Él es el Dios de Israel, el Señor, quien rescató a su pueblo de Egipto con gran despliegue de poder y le dio honor perpetuo a su nombre (Daniel 9:15).
- Él es el Dios, el Señor de las fieles misericordias, a quien Daniel oraba (Daniel 9:16).
- Él es el Dios que escuchó la oración y los ruegos de su siervo Daniel (Daniel 9:17).
- Él es el Dios, el Señor, quien volvió a sonreírle a su desolado santuario (Daniel 9:17).
- Él es el Dios que se inclina y escucha, que abre sus ojos y mira nuestra desesperación, no porque merezcamos su ayuda, sino debido a su misericordia (Daniel 9:18).
- Él es el Dios, el Señor, que perdona, escucha y actúa (Daniel 9:19).
- Él es el Dios que ordenó a Gabriel que volara rápidamente adonde estaba Daniel (Daniel 9:21).
- Él es el Dios que envió a Gabriel para que le diera a Daniel percepción y entendimiento (Daniel 9:22).
- Él es el Dios que envió a Gabriel para que le dijera a Daniel que era muy amado (Daniel 9:23, RVR60).
- Él es el Dios que determinó un período de setenta semanas para que el pueblo de Daniel y la ciudad santa terminaran la prevaricación, y pusieran fin al pecado, y expiaran la iniquidad, trajeran la justicia perdurable, y sellaran la visión y la profecía, y ungieran al Santo de los santos (Daniel 9:24, RVR60).

DANIEL 10

- Él es el Dios que reveló un mensaje a Daniel en el tercer año del reinado de Ciro, rey de Persia (Daniel 10:1).

- Él es el Dios cuyo mensaje causó que Daniel estuviera de luto tres semanas enteras, durante las cuales no probó carne ni vino (Daniel 10:2-3).
- Él es el Dios que envió a un hombre vestido con ropas de lino y un cinto de oro puro alrededor de la cintura a que hablara con Daniel (Daniel 10:5).
- Él es el Dios cuya sorprendente visión hizo que las fuerzas de Daniel lo abandonaran y se sintiera débil (Daniel 10:8).
- Él es el Dios que envió un ángel a recordarle a Daniel que era muy amado (Daniel 10:11, RVR60).
- Él es el Dios que envió un ángel para que animara a Daniel y lo ayudara a entender (Daniel 10:12).
- Él es el Dios que escuchó la oración de Daniel (Daniel 10:12).
- Él es el Dios que envió un ángel para que tocara y fortaleciera a Daniel (Daniel 10:18).
- Él es el Dios cuyo ángel animó a Daniel con palabras poderosas (Daniel 10:19).

DANIEL 11

- Él es el Dios que conoce el futuro y cumple sus profecías (por lo menos 135 en Daniel 11:1-35 solamente).

DANIEL 12

- Él es el Dios que rescatará a todos cuyos nombres estén escritos en el libro de la vida (Daniel 12:1).
- Él es el Dios que levantará a muchos de los que están muertos y enterrados, algunos para vida eterna y otros para vergüenza y deshonra eterna (Daniel 12:2).
- Él es el Dios que hará que los sabios resplandezcan tan brillantes como el cielo y que los que conducen a

muchos a la justicia brillen como estrellas para siempre
(Daniel 12:3).

- Él es el Dios que vive para siempre (Daniel 12:7).
- Él es el Dios cuyas palabras se mantendrán en secreto y
  selladas hasta el tiempo del fin (Daniel 12:9).
- Él es el Dios que purificará, limpiará y refinará a muchos
  (Daniel 12:10).
- Él es el Dios que bendice a los que esperen y permanezcan
  hasta el fin de los 1335 días (Daniel 12:12).
- Él es el Dios que prometió levantar a Daniel para que reciba
  su herencia al final de los días (Daniel 12:13).

RECONOCIMIENTOS

El mensaje de este libro, más que el de cualquier otro proyecto previo, fue una pesada carga en mi corazón. En las páginas de Daniel, nos encontramos con algunas de las visiones más profundas e inquietantes de toda la Biblia. Sentí que podía ponerme en el lugar de Daniel de alguna manera insignificante cuando escribió que «las fuerzas [lo] abandonaron» luego de recibir la revelación de parte del Dios Todopoderoso (Daniel 10:8).

Al mismo tiempo, nada podría haber elevado tanto mi espíritu ni colocado en mi corazón más confianza en Dios Todopoderoso que las historias y verdades contenidas en el libro de Daniel. Es absolutamente inspirador ver cómo Daniel y sus amigos respondieron a las adversidades de la vida. Lo que es más importante, ver la soberanía oculta de Dios en cada capítulo fortaleció mi determinación de continuar viviendo para él todos los días en el tiempo que queda por delante.

Estoy agradecido por el equipo maravilloso que Dios puso a mi lado. Sin ellos, *Agentes de Babilonia* no habría llegado a publicarse.

Barbara Boucher es mi asistente administrativa en la iglesia Shadow Mountain Community Church. Ella es quien coordina mi trabajo en la iglesia con mis obligaciones en el ministerio Turning Point (Momento Decisivo) de manera que yo pueda ser fiel a cada una de las tareas que Dios me ha llamado a hacer.

Diane Sutherland protege y organiza mi horario en Turning Point. Su trabajo nunca ha sido más demandante, y nunca lo ha hecho con mayor excelencia. ¡Gracias, Diane, por tu corazón de sierva!

Paul Joiner es el productor ejecutivo y director creativo de Turning Point. Su liderazgo, profesionalismo y creatividad nunca dejan de maravillarme. En esta ocasión, marcó un nivel tan excelente que me resulta difícil imaginar que se pueda volver a igualar.

Rob Morgan y William Kruidenier ayudaron con la investigación y el contenido de los devocionales, y para mí tiene un valor incalculable tener amigos de esta envergadura que invierten en nuestro trabajo. Mi asistente de investigaciones, Beau Sager, mantiene juntas las variadas piezas de nuestros proyectos de escritura. Su edición e investigación minuciosa, y en particular su verificación de todas las citas de este libro, fueron realizadas con la excelencia silenciosa que él aplica a todo lo que hace. Gracias, Beau, por las perspectivas valiosas que incorporaste al producto terminado.

Este es el tercer libro para el cual Tom Williams ha escrito la narrativa. Tom tomó las notas de mi estudio del libro de Daniel y las convirtió en relatos que nos ayudan a experimentar la verdad de las Escrituras de maneras nuevas. ¡Tom, es muy divertido trabajar contigo!

Ha sido un placer trabajar con el equipo de Tyndale House bajo la dirección del vicepresidente Ron Beers.

Mi agente, Sealy Yates, es el mejor en lo que hace. Sealy, tengo la esperanza de que el mensaje de este libro te anime a ti tanto como me animó a mí.

RECONOCIMIENTOS

Cada año, a medida que los programas de televisión y radio de Turning Point explotan en todo el mundo con el mensaje del evangelio, mi hijo mayor, David Michael, continúa liderando al grandioso equipo de personas en las oficinas centrales de Turning Point. Él entiende el principio bíblico de que para alargar las cuerdas hay que reforzar las estacas (Isaías 54:2, RVR60). David, no te imaginas el gozo que significa para mí caminar contigo en este maravilloso emprendimiento.

Mientras termino este libro y escribo estos reconocimientos, mi esposa, Donna, y yo estamos celebrando nuestro quincuagésimo segundo aniversario de bodas. Durante estos cincuenta y dos años, he escrito más de cincuenta libros. Eso puede darle una perspectiva de la clase de esposa paciente y cariñosa que Dios me dio. Ambos estamos maravillados por sus bendiciones sobre nuestro ministerio, y nos regocijamos por haber podido caminar juntos cada paso de la travesía.

Finalmente, y el más importante, al Dios de Daniel, al Dios Altísimo, gracias por la oportunidad de glorificar tu nombre y servir a tu pueblo mediante este libro.

NOTAS

CAPÍTULO 1. EL REHÉN

1. Stephen R. Miller, *Daniel*, The New American Commentary 18 [Nuevo comentario estadounidense 18] (Nashville: Broadman & Holman, 1994), 58.
2. Stan Phelps, «Cracking into Google: 15 Reasons Why More than 2 Million People Apply Each Year» [Descifrando a Google: 15 razones por las que más de dos millones de personas solicitan empleo cada año], *Forbes*, 5 de agosto del 2014, http://www.forbes.com/sites/stanphelps/2014/08/05/cracking-into-google-the-15-reasons-why-over-2-million-people-apply-each-year/.
3. Leon J. Wood, *A Commentary on Daniel* [Un comentario sobre Daniel] (Grand Rapids, MI: Zondervan, 1973), 33.
4. Ibid., 32.
5. John F. Walvoord, *Daniel: The Key to Prophetic Revelation* [Daniel: La clave de la revelación profética] (Chicago: Moody, 1971), 43.

CAPÍTULO 2. EL INSOMNE

1. H. A. Ironside, *Lectures on Daniel the Prophet* [Lecciones sobre Daniel el profeta] (Nueva York: Bible Truth Press, 1920), 25.
2. Leon J. Wood, *A Commentary on Daniel* [Un comentario sobre Daniel] (Grand Rapids, MI: Zondervan, 1973), 44.
3. Geoffrey R. King, *Daniel: A Detailed Explanation of the Book* [Daniel: Una explicación detallada del libro] (Londres: Henry E. Walter, 1966), 49.

4. Stephen R. Miller, *Daniel*, The New American Commentary 18 [Nuevo comentario estadounidense 18] (Nashville: Broadman & Holman, 1994), 81.

5. Ibid., 82.

6. John F. Walvoord, *Daniel: The Key to Prophetic Revelation* [Daniel: La clave de la revelación profética] (Chicago: Moody, 1971), 52.

7. Joseph A. Seiss, *Voices from Babylon* [Voces de Babilonia] (Filadelfia: Castle, 1879), 49.

8. Miller, *Daniel*, 84.

9. Wood, *A Commentary on Daniel*, 59.

CAPÍTULO 3. EL COLOSO

1. Heródoto, *The History of Herodotus*, Libro 1.183. Publicado en español como *Historia de Heródoto*.

2. Plutarco, "On Contentedness of Mind". Publicado en español como «Sobre la paz del alma», en *Moralia*.

3. Herbert Carl Leupold, *Exposition of Daniel* [Exposición de Daniel] (Minneapolis: Augsburg, 1949), 119.

4. John F. Walvoord, *Daniel: The Key to Prophetic Revelation* [Daniel: La clave de la revelación profética] (Chicago: Moody, 1971), 66.

5. Ibid., 71.

6. William G. Heslop, *Diamonds from Daniel* [Diamantes de Daniel] (Grand Rapids, MI: Kregel, 1976), 46.

7. Ibid.

8. Ibid.

9. C. I. Scofield, *The Scofield Reference Bible* (Nueva York: Oxford University Press, 1945), 901. Publicado en español como *Biblia de estudio Scofield*.

10. Flavio Josefo, *Antiquities of the Jews*, libro XI, capítulo 8, párrafo 5. Publicado en español como *Antigüedades de los judíos*.

11. David Jeremiah, *What in the World Is Going On?* (Nashville: Thomas Nelson, 2008), 56. Publicado en español como *¿Qué le pasa al mundo?*

12. Leupold, *Exposition of Daniel*, 119.

CAPÍTULO 4. LOS HOMBRES DE FUEGO

1. William G. Heslop, *Diamonds from Daniel* [Diamantes de Daniel] (Grand Rapids, MI: Kregel, 1976), 57.

2. John F. Walvoord, *Daniel: The Key to Prophetic Revelation* [Daniel: La clave de la revelación profética] (Chicago: Moody, 1971), 81.

3. Ibid., 83.

4. Leon J. Wood, *A Commentary on Daniel* [Un comentario sobre Daniel] (Grand Rapids, MI: Zondervan, 1973), 83.

5. Walvoord, *Daniel: The Key to Prophetic Revelation*, 87.

6. Juan Calvino, *Commentaries on the Four Last Books of Moses Arranged in the*

Form of a Harmony [Comentarios sobre los cuatro últimos libros de Moisés, dispuestos en forma de una armonía] vol. 2 (Edimburgo: Calvin Translation Society, 1853), 108.

7. Herbert Carl Leupold, *Exposition of Daniel* [Exposición de Daniel] (Minneapolis: Augsburg, 1949), 153.

8. Geoffrey Anketell Studdert Kennedy, *The Hardest Part* [La parte más difícil] (Londres: Hodder & Stoughton, 1919), 110-111.

9. Geoffrey R. King, *Daniel: A Detailed Explanation of the Book* [Daniel: Una explicación detallada del libro] (Londres: Henry E. Walter, 1966), 85.

10. Walvoord, *Daniel: The Key to Prophetic Revelation*, 90.

11. Arno C. Gaebelein, *Daniel: A Key to the Visions and Prophecies of the Book of Daniel* [Daniel: Una clave a las visiones y profecías del libro de Daniel] (Grand Rapids, MI: Kregel, 1968), 47.

CAPÍTULO 5. LA BESTIA

1. Daniel 4:1-3.

2. C. S. Lewis, *Mero cristianismo*, trad. Verónica Fernández Muro (Madrid: Ediciones Rialp, 2014), 134.

3. Leon J. Wood, *A Commentary on Daniel* [Un comentario sobre Daniel] (Grand Rapids, MI: Zondervan, 1973), 99.

4. C. F. Keil, *The Book of the Prophet Daniel* [El libro del profeta Daniel] (Edimburgo: T. & T. Clark, 1877), 216.

5. Charles W. Colson, *Born Again* (Grand Rapids, MI: Baker, 2008), 65. Publicado en español como *Nacido de nuevo*.

6. Graham Scroggie, citado en Geoffrey R. King, *Daniel: A Detailed Explanation of the Book* [Daniel: Una explicación detallada del libro] (Londres: Henry E. Walter, 1966), 109.

CAPÍTULO 6. LOS DEDOS DE DIOS

1. David Jeremiah con Carole C. Carlson, *The Handwriting on the Wall* [Las Escrituras en la pared] (Dallas: Word, 1992), 98.

2. Herbert Carl Leupold, *Exposition of Daniel* [Exposición de Daniel] (Minneapolis: Augsburg, 1949), 214.

3. Joseph A. Seiss, *Voices from Babylon* [Voces de Babilonia] (Filadelfia: Castle, 1879), 145-146.

4. John F. Walvoord, *Daniel: The Key to Prophetic Revelation* [Daniel: La clave de la revelación profética] (Chicago: Moody, 1971), 119.

5. Leon J. Wood, *A Commentary on Daniel* [Un comentario sobre Daniel] (Grand Rapids, MI: Zondervan, 1973), 150.

6. Heródoto, *Los nueve libros de la Historia*, trad. P. Bartolomé Pou (Madrid: Editorial EDAF, 1989), 130.

7. Walvoord, *Daniel: The Key to Prophetic Revelation*, 131.

CAPÍTULO 7. EL REY LEÓN

1. Daniel 6:26.
2. Clarence E. Macartney, *Trials of Great Men of the Bible* [Pruebas de los grandes hombres de la Biblia] (Nashville: Abingdon-Cokesbury, 1946), 97-98.
3. James Thomson, «Spring», [Primavera] en *The Seasons: A Poem* (Nueva York: Clark, Austin & Co., 1854), 14. Publicado en español como *Las estaciones del año*.
4. William G. Heslop, *Diamonds from Daniel* [Diamantes de Daniel] (Grand Rapids, MI: Kregel, 1976), 87.
5. C. F. Keil, *Biblical Commentary on the Book of Daniel* [Comentario bíblico sobre el libro de Daniel] (Grand Rapids, MI: Eerdmans, 1955), 171.
6. James Robert Graham, *The Prophet-Statesman* [El profeta-estadista], citado en Donald K. Campbell, *Daniel: God's Man in a Secular Society* [Daniel: el hombre de Dios en una sociedad no religiosa] (Grand Rapids, MI: Discovery House, 1988), 96-97.
7. Charles Spurgeon citado en Geoffrey R. King, *Daniel: A Detailed Explanation of the Book* [Daniel: Una explicación detallada del libro] (Londres: Henry E. Walter, 1966), 197.
8. Leon J. Wood, *A Commentary on Daniel* [Un comentario sobre Daniel] (Grand Rapids, MI: Zondervan, 1973), 174.
9. Robert J. Morgan, *From This Verse* [A partir de este versículo] (Nashville: Thomas Nelson, 1998), 5 de junio.

CAPÍTULO 8. EL CONQUISTADOR

1. Geoffrey R. King, *Daniel: A Detailed Explanation of the Book* [Daniel: Una explicación detallada del libro] (Londres: Henry E. Walter, 1966), 127.
2. Rodney Stortz, *Daniel: The Triumph of God's Kingdom* [Daniel: El triunfo del reino de Dios] (Wheaton, IL: Crossway, 2004), 134.
3. Plutarco, *Vidas paralelas: Alejandro y Julio César*, trad. Antonio Ranz Romanillos (Madrid: Editorial EDAF, 1994), 43.
4. Flavio Josefo, *Antiquities of the Jews*, libro XI, capítulo 8, párrafo 5. Publicado en español como *Antigüedades judías*.
5. Ibid.
6. Ibid.
7. W. W. Tarn, *Alexander the Great* [Alejandro Magno], primer tomo (Cambridge: Cambridge University Press, 1948), 145-146.
8. J. E. H. Thomson, «Alexander, the Great» [Alejandro Magno] en *International Standard Bible Encyclopedia* [Enciclopedia internacional estándar de la Biblia], primer tomo, ed. James Orr (Grand Rapids, MI: Eerdmans, 1957), 93.
9. Charles Ross Weede, citado en *The Speaker's Quote Book* [El libro de citas del orador] (Grand Rapids, MI: Kregel, 2009), 69-70.

CAPÍTULO 9. EL LOCO

1. 1 Macabeos 1:5-10, 16, 19-20 (DHH).
2. Solomon Zeitlin, *The Rise and Fall of the Judean State* [El ascenso y la caída del estado judío] primer tomo (Filadelfia: Jewish Publications Society, 1962), 92.
3. 1 Macabeos 1:44-50 (DHH).
4. Leon J. Wood, *A Commentary on Daniel* [Un comentario sobre Daniel] (Grand Rapids, MI: Zondervan, 1973), 213.
5. 1 Macabeos 1:60-61; 2 Macabeos 6:10 (DHH).
6. 2 Macabeos 7:1-6 (DHH).
7. 1 Macabeos 1:21-24 (DHH).
8. 1 Macabeos 1:56-57 (DHH).
9. Lehman Strauss, *The Prophecies of Daniel* [Las profecías de Daniel] (Neptune, NJ: Loizeaux Brothers, 1978), 242-243.
10. 1 Macabeos 2:19-22 (DHH).
11. «Hanukkah» [Janucá], History.com, accedida el 11 de junio del 2015, http ://www.history.com/topics/hanukkah.
12. Donald K. Campbell, *Daniel: God's Man in a Secular Society* [Daniel: el hombre de Dios en una sociedad no religiosa] (Grand Rapids, MI: Discovery House, 1988), 125.
13. Louis T. Talbot, *The Prophecies of Daniel* [Las profecías de Daniel] (Wheaton, IL: Van Kampen, 1954), 143.
14. Mark Hitchcock, *Cashless* [Sin efectivo] (Eugene, OR: Harvest House, 2009), 104.
15. John Phillips, *Exploring Revelation: An Expository Commentary* [Explorando Apocalipsis: Un comentario informativo] (Grand Rapids, MI: Kregel, 2001), 166.
16. David Jeremiah, *The Coming Economic Armageddon* (Nueva York: FaithWords, 2010), 115. Publicado en español como *El Armagedón económico venidero*.
17. 1 Macabeos 1:29-32 (DHH).
18. 1 Macabeos 6:1-17 (DHH).
19. Strauss, *The Prophecies of Daniel*, 250.
20. Adaptado de Billy Graham, *World Aflame* (Nueva York: Doubleday, 1965), 206-207. Publicado en español como *El mundo en llamas*.

CAPÍTULO 10. EL HERALDO

1. Jeremías 25:8-10.
2. Jeremías 25:11-14.
3. Jeremías 29:12-14.
4. Daniel 9:19.
5. Donald K. Campbell, *Daniel: God's Man in a Secular Society* [Daniel: el

hombre de Dios en una sociedad no religiosa] (Grand Rapids, MI: Discovery House, 1988), 134-35.

6. H. A. Ironside, *Daniel: An Ironside Expository Commentary* [Daniel: Comentario informativo Ironside] (Grand Rapids, MI: Kregel, 2005), 86.

7. Herbert Carl Leupold, *Exposition of Daniel* [Exposición de Daniel] (Minneapolis: Augsburg, 1949), 376.

8. Lehman Strauss, *The Prophecies of Daniel* [Las profecías de Daniel] (Neptune, NJ: Loizeaux Brothers, 1978), 253.

9. Isaac Newton, *Observations upon the Prophecies of Daniel and the Apocalypse of St. John* [Observaciones sobre las profecías de Daniel y el Apocalipsis de San Juan] (Londres: J. Darby and T. Browne, 1733).

10. Clarence Larkin, *The Book of Daniel* [El libro de Daniel] (Filadelfia: Rev. Clarence Larkin, 1929), 197.

11. Strauss, *The Prophecies of Daniel*, 256.

12. John F. Walvoord, *Daniel: The Key to Prophetic Revelation* [Daniel: La clave de la revelación profética] (Chicago: Moody, 1971), 202.

13. Campbell, *Daniel: God's Man in a Secular Society*, 148.

14. Leon J. Wood, *A Commentary on Daniel* [Un comentario sobre Daniel] (Grand Rapids, MI: Zondervan, 1973), 242.

15. Arno Gaebelein, *The Prophet Daniel* [El profeta Daniel] (Grand Rapids, MI: Kregel, 1955), 129.

16. Leupold, *Exposition of Daniel*, 412.

17. Wood, *A Commentary on Daniel*, 250.

18. G. H. Lang, *The Histories and Prophecies of Daniel* [Las historias y profecías de Daniel] (Grand Rapids, MI: Kregel, 1973), 132.

19. Alva J. McClain, *Daniel's Prophecy of the Seventy Weeks* [Profecía de Daniel sobre las setenta semanas] (Grand Rapids, MI: Zondervan, 1969), 18-19.

20. Sir Robert Anderson, *The Coming Prince* (Londres: Hodder & Stoughton, 1909), 121-123. Publicado en español como *El Príncipe que ha de venir*.

21. McClain, *Daniel's Prophecy*, 5.

22. Anderson, *The Coming Prince*, 19-20.

23. Campbell, *Daniel: God's Man in a Secular Society*, 143-44.

CAPÍTULO 11. EL ARCÁNGEL

1. Citado en Donald K. Campbell, *Daniel: God's Man in a Secular Society* [Daniel: el hombre de Dios en una sociedad no religiosa] (Grand Rapids, MI: Discovery House, 1988), 153.

2. John F. Walvoord, *Daniel: The Key to Prophetic Revelation* [Daniel: La clave de la revelación profética] (Chicago: Moody, 1971), 240.

3. Herbert Carl Leupold, *Exposition of Daniel* [Exposición de Daniel] (Minneapolis: Augsburg, 1949), 447-448.

4. Lehman Strauss, *The Prophecies of Daniel* [Las profecías de Daniel] (Neptune, NJ: Loizeaux Brothers, 1978), 302.

5. Ibid., 302.

6. Mark Hitchcock, *The Amazing Claims of Bible Prophecy* [Las sorprendentes declaraciones de la profecía bíblica] (Eugene, OR: Harvest House, 2010), 55.

7. John Phillips, *Exploring the Future: A Comprehensive Guide to Bible Prophecy* [Explorando el futuro: una guía extensa de la profecía bíblica] (Grand Rapids, MI: Kregel, 2003), 37-38.

8. William G. Heslop, *Diamonds from Daniel* [Diamantes de Daniel] (Grand Rapids, MI: Kregel, 1976), 166.

9. Phillips, *Exploring the Future*, 26.

10. Walvoord, *Daniel: The Key to Prophetic Revelation*, 253.

11. Phillips, *Exploring the Future*, 43.

12. Ibid., 39.

13. David Jeremiah, *What in the World Is Going On?* (Nashville: Thomas Nelson, 2008). Publicado en español como *¿Qué le pasa al mundo?*

14. David Jeremiah, *The Coming Economic Armageddon* (Nueva York: FaithWords, 2010). Publicado en español como *El Armagedón económico venidero*.

15. David Jeremiah, *Agents of the Apocalypse* (Carol Stream, IL: Tyndale, 2014). Publicado en español como *Agentes del Apocalipsis*.

16. Walvoord, *Daniel: The Key to Prophetic Revelation*, 280.

17. E. B. Pusey, citado en James Montgomery Boice, *Daniel: An Expositional Commentary* [Daniel: Un comentario expositivo] (Grand Rapids, MI: Baker, 2003), 13.

18. Citado en Campbell, *Daniel: God's Man in a Secular Society*, 169.

19. «Religion: Promises» (Religión: promesas), *Time*, 24 de diciembre de 1956.

CAPÍTULO 12. EL FIN

1. Daniel 12:1-3

2. John F. Walvoord, *Daniel: The Key to Prophetic Revelation* [Daniel: La clave de la revelación profética] (Chicago: Moody, 1971), 281-282.

3. Vea mi comentario sobre el libro de la vida en *Agentes del Apocalipsis*, 310-311.

4. Henry M. Morris, *The Revelation Record: A Scientific and Devotional Commentary on the Book of Revelation* [Registro de Apocalipsis: Un comentario científico y devocional sobre el libro de Apocalipsis] (Carol Stream, IL: Tyndale, 1983), 433.

5. Joseph A. Seiss, *Voices from Babylon* [Voces de Babilonia] (Filadelfia: Castle, 1879), 310-311, énfasis añadido.

6. Leon J. Wood, *A Commentary on Daniel* [Un comentario sobre Daniel] (Grand Rapids, MI: Zondervan, 1973), 328-329.

7. Seiss, *Voices from Babylon*, 306.

8. Herbert Carl Leupold, *Exposition of Daniel* [Exposición de Daniel] (Minneapolis: Augsburg, 1949), 534-535.

9. Wood, *A Commentary on Daniel*, 325.

10. David Jeremiah, «Daniel: Book Introduction», [Daniel: introducción al libro] en *The Jeremiah Study Bible* [La Biblia de estudio de Jeremiah] (Nashville: Worthy, 2013), 1118.

11. Warren W. Wiersbe, *Life Sentences* [Sentencias de la vida] (Grand Rapids, MI: Zondervan, 2007), 192.

EPÍLOGO. MARCHANDO HACIA EL COMIENZO

1. C. S. Lewis, *Perelandra*, trad. Carlos Gardini (Santiago de Chile: Editorial Andrés Bello, 1995), 237.

2. Vea el apéndice de este libro: «El Agente de los agentes».

ACERCA DEL AUTOR

El Dr. David Jeremiah sirve como pastor principal en la iglesia Shadow Mountain Community Church en El Cajon, California. Es el fundador y presentador de Turning Point (Momento Decisivo), un ministerio que tiene el compromiso de proveer para los cristianos enseñanzas bíblicas sanas y adecuadas para los tiempos cambiantes de la actualidad, a través de la radio y televisión, Internet, eventos en vivo, materiales didácticos y libros. El Dr. Jeremiah es un autor de éxito y ha escrito más de cincuenta libros. Sus libros en español incluyen *Capturados por la gracia*, *¿Qué le pasa al mundo?*, *El Armagedón económico venidero*, *Dios te ama*, *¿A qué le tienes miedo?*, *Agentes del Apocalipsis* y *A.D.* The Bible *Continues EN ESPAÑOL: La revolución que cambió al mundo*.

El compromiso del Dr. Jeremiah de enseñar la Palabra de Dios completa lo hace un conferencista y escritor solicitado. Su pasión por alcanzar a los perdidos y animar a los creyentes en su fe se evidencia a través de su comunicación fiel de las verdades bíblicas.

El Dr. Jeremiah es un hombre de familia comprometido. Él y su esposa, Donna, tienen cuatro hijos adultos y doce nietos.